EL DÓLAR DE LA SALSA

Del barrio latino a la industria global de fonogramas, 1971-1999

Leopoldo Tablante

Colección Nexos y Diferencias

Estudios de la Cultura de América Latina

39

Enfrentada a los desafíos de la globalización y a los acelerados procesos de transformación de sus sociedades, pero con una creativa capacidad de asimilación, sincretismo y mestizaje de la que sus múltiples expresiones artísticas son su mejor prueba, los estudios culturales sobre América Latina necesitan de renovadas aproximaciones críticas. Una renovación capaz de superar las tradicionales dicotomías con que se representan los paradigmas del continente: civilización-barbarie, campo-ciudad, centro-periferia y las más recientes que oponen norte-sur y el discurso hegemónico al subordinado.

La realidad cultural latinoamericana más compleja, polimorfa, integrada por identidades múltiples en constante mutación e inevitablemente abiertas a los nuevos imaginarios planetarios y a los procesos interculturales que conllevan, invita a proponer nuevos espacios de mediación crítica. Espacios de mediación que, sin olvidar los nexos que histórica y culturalmente han unido las naciones entre sí, tengan en cuenta la diversidad que las diferencian y las que existen en el propio seno de sus sociedades multiculturales y de sus originales reductos identitarios, no siempre debidamente reconocidos y protegidos.

La **Colección Nexos y Diferencias** se propone, a través de la publicación de estudios sobre los aspectos más polémicos y apasionantes de este ineludible debate, contribuir a la apertura de nuevas fronteras críticas en el campo de los **estudios culturales latinoamericanos.**

EL DÓLAR DE LA SALSA

Del barrio latino a la industria global de fonogramas, 1971-1999

LEOPOLDO TABLANTE

Nexos y diferencias

IBEROAMERICANA • VERVUERT • 2014

Amor de Dios, 1 — E-28014 Madrid
Tel.: +34 91 429 35 22
Fax: +34 91 429 53 97
info@ibero-americana.net
www.ibero-americana.net

Elisabethenstr. 3-9 — D-60594 Frankfurt am Main
Tel.: +49 69 597 46 17
Fax: +49 69 597 87 43
info@ibero-americana.net
www.ibero-americana.net

ISBN 978-84-8489-823-8 (Iberoamericana)
ISBN 978-3-95487-367-8 (Vervuert)

Depósito legal: M-22409-2014

Diseño de cubierta: Carlos Zamora

Diseño de interiores: Carlos del Castillo

The paper on which this book is printed meets the requirements of ISO 9706
Este libro está impreso íntegramente en papel ecológico sin cloro
Impreso en España

Índice

Agradecimientos

Este trabajo fue posible gracias a un financiamiento otorgado por la Fundación Gran Mariscal de Ayacucho de Venezuela (1996-1999), complementado con un contrato de asistente académico del que fui beneficiario en la unidad de estudios e investigación en Ciencias de la Información y de la Comunicación de la Universidad París 13 (Villetaneuse, Francia) entre enero y agosto de 2000.

Su publicación fue posible gracias a las contribuciones financieras del Center for Latin American and Caribbean Studies (Clacs) y del Walker Percy Center for Writing and Publishing de Loyola University, Nueva Orleans. Agradezco al director del Clacs, doctor Uriel Quesada, su apoyo a este trabajo y su interés personal en verlo convertido en libro.

Este trabajo fue originalmente escrito en francés, en forma de tesis de doctorado defendida en 27 de junio de 2001 en la Universidad Paris 13 (Villetaneuse, Francia). Por lo tanto, mi primer agradecimiento va para mi tutor, Pierre Mœglin, director de la formación doctoral de la UFR de Ciencias de la Información y de la Comunicación de la Universidad Paris 13, por su dirección exigente, por hacerme conocer mis límites y haber compartido conmigo los rigores de nuestras culturas respectivas.

La primera versión española pude realizarla en el Centro de Investigación de la Comunicación de la Universidad Católica Andrés Bello (CIC-UCAB), Caracas, Venezuela, cuya directora, Caroline Bosc-Bierne de Oteyza, ha estado pendiente de mí desde mi primer balbuceo en francés hasta la última sílaba de esta versión en castellano.

La reescritura que presento a continuación la llevé a cabo en el Instituto de Investigaciones Económicas y Sociales de la UCAB, por lo tanto agradezco la gentileza de su director de entonces, Luis Pedro España, y del resto de mis colegas en el IIES por el espacio y el tiempo cedidos a un proyecto que no forma parte de sus intereses académicos.

Debo agradecer la solidaridad, colaboración y paciencia de un entrañable grupo de personas: Valentina Mujica, quien se arriesgó a ser mi mensajera en Caracas en un momento crucial del difícil año 1996; Pedro García, quien orientó mi idea original (y bastante general) sobre la atribución de imagen a los productos de la industria cultural al caso específico de la salsa; Blandine Chambost, mi «amiga del cielo», quien siempre estuvo cerca de mí aunque fijara residencia en Cambridge; Gaëlle y Sarah Guechgache, por haber leído, amable y atentamente, mis frases brutales en francés; Christel Lapisse, por haber tolerado que para mí ciertas causas son para ella efectos; Laurence Piccinin, profesora exigente pero de generosidad desbordante; Sébastien Le Chevère (Victor), porque sin su ayuda ni Gaëlle, ni Sarah, ni Christel ni Laurence hubieran podido entender ni una sola palabra de mi primer borrador y yo no me hubiera podido dar cuenta de la verdadera lentitud de mi espíritu; Nathalie Le Bellec, por haberme brindado su amistad y haberse preocupado de echarle un ojo a mis errores cuando ya casi era demasiado tarde; Agustina Bienati, por saber sacarme de mi aislamiento al menos una vez a la semana; Olivier Hamel y Jimmy Perrin, por la asistencia técnica que me brindaron para desmontar varias canciones de salsa y reparar en sus características; Diana Hernández, por haberme asistido en mis investigaciones desde Caracas y por sus hermosos correos electrónicos; Guillermo de Yavorsky, por su confianza en mí y porque sin nuestras conversaciones yo hubiera olvidado muchas expresiones de las canciones de salsa; Miroslava Hecheverría, por pasarse la vida volviendo al Caribe; Fabien Hulin, por haber atizado con la suya mi curiosidad por la salsa; Jorge Pérez Rey, por haberme prevenido sobre las paranoias que implica la investigación universitaria; Giancarlo Siciliano, por haberme sugerido lecturas pertinentes y por un año 1997 lleno de música; Rafael Mattar, por su generosidad y solidaridad sin límites; Alejandro Ruocco, por su imaginación y su optimismo; Thierry «Stick» Savary, porque gracias a su serenidad y hospitalidad durante mis primeros días en Francia este trabajo pudo llegar a término; Ximena Walerstein, por su fuerza vital e inspiradora;

José Fernández Freites, profesor de la escuela de Comunicación Social y exdirector de deportes de la Universidad Central de Venezuela, conocedor en profundidad del fenómeno sociocultural de la salsa, quien me proporcionó, en el lejano año 1995, la primera lista bibliográfica sobre el tema; y Édgar Moreno, por haberme proporcionado datos importantes para la última sección de este trabajo y por su proverbial elegancia latina.

Justo antes de entregar este manuscrito, recibí importantes sugerencias de quien es para mí uno de los científicos sociales fundamentales del Caribe: el puertorriqueño Ángel G. Quintero Rivera, cuya lectura no sólo fue para mí un privilegio, sino que me proporcionó dudas que me permitieron cuestionar y mejorar este trabajo.

Los últimos y más importantes agradecimientos van dirigidos a mi esposa, Eliza Llewellyn, quien me ha brindado toda la magia, el amor y el apoyo necesarios para que este trabajo llegue a término; a mi madre, Luisa Cristina Alcalá, quien me legó su curiosidad sociológica y quien fue la persona que más consistente y militantemente ha creído en mí (sé que me estás oyendo desde el aire); y al resto de mi familia en Venezuela, por haberme apoyado en todo momento y por comprender la larga ausencia contenida en estas páginas.

Jesús Ortiz: Tengo que saber una cosa, algo en lo que me la he pasado pensando últimamente. Dígame, ¿cómo llegan ustedes a los negocios así, tan naturalmente?

Sol Nazerman: ¿«Ustedes»? Ah, ya entiendo. Tú quieres conocer el secreto de nuestro éxito, ¿cierto? De acuerdo, te lo cuento. Todo comienza con un período de varios miles de años durante los cuales no tienes nada con que sobrevivir aparte de una gran leyenda barbada. Amigo mío, no hay tierra que puedas llamar tuya, dónde cultivar alimentos o dónde cazar. No tienes nada, y además nunca permaneces en un lugar lo suficiente como para tener una geografía, un ejército o un mito de creación. Todo lo que tienes es un pequeño cerebro, un pequeño cerebro y una gran leyenda con barba para mantenerte con la moral en alto y para convencerte de que eres especial, incluso en la pobreza. Pero, ¿sabes? Ese cerebro es la clave del éxito. Con ese cerebro sales, compras un retazo de tela, lo cortas en dos y vendes cada pieza por un centavo más de ganancia. Luego sales otra vez y compras otro retazo, lo cortas en tres y lo vendes por tres centavos más. Eso sí, nunca debes caer en la tentación de comprar un pan de más para la mesa o un juguete para un niño, no. Porque enseguida debes volver a salir y debes conseguir una tela más grande y repetir el proceso una y otra vez. Al final descubres algo: ya no te queda deseo para cultivar alimentos ni tentación para contemplar un territorio ilimitado que puedas llamar tu tierra, no, no... Tan sólo repites el mismo proceso a lo largo de los siglos y de repente haces un gran descubrimiento: ¡tienes una herencia mercantil, eres un negociante, tienes fama de usurero, de tramposo, de brujo, de ropavejero, de acaparador, de farsante y de judío!

Diálogo entre Sol Nazerman, dueño judío de una casa de empeños, y Jesús Ortiz, su asistente puertorriqueño, en la película *The Pawnbroker*, de Sidney Lumet (1964)

Introducción

Este libro describe una historia de tiempos analógicos y no se involucra con la mutación digital de la industria de la música. No ignora el éxito colectivo del reggaetón y la bachata dominicana desde la primera década de los años dos mil, pero no hace de esos estilos sus objetos de estudio. Las razones de estas omisiones son variadas: la particularidad estética de la salsa; su arraigo de cuatro décadas en la escena de la música popular afrolatina y en la sensibilidad musical del Nueva York latino, del Caribe y, más recientemente, del mundo; sus pretensiones sociopolíticas durante los años setenta; y el hecho simple de que el rastreo de datos que permitió levantar esta investigación antecedió a las modas de los géneros sucesores e, incluso, al furor caótico de la distribución de fonogramas por Internet.

Sin embargo, este libro presenta una novedad digna de ser tomada en cuenta por analistas de la música popular y por lectores en general: es la descripción sistemática de la evolución comercial, el interés público y las fluctuaciones financieras de un estilo musical, la salsa, un repertorio sólido que, aunque fundado en identidades ambiguas (la puertorriqueña y la *nuyorican*), es perfectamente reconocible dentro de la vasta oferta de la industria de la música popular global.

La palabra «salsa» es hoy en día indisociable de la esfera cultural latina. Y si anteponemos la palabra a la música es porque ella concentra el espíritu que anima este producto estético. «Salsa» es una nomenclatura comercial que envuelve el estado de ánimo caribeño y lo transforma en mercancía cultural. Esta nomenclatura fue concebida por la industria de fonogramas para aludir a la sensibilidad y a los anecdotarios correspondientes a un espacio social connotado: el barrio latino.

Como forma de representación de un modo de vida particular, la salsa es, en primera instancia, una invención norteamericana o, al menos, concebida en Estados Unidos por el grupo fonográfico Fania. Mediante este concepto, Fania interpretó y declinó en un catálogo musical las experiencias del barrio latino de Nueva York, producto de la concentración en esta ciudad de una importante comunidad de origen puertorriqueño, sobre todo después de la Segunda Guerra Mundial. Este éxodo fue consecuencia directa de los planes de desarrollo de la isla emprendidos por el Partido Popular Democrático (PPD) e impulsados por su líder principal, el exgobernador general Luis Muñoz Marín, artífice del Estado Libre Asociado. En la realidad del barrio encontramos una muestra en escala de un modo de vida generalizado en las grandes ciudades del Caribe hispano: como los de cualquier gran ciudad del Caribe o de América Latina, el barrio resalta los rasgos concretos de la modernidad latinoamericana. Ésa es la razón por la cual la salsa tiene un poder abarcador que alude a un modo de vida latino-caribeño conformado por una historia, una tradición y una sensibilidad comunes. Estos elementos integran lo que Martín-Barbero ha llamado «matriz cultural» (1987, p. 165), dimensión compleja en la que convergen aspectos temporales y de conflicto social que aglutinan sujetos étnicos, regionales, religiosos, sexuales y generacionales, entre otros.

Aparte de refrendar la historia, la tradición y la sensibilidad de su audiencia principal, el concepto comercial «salsa» ha cumplido la función de investir esta música de un espíritu que delinea su contorno en el mercado de bienes culturales. La salsa ha transformado su tradición y sensibilidad inherentes en contenidos susceptibles de ser comercializados.

La genealogía de la salsa permitirá cobrar conciencia de los procesos a los que la tradición musical afrolatina se ha sometido en Nueva York. Este modo de proceder hará posible explicar cómo sus contenidos socioculturales han sido el germen de una industria especializada. El método de pasar del medio social de formación de la salsa a las gestiones de la industria de fonogramas podría por momentos dar un tono descriptivo a nuestras elaboraciones. No obstante, las descripciones que el lector encontrará en este libro pretenden despejar los insumos efectivos que conformaron el ambiente de la salsa y que, ulteriormente, posibilitaron iniciativas de comercialización de la música que de allí se derivó.

En este sentido, la salsa puede entrañar varias interpretaciones: ella puede ser una fórmula estética que aglutina rasgos característicos de un modo de vida latino urbano, síntesis que conjuga los quiebres de dos escalas de valores contradictorias (la hispana y la angloamericana), vehículo de expresión social y política de las comunidades latinas de Estados Unidos y de los sectores populares del Caribe hispano y, por último, concepto comercial que, afirmando una cierta sensibilidad estética, se ha consolidado en el mercado global de la música popular.

El trabajo que presentamos a continuación ha sido organizado en dos partes y comporta seis capítulos:

– la primera, «Fundamentos socioculturales de la salsa y la red mediática latina de Nueva York», contiene dos capítulos: uno consagrado al problema de la alteridad de la identidad puertorriqueña y *nuyorican*, y de cómo ella se ha consubstanciado con el barrio latino, su espacio social de gestación; y otro que se propone comprender cómo el modo de vida urbano latino en Nueva York inspiró las primeras empresas festivas y mediáticas afrolatinas, y ayudó a constituir el concepto comercial «salsa». Estas empresas fueron desarrolladas particularmente por hombres de negocios provenientes de la comunidad hebrea de Nueva York, entre quienes fraguó el empresario «tipo» de la salsa;

– la segunda parte, «Cuatro perspectivas en la evolución comercial de la salsa», es la que estimamos como nuestro aporte más original. La salsa ha motivado consideraciones sobre su valor estético y su importancia cultural, así como sobre la vida de sus principales exponentes. Sin embargo, la historia de cómo se convirtió en un fenómeno popular con repercusiones comerciales es prácticamente desconocida o se ha limitado a menciones episódicas o aisladas. Tomando esto en cuenta, nos hemos adentrado en la historia comercial de la salsa entre 1972 y 1999 a través de cuatro problemas específicos, cada uno de los cuales ameritó la elaboración de un capítulo: uno dedicado a las gestiones de relaciones públicas de los sellos especializados y al rol de los medios de comunicación social en la difusión del concepto comercial «salsa»; un segundo que se concentra en la evolución de una industria independiente especializada y en el gradual interés de las grandes insignias globales; otro que se ocupa de observar tres fases protagonizadas por grupos independientes (Fania, TH/Rodven y RMM) –aquí se hace hincapié en las relaciones de estos tres grupos con grandes sellos multinacionales a fin de asegurar la distribución del producto de salsa–; y un último capítulo que se ocupa de estudiar cómo las *majors*, luego de acercarse a la salsa en el marco de contratos de distribución y gestión de inventario formalizados con firmas independientes, capitalizaron esta música popular como un segmento más dentro de la totalidad del mercado latino.

Este trabajo persigue estudiar la salsa como producto cultural «latino-americano», es decir, como bien de consumo concebido y comercializado en principio para los latino-caribeños de Estados Unidos, y que, ulteriormente, se ha dirigido a los otros latinos y, luego, al mundo entero. En este contexto, la salsa es considerada como producto estandarizado según la sensibilidad de sus consumidores principales, dotado de reglas de elaboración particulares para garantizar su eficiencia comercial en el mercado fonográfico e inserto en una lógica de producción industrial. El examen histórico y económico que proponemos pretende mostrar la salsa como una forma estética que revela la existencia de un modo de vida. A su vez, esa forma estética constituye un útil punto de referencia simbólico para comprender la evolución de las comunidades latino-caribeñas de Estados Unidos y la de su relación con las del resto del Caribe hispano.

PRIMERA PARTE

Fundamentos socioculturales de la salsa y la red mediática latina de Nueva York

La problemática del presente trabajo es la salsa en tanto que forma de representación comercial del modo de vida del barrio latino, nuestro barrio de referencia siendo el barrio latino de Nueva York. Este enfoque considera el adoptado por Harker (1980) para analizar la música popular como aglutinadora de modos de vida que absorbieron el interés y la intención de compra de los británicos y angloamericanos a lo largo del siglo XX, un período histórico marcado por la emergencia de la cultura popular en tanto que uno de los denominadores comunes de la sociedad de masas.

Dentro de un punto de vista «partisano» (del lado de los principales destinatarios de la música popular: la clase media y trabajadora de la Inglaterra y los Estados Unidos industriales y post-industriales), heredado de los debates del marxismo desde los años cincuenta del siglo pasado en adelante (con autores de cabecera tales como el fundador de los estudios culturales, Richard Hoggart, y el historiador E. P. Thompson, a quien se debe su célebre *La formación de la clase obrera en Inglaterra*), Harker comprende la música popular como un fenómeno que permite reparar en la estructura de la industria de producción de fonogramas y como producto cuya rentabilidad y éxito dependen de un esfuerzo de diferenciación de grupos sociales, de subculturas, de creación de nociones de tiempo libre e, incluso, de espacio.

Los conceptos de referencia con que Harker dibuja la lógica de la música popular, tributarios del marxismo, son «clase» y «cultura». Retomando la definición de Thompson (1968), Harker define «clase» como un proceso mediante el cual

> algunos hombres, como resultado de experiencias comunes (heredadas o compartidas), sienten y articulan la identidad de sus intereses como propios y como opuestos a otros hombres cuyos intereses son diferentes (y generalmente opuestos) a los suyos (Harker, 1980, p. 21; traducción nuestra).

Al igual que clase, la «cultura» también es un proceso por medio del cual

> los hombres hacen su historia; [...] esto implica no sólo elecciones sobre modos de conducta, patrones relacionales y criterios de uso de objetos materiales, sino también, en una sociedad de clases, la *lucha* para mantener esas elecciones vigentes y para desarrollarlas como maneras de ejercer oposición [contra otros grupos que las cuestionan] (Harker, 1980, p. 2; traducción nuestra).

La dialéctica implícita en ambos procesos conlleva la formación de la «conciencia de clase» en tanto que «una actividad política de control autónomo, o cultura revolucionaria», que puede ser producto «tanto de la desmitificación de los intereses de clase que apuntalan la ideología dominante, como del aprendizaje de la posibilidad de una forma económica e ideológica de prácticas culturales» (Harker, 1980, pp. 23-24; traducción nuestra).

Lo que nos interesa retener del plan dialéctico propuesto por Harker no son tanto sus implicaciones políticas dentro del decurso del materialismo histórico como su conciencia estructural para comprender los modos de operación instrumental de la industria de la música. Ésta concibe y dirige sus productos para capitalizar las historias y las sensibilidades particulares de grupos potenciales de consumidores culturales. Dentro de ese esquema, Harker resalta dos términos que nos resultan sugestivos: «intención» y «recepción». El primero se refiere a la voluntad de los productores fonográficos de levantar repertorios de canciones dirigidas a comunidades específicas aglutinadas en una específica conciencia de clase; el segundo, a la acogida de esas canciones por su grupo meta o por otro con capacidad para comprenderlas o «resignificarlas» (Harker, 1980, p. 24).

En el caso de la salsa, lo veremos muy claro, el surgimiento de toda una industria independiente de producción, promoción y comercialización de productos fonográficos se apoya en la estandarización y codificación de una tradición musical afrolatina cultivada en Nueva York. Esta tradición se afianzó en la gran ciudad estadounidense desde, por lo menos, los años veinte del siglo xx, y, en particular en la década de los sesenta –en medio de procesos atizados por las luchas por los derechos civiles de las minorías–, fue atribuida al público del barrio latino de Nueva York, una audiencia urbana homologada por una historia de marginalidad social, sujeción colonial y pobreza cuyos rasgos de clase y cultura, así como su conciencia de clase, conectaba naturalmente con otras audiencias equivalentes en otros puntos urbanos del Caribe hispano. Es por ello que nuestro principal punto de referencia para entender la dinámica entre la industria fonográfica independiente especializada en salsa y el «caldo de cultivo» del barrio latino se apoyará en el barrio de Nueva York.

Para emprender el análisis de la salsa en tanto que mercancía cultural, hemos optado por una secuencia cronológica que procura proporcionar pistas sobre el valor de esta música popular como forma de representación de un modo latino caribeño de contexto urbano. Así, esta primera parte pretende dar luces sobre dos aspectos: el modo de vida cultivado en un espacio social con caracteres específicos, el barrio latino, y la existencia de una primera red mediática consagrada al producto musical latino antes de la irrupción de la salsa a comienzos de los años setenta. Cada uno de estos objetivos implicó la elaboración de dos capítulos: uno dedicado a entender cómo en el barrio latino neoyorquino se expresa la alteridad de la identidad puertorriqueña; y otro que se concentra en cómo la presencia latina en Nueva York estimuló la creación de una red mediática latina anterior a la salsa.

Vemos en la salsa una estética que toma como punto de referencia la experiencia de vida de los puertorriqueños de Nueva York, estética lo suficientemente elocuente y abierta como para poder representar modos de vida populares cultivados en otros puntos del Caribe hispano. La existencia de esa matriz cultural ha sido el fundamento para la instalación de una red mediática latina en Nueva York y para el desarrollo posterior de un concepto comercial, «salsa», que congrega un conjunto de formas cuyo objeto de inspiración son las anécdotas y los conflictos propios de un espacio social.

Capítulo 1
La alteridad de la identidad puertorriqueña

Para el poeta *nuyorican* Pedro Pietri, el motivo de la muerte trágica de los personajes de su poema *Obituario puertorriqueño* (1977) es la confusión: la confusión de todos aquellos puertorriqueños que salieron de Puerto Rico, sobre todo en los años cuarenta y cincuenta del siglo XX, para ir a conquistar el sueño americano.

> Trabajaron
> Siempre puntuales
> Nunca atrasados
> Nunca respondiendo
> a los insultos
> Trabajaron
> Jamás cogieron día libre
> que no fuera oficial
> Jamás se declararon en huelga
> sin permiso
> Trabajaron
> diez días a la semana
> pero les pagaron cinco
> Trabajaron
> trabajaron
> trabajaron
> y murieron

Murieron pelaos
Murieron debiendo
Murieron desconociendo
la entrada principal
del First Nacional City Bank
(Pietri, 1977, pp. 117-119).

Los nombres de sus personajes son tan comunes que prácticamente son anónimos: Juan, Miguel, Milagros, Olga, Manuel, gente pobre en Puerto Rico que siguió siéndolo en Nueva York y cuyos oficios nunca sobrepasaron los de

lavaplatos porteros mensajeros
obreros de fábricas sirvientas empleaduchos
de almacén asistente de pinches
asistentes, asistentes del asistente
al asistente del asistente del
lavaplatos asistente y porteros
automáticos de artificiales sonrisas
por las pagas más bajas de la historia
(Pietri, 1977, p. 133).

Este reparto de oficios pone en claro la posición efectiva de los puertorriqueños dentro de la sociedad estadounidense y recuerda las paradójicas motivaciones económicas y políticas de su éxodo.

El poema de Pietri hace más que transmitir las emociones asociadas con la posición de los puertorriqueños en Estados Unidos. Su ejercicio es riguroso, y no sólo por razones líricas. A lo largo del *Obituario puertorriqueño*, Pietri alude a la relación del obrero con su patrono, a los sueños rotos de sus personajes, a su eterna condición de marginalidad, a su estatus como ciudadano (proporcional a su otredad socioétnica) y a su *devaluación* personal y financiera debido a su falta de dominio de la lengua inglesa, lo que lo hace mano de obra barata disponible para el primer patrón judío, relación que, como tendremos ocasión de verlo, no es sólo un lugar común de los relatos de xenofobia tradicionales sino una realidad dentro de la dinámica socioeconómica de la diáspora boricua en Nueva York.

Están muertos
Están muertos
y no han de volver de entre los muertos
hasta que no dejen de tomar
lecciones de inglés goleta descuidando
el arte de su diálogo
para poder impresionar a los mister
                                                  goldsteins
(Pietri, 1977, p. 133).

El poeta brinda las claves del modo de vida del barrio latino, espacio social que ha inspirado los relatos de una serie de narradores latino-estadounidenses (Edwin Rivera, Piri Thomas y más recientemente Junot Díaz), quienes han configurado una tradición literaria apoyada en la cotidianidad y en lo testimonial. La fortaleza del *Obituario puertorriqueño* reside así en la creación de una voz que, a través de la expresión del *pathos* antillano hispánico, proporciona las pistas que caracterizan la lógica segregacionista de la sociedad angloamericana. Expresando los resentimientos de los vecinos de El Barrio –ese Spanish Harlem y ese South Bronx que inspiraron la mayoría de las anécdotas cantadas por la salsa neoyorquina–, Pietri devela el marco normativo de la sociedad estadounidense, una cartilla de obligaciones o, mejor dicho, de reprobaciones que Juan, Miguel, Milagros, Olga y Manuel vivieron como la ruptura traumática de una tradición forzosamente abandonada. Para ellos, lo que queda es la idealización de su nostalgia caribeña, una idealización que sólo se quiebra con la muerte. Por ello, la última estrofa del *Obituario puertorriqueño* propone una conclusión expresada en forma de un condicional tardío.

Si sólo
hubieran apagado el televisor
y prendido sus propias imaginaciones
Si sólo
hubieran utilizado las biblias racistas blancas
como papel de inodoro
y hecho de sus almas latinas
la única religión de su raza

Si sólo
hubieran vuelto a la definición de sol
luego de la primera nevada
en el verano de sus sentidos
Si sólo se
hubieran fijado
en el entierro de sus compañeros de trabajo
quienes vinieron a este país a hacer fortuna
y fueron enterrados en pelotas

Juan
Miguel
Milagros
Olga
Manuel
estaría ahora en lo suyo
donde cantan y bailan
y trabajan en conjunto gentes bellas
donde el viento es un extraño
al mal tiempo
donde no necesitas diccionario
para comunicarte con tu gente
Aquí Se Habla Español siempre
Aquí se saluda la bandera
Aquí no hay comerciales de jabón Dial
Aquí todos huelen bien
Aquí los TV diners no tienen futuro
Aquí hombres y mujeres se admiran se
desean
y nunca se cansan uno del otro
Aquí lo que pasa es Poder al Qué Pasa
Aquí llamarte negrito
es llamarte AMOR
(Pietri, 1977, pp. 137-139).

Aunque la inmensa mayoría de los habitantes de los barrios latinos de Nueva York son puertorriqueños de primera, segunda o más generaciones, establecidos allí debido al peculiar estatuto de Puerto Rico como Estado Libre Asociado de Estados Unidos, la generación a la que Pietri dedicada su obituario es la que llegó a Nueva York entre finales de los años cuarenta y comienzos de los años cincuenta del siglo pasado, la misma que fue protagonista y primera destinataria del movimiento de la salsa neoyorquina. Más que cualquier otra ola migratoria boricua a lo largo del siglo xx, ésta asumió su identidad a carta cabal mediante un movimiento estético, el de la salsa, que, desde comienzos de los años setenta del siglo pasado (luego de transitar unos sesenta caracterizados por la protesta política dentro del marco de la lucha por los derechos civiles), antepuso los símbolos caribeños a la asimilación al marco de valores y al horizonte de expectativas de la sociedad blanca, anglosajona y protestante.

Desde 1898, la cuestión de la identidad ha sido una obsesión puertorriqueña. Rodríguez Juliá (1998) señala que este problema «ha estremecido la cultura de su país» debido a que, a partir de ese año, Puerto Rico ha sido una nación marcada por la presencia estadounidense en el marco de un vínculo de sujeción de carácter colonialista. A juicio de Rodríguez Juliá, ello habilita a los intelectuales puertorriqueños y antillanos a referirse con propiedad al problema de la identidad cultural[1].

La salsa estiliza el carácter conflictivo de la alteridad puertorriqueña y, sobre todo, de la cultura puertorriqueña en el medio urbano neoyorquino. Ella reivindica un modo de vida popular –signado por una condición de marginalidad socioeconómica– y una corriente de sensibilidad tradicional que desafía la línea de conducta ideal de la sociedad angloamericana. La salsa hace eso inscribiéndose dentro de una lógica de masificación de la cultura análoga a la del rock y el pop para la juventud anglosajona, lo que deja en claro una paradoja: la adaptación de una comunidad a la lógica de consumo de la modernidad occidental a través de la elaboración de un ambiente y de un repertorio que resaltan la diferencia social, étnica y económica[2].

---

1. Cp. R. Wisotzki, R. (1998): «Edgardo Rodríguez Juliá y el ser puertorriqueño. "La identidad ha estremecido la literatura de mi país"». *El Nacional*, LVI (19794), 7 de octubre, p. C10.
2. A este asunto hemos consagrado el tercer capítulo de un libro anterior: Tablante, Leopoldo (2005): *Los sabores de la salsa. De la rumba brava a la*

Si la característica de la historia de Puerto Rico –dentro y fuera de la isla– parece ser la alteridad, ¿qué circunstancias esclarecen los rasgos sobresalientes de este proceso? Este capítulo propone un plan analítico que contempla los contactos de los angloamericanos con los puertorriqueño trás la Guerra Hispanoamericana de 1898, la transformación de Puerto Rico en Estado Libre Asociado de Estados Unidos, las secuelas de los planes de industrialización de la economía puertorriqueña con auspicio económico estadounidense –en el marco del proceso que se conoció como *Operation Bootstrap* u Operación Manos a la Obra–, la emigración boricua a Nueva York, las representaciones del modo de vida puertorriqueño a partir de las sensibilidades de otros grupos socioculturales en la ciudad y la consolidación del barrio latino como lugar de gestación del espíritu de la salsa.

1.1. Primeros contactos de los puertorriqueños con los angloamericanos

La condición política de Puerto Rico con respecto a Estados Unidos ha definido una identidad cultural singular en la que dos visiones del mundo contrastan: una visión del mundo hispana y una angloamericana. La dominación de Estados Unidos sobre Puerto Rico maduró durante los primeros cincuenta años del siglo XX, y esta dominación se estableció sobre una paradoja: mientras Estados Unidos se reservaba el derecho de definir el destino de la isla en el concierto de las naciones, los puertorriqueños podían constituirse en torno de un gobierno legítimo internamente pero no asumirse como ciudadanos de una nación independiente.

Aunque alrededor de 1900 los puertorriqueños tenían clara conciencia de las dificultades que implicaba adaptarse a los valores estadounidenses, muchos interpretaron su vinculación a Estados Unidos como la ocasión para acceder definitivamente a la modernidad. No

---

fiesta mansa; de Héctor Lavoe a Jennifer López. Caracas: Ediciones del Museo Jacobo Borges.

obstante, a lo largo del siglo xx el problema de la identidad sobrepasó el de la modernización. Desde abril de 1900, cuando se promulgó la Ley Foraker[3], los derechos de los puertorriqueños quedaron en suspenso: ni estaban facultados para votar en las elecciones presidenciales de su nueva metrópolis ni podían decidir de manera autónoma el destino de su propio país. Esas limitaciones se atenuaron en 1917 con la Ley Jones (o Ley Orgánica de 1917), mediante la cual Estados Unidos admitía la permanencia de los puertorriqueños en cualquiera de sus estados sin necesidad de pagar impuestos federales. A cambio, Washington se reservaba el derecho de designar al gobernador, al comisario de Educación, al contralor y al procurador general de Puerto Rico, si acaso previa consulta al senado insular. Fue en semejante contexto que maduró en la élite política insular la idea de la industrialización puertorriqueña.

La Guerra Hispanoamericana de 1898 se llevó a cabo en medio de un sentimiento de rechazo por parte de la élite insular contra la autoridad española. Ese rechazo, presente también en las bases populares, posibilitó que Estados Unidos asentara su poder sobre Puerto Rico. Bhana (1975, p. 2) subraya el hecho de que los puertorriqueños asociaban Estados Unidos con una nación fuerte capaz procurarles el progreso. En esta lectura se congregaban expectativas relativas a las limitaciones naturales y económicas de la isla, cuyo síntoma más inquietante era el incremento de la pobreza. A pesar de que la anexión de Puerto Rico a Estados Unidos entrañara el cuestionamiento de su tradición hispana y su adaptación a una nueva escala de valores, la precariedad de su aparato productivo, sus indicadores sociales y, desde luego, la fascinación que Estados Unidos ejercía en la colectividad (idéntica a la que podía ejercer en cualquier otro país latinoamericano) justificaban el reto.

Este concurso de circunstancias determinó la alteridad de la identidad puertorriqueña: desde 1900, la isla ha oscilado entre el deseo

3. Por medio de la cual el congreso de Estados Unidos creaba un cuerpo político llamado «el pueblo de Puerto Rico», cuyos miembros no eran ni americanos ni miembros de una nación independiente (Wagenheim, 1983, p. 4).

de independencia –la iniciativa independentista más radical siendo la del Partido Nacionalista, de Pedro Albizu Campos– y la adopción de una condición política que, sin sacrificar la tradición hispana, tampoco se rehusara al apoyo económico de Estados Unidos. Esta última postura fue la adoptada por el fundador del PPD, Luis Muñoz Marín, hijo de Luis Muñoz Rivera, fundador del Partido Liberal Puertorriqueño y antiguo comisario de Puerto Rico ante el Congreso de Estados Unidos.

Muñoz Marín tuvo éxito no sólo por razones ligadas a la situación económica concreta de Puerto Rico o al mito de progreso que evocaba Estados Unidos. El líder logró formular un discurso populista que interpretaba las necesidades concretas de su país, conmovía a las clases de menores recursos y las aglutinaba en una tolda política en momentos en que prácticamente no existía sistema de partidos en Puerto Rico. Tras haber defendido la independencia total de la isla a través del partido Acción Social Independentista, del que también fue fundador, el pensamiento de Muñoz Marín se orientó hacia la anexión, económicamente necesaria, a Estados Unidos. Esta idea fue favorablemente acogida por la administración del presidente Franklin Delano Roosevelt en tiempos del que se llamó New Deal, es decir, el conjunto de medidas sociopolíticas y económicas adoptadas por el gobierno de Estados Unidos para atenuar los efectos del *crack* financiero del año 1929. La compatibilidad del proyecto de Muñoz Marín con los intereses estadounidenses ofrecía a Puerto Rico el sostén económico necesario para emprender los planes de industrialización que le permitieran insertar su aparato productivo en una nueva fase de producción capitalista.

La orientación política y económica de Muñoz Marín contaba con una contundente base de realidad. En 1946, Puerto Rico tenía una densidad poblacional de 417,5 personas por kilómetro cuadrado y una economía agrícola (fundamentalmente de caña de azúcar, rubro irregularmente explotado por empresas estadounidenses desde comienzos del siglo XX) que no se daba abasto para absorber toda la mano de obra cesante. La vulnerabilidad económica puertorriqueña hacía inviable tanto su independencia total como su transformación en un estado más de la unión. Bhana apunta que Muñoz Marín no veía beneficio alguno en esta segunda opción. En su pensamiento se alternaban ideas económicas, sociales y nacionalistas. Si Puerto Rico se convertía en un estado más de Estados Unidos, la isla se anclaría en una estructura monoproductora, se vería en la obligación de contribuir con cerca de nueve millones de dólares al Tesoro Federal (comprometiendo fondos que debían invertirse en subsidios y en asistencia social) y, al mismo tiempo, se alienaría a un gobierno foráneo que se desempeñaría como un «aprovechador ausente de la riqueza producida por los puertorriqueños» (Bahna, 1975, p. 31).

Este cúmulo de razones hizo prosperar entre Muñoz Marín y sus seguidores –llamados «populares»– un punto medio que, así como debía convenir a los intereses estadounidenses, debía resolver a corto plazo los apremios socioeconómicos de la isla. Ello definió la personalidad política de Muñoz Marín, que, consolidándose como líder popular, pasó a convertirse también en el «hombre de la Casa Blanca».

Si bien es cierto que las posiciones del PPD y de su líder máximo presentan Puerto Rico como un territorio dividido entre dos voluntades opuestas, en 1946 ellas se tradujeron en un logro político significativo: la elección del gobernador general, puesto que hasta 1946 había sido asignado directamente por el Congreso norteamericano[4]. Este hito había sido anunciado desde comienzos de los años cuarenta por cambios graduales tales como la designación por Washington de un gobernador general de origen puertorriqueño, Jesús Piñero, sucesor de Rexford Tugwell, este último responsable de organizar la estructura administrativa insular en un esquema burocrático y quien, durante su gestión, apoyó la moción de que los puertorriqueños eligieran directamente a su autoridad principal. La designación de Piñero, compañero de partido de Muñoz Marín, fue señal de un nuevo clima de negociación con la administración del presidente Harry Truman y reveló también un nuevo cariz en el modo en el que el gobierno de Estados Unidos abordaba la cuestión puertorriqueña.

Durante los primeros años de la Guerra Fría, la presencia estadounidense en Puerto Rico fue siempre justificada desde el punto

4. Entre 1900 y 1946 Puerto Rico fue gobernada por quince funcionarios nombrados ex profeso por el presidente de Estados Unidos (Wagenheim, 1975, p. 6).

de vista militar. La necesidad de que la armada americana permaneciera en el Caribe era respaldada por muchos legisladores (Bhana, 1975, p. 107). Un enclave militar estadounidense en el Caribe permitía un mayor margen de maniobra para defender el canal de Panamá en caso de que una intervención armada fuera necesaria (Senior, 1952, p. 21). No obstante, el destino político de la isla nunca interesó mayormente a los ciudadanos continentales, y esta displicencia se traducía políticamente en la falta de interés de los legisladores (Senior, 1952, p. 72). Si bien la designación discrecional por parte del presidente de la unión del gobernador general de la isla daba a entender que el asunto se simplificaba a través de una «autocracia pragmática», la progresiva aceptación de la idea de que los puertorriqueños rigieran su destino insinuaba dos cosas: que los estadounidenses continentales asumían la otredad de sus *compatriotas* antillanos y que la relación de Estados Unidos con la isla entraba en una nueva fase que eludía el espinoso tópico de la identidad y de la cultura. Si el liberalismo angloamericano simplificaba la presencia estadounidense en Puerto Rico, del lado puertorriqueño el nuevo estado de cosas planteaba la formulación de un concepto que abarcara todas las aristas de una sociedad que se movía entre dos aguas.

1.2. El Estado Libre Asociado

Durante los primeros cincuenta años del siglo XX, Puerto Rico se caracterizó por concentrar una ciudadanía de tipo mestizo-hispano dispersa políticamente y dependiente de una nueva metrópolis. Paradójicamente, esa dispersión fue la fortaleza del PPD, plataforma a través de la cual se articuló un discurso que capitalizó el acervo tradicional puertorriqueño con miras a construir una modernidad auspiciada por Estados Unidos. Semejante proyecto implicaba el desarrollo de un concepto que tuviera en cuenta el carácter pragmático de la relación Puerto Rico-Estados Unidos, así como el carácter genuino de la identidad puertorriqueña.

Como ya apuntamos, el propósito de Muñoz Marín y de sus seguidores era preparar las condiciones para que la economía puertorriqueña abandonara su fase agraria precapitalista con el objeto de dinamizar su aparato productivo y expandir la oferta de empleo interna. En vista de la peculiar relación entre Puerto Rico y Estados Unidos, los políticos insulares pensaron en la adopción de un estatuto que permitiera institucionalizar el sostén financiero norteamericano a cambio de una serie de compromisos políticos. Tal estatuto fue el de «Estado Libre Asociado».

Durante los primeros años de la posguerra, Estados Unidos se encontraba en proceso de reforzar sus vínculos con sus posesiones de ultramar y, desde luego, Puerto Rico formaba parte de ese proceso. Visto el interés mutuo de consolidar relaciones, los gobiernos insular y continental se dieron a la tarea de formular los lineamientos jurídicos que las rigieran. Tales lineamientos debían permitir la formación de un cuerpo gubernamental puertorriqueño en Puerto Rico, incorporar la isla al esquema federal estadounidense y tomar en cuenta la voluntad política del pueblo insular. El concepto de Estado Libre Asociado admitía todos estos matices al tiempo que ofrecía a la isla una posibilidad de arranque económico.

Debido a la exigüidad de su propia economía, Puerto Rico sufría particularmente los vaivenes financieros de su nueva metrópolis. Los efectos del *crack* de 1929 fueron allí particularmente intensos y prolongados. No obstante, esta realidad no fue necesariamente adversa a efectos de la creación del Estado Libre Asociado. Por lo contrario, la política del New Deal alentó en Washington la adopción de medidas asistencialistas en contextos recesivos que contribuyeron a formar una sensibilidad congruente con los requerimientos insulares en materia social. Por otra parte, la situación puertorriqueña representaba un reto para los teóricos y ejecutivos del New Deal. Éstos, opuestos a grupos políticos más conservadores constituidos por agricultores y grandes capitalistas, pensaban que una asistencia económica sostenida sería capaz de volver autosuficiente la economía puertorriqueña. Los *new dealers* contaban con un insumo valioso: puertorriqueños educados en Estados Unidos (entre ellos Muñoz Marín), interesados a su vez en aprovechar la posición de sus pares estadounidenses a fin de formular un proyecto político de mayor alcance (Centro de Estudios Puertorriqueños, 1979, p. 117). Para este grupo, la independencia era económicamente imposible. El destino de Puerto Rico debía entonces proyectarse como una conjunción entre una independencia política relativa y un apoyo económico contundente orientado hacia la industrialización.

Con el apoyo del gobierno metropolitano, el PPD tuvo éxito en hacer que los puertorriqueños se acercaran políticamente a sus problemas internos. El primer síntoma significativo de cambio fue la ya comentada designación de un puertorriqueño, Jesús Piñero, como gobernador general. Esta designación precedió los primeros comicios electorales puertorriqueños, celebrados en 1948. Entonces los votos le fueron favorables a Muñoz Marín, quien se ocupó de activar el desarrollo industrial de la isla con apoyo, financiero y técnico, estadounidense, y de formular, junto con Antonio Fernós-Isern (excomisario residente de Puerto Rico ante el Congreso de Estados Unidos), el proyecto de transformación de la isla en Estado Libre Asociado.

El Estado Libre Asociado libraba a Puerto Rico de los compromisos que implicaba tanto ser estado de Estados Unidos como ser una nación independiente. Debía operar como un pacto revocable por el pueblo puertorriqueño vía referéndum o susceptible de ser reconsiderado cuando la isla alcanzara un producto interno bruto (PIB) equivalente al del más pobre estado de Estados Unidos. Su naturaleza flexible permitió que, tres años más tarde de la llegada de Muñoz Marín al poder, la fórmula fuera sometida a referéndum bajo las pautas de la Public Law 600, dispositivo legal a través del cual Estados Unidos se obligaba a respetar la decisión de la población puertorriqueña. No obstante, el dispositivo se reveló entonces apenas un mecanismo cautelar. Luego del escrutinio, un 76,5% de los votantes apoyó el Estado Libre Asociado, que se hizo efectivo en julio de 1952.

El triunfo de la fórmula impulsada por el PPD y Muñoz Marín entrañó la redacción de una nueva constitución que delimitara los ámbitos de autoridad de los funcionarios e instituciones puertorriqueños y estadounidenses. El texto debía garantizar la creación de un gobierno que incluyera un proyecto de ley sobre los derechos de los ciudadanos. Si los puertorriqueños aceptaban la Constitución, el presidente de Estados Unidos estaba autorizado a transmitirla al Congreso (Bhana, 1975, p. 132).

En suma, el primer gobierno de Muñoz Marín fue un período determinante para la isla. Involucró a los puertorriqueños con sus asuntos internos; los ancló en una relación de sujeción con Estados Unidos fundamentada en lo económico y político y protocolizada en lo jurídico; y, desde luego, consolidó una corriente de cuestionamientos –internos y externos– que ponen permanentemente esa sujeción en tela de juicio. El Estado Libre Asociado formalizó la alteridad de la identidad puertorriqueña, embrión de la cultura urbana del barrio latino neoyorquino de la que la salsa extraerá sus imágenes principales.

1.3. La Operación Manos a la Obra (Operation Bootstrap) y la emigración puertorriqueña a Nueva York

La corriente migratoria puertorriqueña hacia Nueva York comenzó apenas concluida la Guerra Hispanoamericana de 1898, y si bien la presencia de esta comunidad en la gran ciudad ya era notable durante los primeros cuarenta años del siglo xx, la migración se intensificó llegado Muñoz Marín al poder. Entre las razones que explican esta intensificación pueden enumerarse la estrechez del mercado de trabajo insular (a despecho de de los planes de industrialización promovidos por el gobernador general), el derecho de permanencia de los puertorriqueños en tierra continental y el optimismo de posguerra que se respiraba en Estados Unidos.

Pese a su derecho de residencia en cualquier estado de la unión, los puertorriqueños de Estados Unidos congregaban características particulares: eran personas de origen mestizo, de sensibilidad estética afroantillana (evidente en sus tradiciones musicales), hispanohablantes y, a menudo, proveniente de poblados rurales o, en todo caso, de aglomeraciones urbanas muchos menos densas y desarrolladas que la ciudad de Nueva York. Este conjunto de características no sólo configuró una noción de identidad que se definió por contraste con respecto a la cultura angloamericana; también aportó los elementos simbólicos principales del ulterior movimiento de la salsa neoyorquina.

Este grupo social ocupó las vacantes de más baja categoría en el mercado de trabajo de la ciudad de Nueva York. El proceso sucedió justo cuando comenzaban a manifestarse cambios estructurales significativos en el aparato productivo industrial de la ciudad. Consciente de este proceso, el escritor puertorriqueño Edgardo Rodríguez Juliá no duda en atribuir el movimiento de la salsa a la migración puertorriqueña desencadenada por las políticas aplicadas por Muñoz Marín desde la plataforma del PPD. Mediante la descripción de la primera aparición por televisión, en 1954, de la orquesta del percusionista Rafael Cortijo, Rodríguez Juliá (1983) interpreta esta figuración como la irrupción pública de una cultura de clase baja determinada por un sesgo étnico –contrastante con respecto a la cultura de la élite blanca puertorriqueña– y catapultada por el desarrollismo puertorriqueño.

> Entonces llega Cortijo con una nueva presencia social, la del mulataje inquieto que la movilidad traída por el desarrollismo muñocista posibilitó. La plena proletaria de Canario, la del barrio y el arrabal se convierte en música del caserío. Para esa nueva música surge un nuevo medio: la televisión se convierte en el foco de luz que destaca no sólo una nueva fisonomía musical, sino también una amenazante presencia social. El blanquitismo de los grandes clubes sociales y de los salones de baile tiene que haber temblado ante esta agrupación formada casi exclusivamente por negros. Y además la combinación de música y baile, ¡qué cafrería! Y lo peor, no usan papeles para tocar, no se ajustan a la formalidad musical de la orquesta de salón. ¡Qué horror! Y para colmo ese carisma del baile y el *showmanship* es justamente lo que la televisión necesita. La próxima revolución boricua habrá que buscarla, diecisiete años después, en el último polo de la movilidad muñocista, y me refiero, claro está, a la salsa niuyorquina (Rodríguez Juliá, 1983, pp. 31-32).

El texto de Rodríguez Juliá propone una lógica migratoria en la que la cultura popular –musical y de espectáculo– de Puerto Rico se traslada a Nueva York en el marco de un mismo proceso sociopolítico y económico. Si en un primer momento el poder de diseminación pública de la televisión contribuyó a transformar a una «agrupación de negros» en la amenaza social de la élite blanca puertorriqueña, en Nueva York los miembros de esa misma clase social debieron reconstruir su identidad a partir de las claves de su paradójica condición de extranjeros y en función de las diferencias impuestas en el marco de referencias angloamericano. Sin embargo, la complejidad de este proceso no puede ponerse en perspectiva sin comprender las razones concretas que lo posibilitaron.

La migración puertorriqueña fue ciertamente una de las principales consecuencias del plan de industrialización auspiciado por el PPD y profundizado por Muñoz Marín durante su gobierno. El plan fue instrumentado a través de un organismo: la Puerto Rican Industrial Development Company (Pridco). La Pridco –«Fomento» para los puertorriqueños– fue creada en 1942 con la promesa de generar 10 mil puestos de trabajo en un año. Sin embargo, en 1943 apenas había incorporado a 1500 trabajadores a un mercado de trabajo activado principalmente por inversiones públicas. Por otra parte, las empresas públicas creadas bajo su égida se revelaron estériles en poco tiempo. Por ejemplo, para 1948 el organismo había adjudicado 22 millones de dólares para la creación de empresas y cerca de la mitad de ese total había sido destinado a la creación de empresas subsidiarias. Entre éstas, sólo la Compañía Puertorriqueña de Cementos tuvo éxito y sus beneficios fueron empleados para cubrir las pérdidas de las empresas deficitarias (Bhana, 1975, pp. 188-189). Esta situación obligó a la Pridco a recurrir a capital privado para ampliar el mercado de trabajo insular, diversificar las fuentes de ingreso y tratar de asegurar resultados. Para ello creó el programa Aid to Industrial Development (AID). La AID, que reunía una serie de programas orientados hacia la conversión industrial, fue el principal ente promotor de lo que se dio a conocer como Operación Manos a la Obra u Operation Bootstrap.

El nombre es curioso... y peyorativo: «Operación Trenzas de las Botas». Una locución inglesa designa como responsable y dueña de su destino a la persona capaz de amarrarse los zapatos. La Operación Manos a la Obra partía del principio de que, a través de la industrialización de su aparato productivo –lo que implicaba intervencionismo político y corporativo–, Puerto Rico podía alcanzar una economía autosuficiente. Su principal fortaleza residía en el respaldo de empresas estadounidenses deseosas de deslocalizar sus capitales a fin de evitar los altos costos de producción en el continente así como la presión tributaria. En este sentido, la AID ofrecía a los inversionistas estadounidenses dos ventajas interesantes: exoneración de impuestos durante un período de diez años y mano de obra barata. A esas ventajas se añadía el hecho de que las empresas estadounidenses que produjeran bienes manufacturados en Puerto Rico podían importarlos a Estados Unidos sin pagar impuestos federales (Bhana, 1975, p. 191). La operación Manos a la Obra significó la entrada masiva de filiales de firmas industriales estadounidenses a Puerto Rico y a través de la AID, la Pridco, en lugar de ser promotor de las iniciativas empresariales locales, terminó convirtiéndose en el brazo administrativo que aseguraba el ingreso de capital estadounidense en la isla de Puerto Rico.

Esta situación hizo aún más dependiente la economía insular de los vaivenes de la metropolitana. Citando datos de un estudio de Baer (1962) en los intervalos 1953-1954 y 1957-1958, Bhana (1975, p. 202) destaca que los estrechos lazos establecidos en tiempos de Muñoz Marín entre el sector productivo puertorriqueño y el estadounidense hizo el primero particularmente vulnerable a los períodos de recesión del segundo, con el efecto concomitante del aumento de la masa de trabajadores en situación de cesantía. Los impactos podían ser más o menos rigurosos si una empresa norteamericana estaba completa o parcialmente instalada en Puerto Rico. En caso de que lo estuviera, la posibilidad de que colapsara era mayor. Por lo general, los lapsos recesivos en la América continental desencadenaban migraciones masivas de puertorriqueños hacia el norte.

En suma, la Operación Manos a la Obra catalizó la partida en masa de trabajadores puertorriqueños a Nueva York. Esta migración comenzó a registrarse ostensiblemente desde la década de los cuarenta y alcanzó su pico en 1953, cuando Estados Unidos recibió 69 124 puertorriqueños (López y Petras, 1974, p. 318). La transformación de Puerto Rico en lugar de operación de las iniciativas capitalistas americanas incrementó la demanda de empleo de los puertorriqueños tanto en Puerto Rico como en Estados Unidos debido a criterios asociados con los límites objetivos del mercado de trabajo insular y con las oportunidades relativas que ofrecía el mercado de trabajo en Estados Unidos, especialmente en centro urbanos como Nueva York. Aunque entre 1950 y 1960 la tasa de desempleo puesto por puesto fue superior en el continente que en Puerto Rico, esto no amilanó a los puertorriqueños, quienes siguieron partiendo a riesgo de desempeñar trabajos precarios (Centro de Estudios Puertorriqueños, 1979, p. 129). Esto explica el hecho de que, en el intervalo entre 1950 y 1970, 606 550 puertorriqueños se mudaran a Nueva York, lo que en términos relativos equivalía al 27,4% de la población total de la isla para el período en cuestión (Safa, 1995, p. 81). Rodríguez (1989, p. 4) califica como «migración de la puerta giratoria» (*revolving door migration*) aquélla que se produjo en el intervalo entre 1946 y 1964, y que, así como consolidó los enclaves de una nueva minoría étnica en zonas de Nueva York hoy connotadas como el South Bronx, el East Harlem y Lower East Side, también dio inicio a un ciclo de diseminación de puertorriqueños por toda la unión.

1.4. Perfil del inmigrante puertorriqueño en Nueva York

Los datos que hemos referido permitirían imaginar al inmigrante puertorriqueño en Nueva York como un individuo caracterizado por una condición de pobreza inmanente aparejada a ciertas características socioculturales y étnicas que, así como traducen el contraste socioeconómico de su lugar de origen, se convierten en razones de segregación en el país que lo acoge. De hecho, la salsa encontrará a menudo sus temas en la intolerancia de que es objeto el individuo de clase popular puertorriqueño tanto en Puerto Rico como en Estados Unidos. Con todo, es probable que ese perfil admita matices que no son fácilmente perceptibles a través de generalizaciones.

Bhana (1975, p. 203) advierte que el puertorriqueño migrante contaba a menudo con una experiencia de trabajo industrial previa y que, a pesar de ello, podía ser reclutado para trabajos de menor calificación (como por ejemplo el cultivo de especies agrícolas). Adicionalmente, el análisis del perfil del migrante puertorriqueño, tanto antes como después de la Segunda Guerra Mundial, habla de una persona principalmente de género masculino, de edad económicamente activa, alfabetizado y originario de un centro urbano. Pocos de estos individuos se encontraban desempleados antes de su partida y, en la mayoría de los casos, tenían un trabajo a tiempo completo. En promedio, su nivel de instrucción equivalía a ocho años de escolaridad y, en Nueva York, obtenían trabajo a través del contacto con otras personas empleadas con sus mismas características. Estos puestos podían consistir en actividades intermitentes en áreas urbanas (Centro de Estudios Puertorriqueños, 1979, p. 150). Estas características, aparte de contrariar el estereotipo convencional con que suele asociarse al puertorriqueño migrante, daría luces sobre una de las repercusiones principales del proceso de modernización de la isla: el énfasis en la educación de la población, a la que Muñoz Marín atribuía el retraso económico de su país.

Sin embargo, datos más recientes presentan a la clase trabajadora puertorriqueña en Nueva York como un grupo social compuesto sobre todo por mujeres. Según Rodríguez (1989, p. 28), la relación entre mujeres y hombres migrantes a raíz de la entrada en vigor del Estado Libre Asociado habría sido de 54 a 46. Para 1980, el 25% de las mujeres puertorriqueñas o de origen puertorriqueño integraban la fuerza de trabajo de la ciudad y, durante el mismo año, a causa del incremento del desempleo masculino, el 33% de los hogares en situación de pobreza extrema tenía una mujer como jefa de familia (Rodríguez, 1989, p. 34). Adicionalmente, se atribuye al bajo nivel de educación del contingente puertorriqueño en Estados Unidos su dependencia de empleos mal remunerados y con altas tasas de rotación. Remitiéndose a datos del Consejo Puertorriqueño de Educación Superior (1986, p. 7), Rodríguez (1989) señala la siguiente progresión hipotética: en el mejor de los casos, de 100 estudiantes puertorriqueños, 55 de ellos alcanzarían alguno de los dos últimos años de la educación media, 25 accederían a la educación superior y sólo 7 la culminarían. Esta progresión fue calculada a partir de la menor tasa de deserción escolar entre los latinos en Estados Unidos. Calitri (1983, cp. Rodríguez) señala en cambio que la tasa de deserción escolar entre los estudiantes latinos de Estados Unidos rozaría el 80%, lo que equivaldría a que sólo 2,5 estudiantes entre 100 lograrían culminar el bachillerato (Rodríguez, 1989, p. 124). Datos de 1999 dan a entender que el 66% de los estudiantes latinos de Estados Unidos no ha terminado la secundaria, el 6% cuenta con un diploma de *associate*, un 9% es bachiller y sólo el 2% tiene un diploma de educación superior. Los porcentajes promedio para el resto de los grupos étnicos del país (blancos, negros, nativos, americanos, asiáticos y otros) eran del 41, 21, 9, 23 y 7%[5]. En suma, la educación es el fundamento de la debilidad de la población puertorriqueña en el mercado de trabajo de Estados Unidos, lo que hace que su presencia en las ramas emergentes del sector terciario (negocios, servicios profesionales ligados a los negocios, finanzas, seguros, bienes raíces, etcétera) sea notablemente baja.

1.5. Cambios en la estructura de empleo industrial y la crisis energética de los años setenta

Aparte de por sus carencias educativas, la precariedad de los trabajadores puertorriqueños dentro del mercado laboral estadounidense ha estado relacionada con los profundos cambios estructurales que el sector productivo en el que más se requería su fuerza de trabajo, la manufactura textil, sufrió a lo largo de un intervalo de al menos dos décadas.

La industria textil neoyorquina, dirigida en su inmensa mayoría por capitanes de empresa de origen hebreo (este detalle reviste una importancia medular en el levantamiento del mito latino neoyorquino, en la creación de una red mediática especializada en música afrolatina y en la gestación de la industria de la salsa, como lo veremos más adelante), fue uno de los principales rubros empleadores de puertorriqueños. De hecho, Rodríguez (1989) señala que el mito del glamour neoyorquino reposa en buena medida en hombros de la población puertorriqueña. Para 1970, Nueva York concentraba el 70% de las ventas totales de textiles de todo Estados Unidos, con transacciones por el orden de siete millardos de dólares. Y si bien es cierto que el número de fábricas disminuyó, el volumen de negociaciones permaneció estacionario. Hasta 1973 la industria textil reclutó más trabajadores que cualquier otro rubro manufacturero, con pagos de nómina equivalentes a 1,5 millardos de dólares. A despecho de las bajas sostenidas de puestos de trabajo en la industria textil, ésta continuó siendo la más

---

5. Cp. Larmer, Brook (1999): «U.S. Affairs. Latino America». *Newsweek*, CXXXIII (2), 12 de Julio, p. 14.

importante oferente de empleo en Nueva York (U.S. Department of Labor, 1986; Waldinger, 1985, cp. Rodríguez, 1989, p. 100).

No obstante, es esencial retener la contracción del empleo en el sector textil. Este rubro industrial, arraigado en la ciudad desde comienzos del siglo XX, fue desplazando sus unidades de producción hacia el exterior con el propósito de abaratar costos. En 1960, un 60% de los obreros del sector manufactura en Nueva York era de origen boricua. Entre 1960 y 1970 fueron eliminados 173 mil puestos de trabajo, y entre 1970 y 1980 268 mil (U.S. Department of Labor, 1972 y Stafford, 1985, p. 31, cp. Rodríguez, 1989, p. 87). La supresión de estos empleos fue síntoma de una tendencia internacional que, así como afectó en Nueva York a la comunidad puertorriqueña, también ayudó a esclarecer la lógica de la economía entre el norte y el sur. El hecho de que los países del sur (del sudeste asiático y de América Latina) ofrecieran mano de obra de bajo costo provocó que medianas empresas estadounidenses quebraran y que las más grandes deslocalizaran sus operaciones y las reinstalaran en maquilas de ultramar o de América Latina. Desde luego, esta corriente vulneró las fuentes de empleo a las que podían tener acceso los trabajadores de menor capacitación y, en este caso, en particular las mujeres. Aunado a esto, durante los años setenta se produjo la crisis energética y el aumento de los precios del petróleo, un golpe contundente contra el sector de las fibras sintéticas (Gauthier, 1989, p. 240). Este fenómeno contribuyó a que, entre 1963 y 1983, 445 900 personas perdieran su empleo en el sector textil de Nueva York (Bourgois, 1995, p. 101).

El colapso de unos de los sectores productivos que más empleaba mano de obra puertorriqueña en Nueva York se sumó a la crisis fiscal que abatió la ciudad a mediados de los años setenta, lo que implicó la privatización de la administración tributaria. Esta coyuntura afectó el empleo y la inversión social. A lo largo de la década de los sesenta y hasta poco antes de 1975, la Alcaldía de Nueva York desarrolló programas de inserción laboral dirigidos sobre todo a la comunidad hispana. Sin embargo, la Comisión de Derechos del Hombre de Nueva York constató, en 1973, que la proporción de trabajadores puertorriqueños en el sector público era inferior a la de cualquier otro grupo étnico. La Comisión abogó entonces por un mayor reclutamiento de puertorriqueños (Rodríguez, 1989, pp. 93-94). Sin embargo, esta primera constatación ocurrió paralelamente a la eliminación de programas de asistencia social (Rodríguez, 1989, p. 95).

Pueden entenderse entonces las condiciones de vida de la comunidad puertorriqueña de Nueva York como el producto de una serie de trabas estructurales vinculadas con la crisis de la economía industrial y con el flujo global de capitales. En este sentido, la comunidad *nuyorican* ha sido forjada entre tres obstáculos concretos: su diferencia étnico-cultural, un nivel de formación que sólo alcanzaba a garantizarles empleos de baja calidad y alta rotación, y una industria en proceso de transformación, en vías de extinción o volcada hacia el exterior. En este mismo ámbito, Quintero Rivera entiende la lógica de los movimientos migratorios actuales y plantea a los puertorriqueños como «pioneros» de ese proceso.

> La «nueva» modalidad de los movimientos masivos de población predominantes –de las colonias a las metrópolis– de la cual los puertorriqueños fuimos importantes pioneros, no se dirigió, como fue el previo *melting pot*, hacia los sectores dinámicos –«de punta»– de una economía en expansión. Se ubicó, más bien, en sectores rezagados de dichas economías y los remanentes «subdesarrollados» del industrialismo: en la manufactura «liviana» –que pronto empezaría a desplazarse hacia el tercer mundo–, en las fases de uso intensivo de mano de obra de la agricultura industrializada –en la cosecha de frutas y vegetales–, en empleos «poco diestros» de la construcción y, sobre todo, en los servicios personales –conserjes, lavaplatos, porteros, etcétera–. Esta frágil ubicación estructural se combinó con la manifestación racial de su otredad étnica, que marcaba en el cuerpo de su procedencia territorial de «áreas subdesarrolladas» (de «la barbarie» a los ojos de la civilización de la modernidad «occidental»), para dificultar su incorporación a una clase obrera «moderna» atravesada por el optimismo futurista e integrada, a través del fordismo, a la amalgamadora aspiración al progreso [...] (Quintero Rivera, 1998, p. 159).

En suma, en la figura del puertorriqueño de Nueva York se concentra una situación laboral incierta en medio de profundos cambios estructurales en el seno de la economía industrial. Esa debilidad se agregó a una identidad de por sí escindida entre su «otredad étnica» y su frágil condición socioeconómica. La salsa puede asumirse en este sentido como una forma de representación que devela estéticamente los aspectos existenciales de una nueva cultura urbana configurada entre la nostalgia de un pasado tradicional y la realidad de una condición de vida caracterizada por la privación. Así, el barrio latino será justamente el lugar de confluencia de esas dos coordenadas. Sus disfuncionalidades evocan las inconsistencias del sistema capitalista al tiempo que evocan el pasado tradicional hispano del gentilicio puertorriqueño.

1.6. *Latin New York*

Las más importantes comunidades puertorriqueñas de Nueva York se asentaron en el East Harlem –undécimo distrito de la isla de Manhattan, donde se encuentra el más célebre de todos los barrios– y en el South Bronx. El East Harlem fue poblado en sus comienzos por inmigrantes italianos y, a principios de la posguerra, fue acogiendo residentes puertorriqueños debido al precio relativamente bajo de los alquileres inmobiliarios. La llegada en masa de ciudadanos de origen puertorriqueño no pasó desapercibida para el resto de los gentilicios de la ciudad, quienes, más que con hospitalidad, reaccionaron con desconcierto. Por ejemplo, en 1948, dos periodistas angloamericanos no disimularon en absoluto su consternación al comentar la llegada masiva de puertorriqueños a Nueva York.

> Durante los últimos diez años, y cada vez más, los puertorriqueños llegan a la isla de Manhattan como si se tratara de una invasión de saltamontes [...]. Uno de cada trece trabajadores es puertorriqueño [...]. Los puertorriqueños no nacieron para ser de Nueva York. La mayoría de ellos son campesinos ordinarios que sufren enfermedades tropicales, tienen limitaciones físicas para soportar el clima del norte, no tienen destrezas técnicas ni instrucción; no hablan inglés y es prácticamente imposible que puedan adaptarse para tener una existencia sana y útil en esta ciudad de piedra y acero (cp. Wagenheim, 1983, p. 9; traducción nuestra).

Por su parte, el escritor de *nuyorican* Richard Ruiz relata así la metamorfosis del East Harlem y la actitud de sus antiguos residentes.

> Sin duda, esa gente [los italianos] no estaba contenta al ver a los puertorriqueños mudarse a su zona. Sus caras expresaban una intensa ojeriza: su frustración y resignación no podían disimularse y, en pocos meses, hicieron sus maletas y se fueron. Era desolador presenciar la terrible transformación de lo que era antes un lugar apacible. Los habitantes tranquilos e industriosos de otro tiempo fueron sustituidos por individuos ruidosos, perezosos e ignorantes. Lo que antes era una atmósfera tranquila se disipó por causa del escándalo de la música cantada en español que salía de los equipos de sonido a todo volumen; las personas corteses que antes se reunían en las aceras durante los cálidos meses de verano fueron sustituidas por guapos de barrio que no respetaban nada ni a nadie (Ruiz, cp. Mohr, 1982, p. 70; traducción nuestra).

En efecto, una de las interpretaciones más perceptibles de la exclusión de que fue objeto la comunidad puertorriqueña de Nueva York fue el desarrollo de conductas sociales desviadas que pueden estimarse como la válvula de escape de una adaptación errática por razones de inserción laboral, pero también expresión del descontento de una minoría étnica ante la norma segregacionista de la sociedad angloamericana. Sobre este punto abundaremos más adelante.

Lo que más interesa a efectos de comprender la particularidad cultural del barrio latino no es tanto su hostilidad emblemática sino lo que ella entraña. El barrio neoyorquino es, como la identidad puertorriqueña en su conjunto, una zona escindida entre la nostalgia de un pasado hispano tradicional y las exigencias de los valores capitalistas angloamericanos. Esos dos polos forjaron un modo de vida en el que preguntas esenciales sobre la cuestión de la identidad de toda una comunidad («¿de dónde somos?» y «¿de qué autoridad dependemos?») se mezclan con una serie de privaciones efectivas.

1.6.1. Segregación y segmentación: el gueto de la salsa

> El gueto no es sólo un hecho físico: es también un estado de ánimo.
> Louis Wirth, *The Ghetto*

Aparte de evocar la historia de una migración «necesaria», la salsa –lo veremos progresivamente– es una forma estética que, así como asimila elementos culturales del entorno estadounidense, afirma una identidad afrolatina. Esta idea revestirá una importancia fundamental en lo sucesivo. La salsa es el producto estético de una minoría étnica en la ciudad de Nueva York y en el entorno cultural angloamericano a partir de las limitaciones del proceso de modernización puertorriqueño. El caldo de cultivo de ese producto es un espacio social: el barrio latino.

Se asume el barrio como el lugar de asentamiento en Nueva York de la diáspora puertorriqueña. Y el hecho de que éste sea el lugar correspondiente a esos ciudadanos anuncia algo más: la posición de los puertorriqueños dentro de la estructura económica de su nuevo lugar de residencia. Este último elemento condiciona el ambiente de pobreza con que se asocia el barrio, pobreza que puede visualizarse a través de los siguientes datos: en 1979, el ingreso anual promedio de una familia puertorriqueña en Estados Unidos sumaba 8.705 dólares, el de una familia negra 12.210 dólares y el de una familia blanca 21.515 (Rodríguez, 1989, p. 31). En 1990, 40% de los puertorriqueños instalados en el *Spanish Harlem* ganaba menos de 10 mil dólares anuales. A lo largo de esa década, el desempleo aumentó en una proporción del 52% y el porcentaje de familias que no recibía ningún ingreso progresó en una proporción del 600% (Freidenberg, 1995, p. 7). Para 1999, un 33,1% de las familias puertorriqueñas en Estados Unidos vivía en situación de pobreza, el porcentaje más significativo dentro del conjunto de todas las poblaciones latinas[6].

La más directa repercusión del bajo nivel de ingresos de la población puertorriqueña en Nueva York se vincula con sus dificultades para obtener vivienda. En 1990, el parque residencial del Spanish Harlem se contrajo un 16% (Freidenberg, 1995, p. 8) y, entre 1991 y 1994, el barrio perdió entre 110 mil y 180 mil moradores debido a la demolición de edificios residenciales (Freidenberg, 1995a, p. 148). Estas demoliciones han sido consecuencia de la depresión económica de buena parte de los vecinos de estas zonas, razón que los ha obligado

6. Cp. Larmer, Brook (1999): «U.S. Affairs. Latino America». *Newsweek*, CXXXIII (2), 12 de julio, p. 17.

a desalojar sus antiguos espacios de habitación. Los edificios desalojados han sido o destruidos o renovados dentro de la tendencia de adecentamiento urbanístico conocido en las ciudades anglosajonas con el curioso nombre de *gentrification*. Aunque en años más recientes la mayor parte de la población hispana de Nueva York se ha alojado en otro sector degradado, el South Bronx, de este lugar también se mudaron 44 mil personas entre ente 1970 y 1980 (Rodríguez, 1989, p. 116). Entre 1970 y 1980, la célebre zona de Charlotte Street perdió más de 12 mil viviendas, siete mil de las cuales desaparecieron en un solo año. Mientras en 1970 el distrito 3 del Bronx acogía alrededor de 150 mil vecinos, diez años más tarde el sector tenía menos de 100 mil. Del distrito 2, 60.852 personas (un 63% de la población total) desaparecieron en el mismo intervalo y en el distrito 1 el desalojo sumó 59.786 personas (43%) (Rodríguez, 1989, p. 109).

La desafección de estos sectores se ha acompañado de un deterioro físico paulatino que ha alcanzado incluso para adjudicar a la música afrolatina en general un poder de connotación peyorativo. Rodríguez propone a este respecto lo que provocadoramente llama la teoría «bongó» de la destrucción urbana, a la que se adhieren ciertos círculos académicos en Estados Unidos. Este punto de vista de sentido común tendería a asumir que la llegada de los tambores bongó –es decir, de los puertorriqueños y de la tradición musical afrolatina, de la que la salsa forma parte– a los parques públicos del South Bronx habría sido el inicio de la degradación urbana de este sector (Rodríguez, 1989, p. 117).

Este ejemplo introduce otro aspecto: la congregación de la comunidad del barrio en un conjunto de tradiciones hispanas que apuntalan su identidad y le impide integrarse a los criterios de la cultura angloamericana. Esta reclusión en un mundo tradicional se establece en redes de solidaridad informales cuyo principal elemento de cohesión es la afectividad familiar (Wirth, 1928, p. 37).

En suma, el barrio latino es un gueto, y desde los primeros tiempos, el concepto de «gueto» implica una otredad étnica subrayada por razones socioeconómicas. La palabra habría comenzado a usarse en Venecia hacia el año 1516 para designar los barrios hacinados y degradados en los que se concentraban los judíos. Se trataba de lugares herméticos en los que no se admitían sino correligionarios y que eran objeto de vigilancia permanente por parte de los cristianos. El origen de la palabra es confuso: podría ser el apócope del italiano *borghetto* («pequeño barrio») y referirse a un sector de Venecia en el que había fundiciones; «ghetto» podría ser la deformación fonética de la palabra *getto*, es decir, los chorros de metal fundido vaciado en moldes. En resumen, el gueto –el barrio– es un lugar habitado por los miembros de un mismo grupo étnico a los que otros grupos de la ciudad asocian con ciertas profesiones estimadas como inferiores. Estigmatizando a una comunidad específica, la palabra devalúa también sus espacios de residencia.

Sin embargo, el gueto es reflejo de la estructura económica urbana. Aunque repudiado por los grupos sociales exteriores, Lequin (cp. Bairoch, 1985, p. 410) estima que éste congrega a una comunidad culturalmente desarraigada que, no obstante, mueve la cadena de montaje de la ciudad industrial. Baudrillard radicaliza más el problema y, lejos de encontrarle lógica alguna, apunta que el gueto es una circunscripción de uniformidad cultural y étnica que, por razones socioeconómicas, representa el colapso del sistema capitalista. La dispersión de poblaciones desesperadas en busca de empleo genera guetos en las grandes urbes. Éstos albergan ya sea trabajadores activos o trabajadores que acuden a esas grandes ciudades tras la ilusión del empleo.

> El trabajo está en todas partes porque ya no hay trabajo. De ahí que el trabajo alcance su forma definitiva, su forma consumada [...] en esos otros espacios sociales que han precedido a la manufactura y le han servido de modelo: el asilo, el gueto, el hospital general, la prisión, lugares de encierro y de concentración que nuestra cultura ha secretado en su camino hacia la civilización (Baudrillard, 1976, p. 36, traducción nuestra).

Por su parte, Bourdieu descarga ese colapso del sistema capitalista, evocado por Baudrillard, en el cuerpo y la identidad de quienes ocupan el gueto, quienes, a su vez, degradan su espacio social como un modo de manifestar la frustración inmanente a su condición de discriminados.

> [E]l sector urbano estigmatizado [...] degrada simbólicamente a quienes viven en él y quienes, a su vez, lo degradan simbólicamente ya que, privados de todos los recursos necesarios para participar en los diferentes juegos sociales, no pueden sino compartir su común *excomunión* (Bourdieu, 1993, p. 167, traducción nuestra).

Para los tres autores, el gueto, aparte ser la excrecencia del sistema capitalista, desempeñaría una función «organizadora». Para Lequin se trata de un «reservorio» de mano de obra potencial; para Baudrillard, de una especie de «muladar» de quienes no se integraron al mercado de trabajo; y para Bourdieu, del reducto de una población consciente de sus trazas étnicas y que, por lo tanto, se autoexcluye del resto de la ciudad y descarga su propia frustración en los objetos y los bienes de su propio espacio social. En los tres casos, el gueto destaca sobre todo por ser el ámbito de una unidad cultural.

En este sentido, Park, representante de la Escuela de Chicago, lo califica de «región moral» puesto que allí «la gente está dominada [...] por un gusto, una pasión o algún interés que se arraiga en el comportamiento en la naturaleza original del individuo» (1990, p. 130). Esa región moral se definiría tanto por una heredad tradicional (aquélla que marca la otredad étnica de la comunidad puertorriqueña, por ejemplo) como por las señas correspondientes a su situación socioeconómica. Para Park, ambos aspectos son los que anclan la personalidad del gueto.

> A lo largo de los años, cada sector, cada barrio de la ciudad adquiere algo del carácter y de las cualidades de sus habitantes. Cada parte de la ciudad toma inevitablemente el color que le imprimen los sentimientos particulares de su población, de manera que lo que no era sino una simple expresión geográfica se transforma en un vecindario, es decir, en una localidad con su sensibilidad, sus tradiciones, sus historias propias. Dentro de este vecindario, se mantiene, hasta cierto punto, la continuidad de los procesos históricos. El pasado se impone al presente y la vida de cada localidad sigue su curso a un ritmo que le es propio y que es más o menos independiente de lo que pueda desarrollarse y tener importancia fuera de ella (Park, 1990, p. 88; traducción nuestra).

Podemos encontrar en nuestros desarrollos anteriores dos ideas que permiten entender el gueto –por extensión el barrio latino– desde dos perspectivas diferentes: el gueto es una congregación de grupos humanos situados en los sectores más precarios de la estructura económica de la ciudad pero al mismo tiempo es una región homogeneizada histórica y culturalmente. Esa naturaleza doble permite asumirlo en tanto que sector estabilizado en un modo de vida social. Simmel encuentra en esa estabilidad cultural un cierto orden que anticipa el carácter racional de la vida urbana.

> La exactitud calculadora de la vida práctica [...] se conforma con el ideal de la ciencia: volver el mundo un problema aritmético, fijar cada parte a una fórmula matemática. La economía monetaria no tiene otro objetivo sino llenar el día de la máxima cantidad de hombres, de magnitudes, de cálculos, de determinaciones numéricas, de reducciones de valores cualitativos en valores cuantitativos (Simmel, 1990, p. 64; traducción nuestra).

En fin, al igual que subraya las inconsistencias y las desigualdades de la economía capitalista, el gueto permite fijar los puntos de referencia y las jerarquías de las diversas sensibilidades sociales que coinciden en la ciudad. A esta misma lógica se ha referido Park, para quien la división de la gran ciudad en sectores diversos puede dar lugar a prácticas de naturaleza estratégica que impulsan la lógica mercantilista. El autor elabora su argumento pensando en las fluctuaciones del mercado inmobiliario. No obstante, pensamos que su idea puede extrapolarse a otras iniciativas comerciales.

> Puesto que la ciudad no puede fijar por sí misma los valores inmobiliarios, abandonamos en gran medida en la empresa privada la tarea de determinar los límites urbanos y la localización de sus sectores residenciales e industriales. Las conveniencias y los gustos personales, los intereses profesionales y económicos tienden indefectiblemente a la segregación y, por lo tanto, a la repartición de las poblaciones en las grandes ciudades (Park, 1990, p. 87; traducción nuestra).

En este sentido, la iniciativa privada iría en la dirección de capitalizar los diversos modos de vida que coinciden en una ciudad y, así, el gueto operaría como resaltador de diferencias, como punto de referencia para la segmentación.

Si bien el nivel social de los trabajadores puertorriqueños de Nueva York puede ser interpretado como un dato para comprender la lógica del sistema y la discriminación de grupos humanos, su reducto urbano, el barrio, es un espacio susceptible de ser aislado a partir de sus particularidades. Los *nuyoricans* no sólo serían los artífices de una nueva perspectiva cultural dictada a partir de su marco de referencia mestizo e hispánico. En su experiencia se confunden los símbolos de la tradición con los de la modernidad, una modernidad vivida desde la privación.

Rodríguez vincula implícitamente las nociones de segregación y de segmentación tomando en cuenta la calidad de los empleos desempeñados por la mayor parte de los trabajadores puertorriqueños y su consecuente repliegue en una región moral descalificada desde el exterior:

> La discriminación [en función de la] diferencia étnica y cultural [forma] parte integral del funcionamiento del [mercado] de trabajo, y este modo de funcionamiento ha afectado y sigue afectando a la comunidad puertorriqueña. La discriminación no es sólo comprendida por muchos por medio de prejuicios y actitudes mentales. La discriminación es más bien considerada una variable institucional y un mecanismo que ha contribuido históricamente a la creación de mercados de trabajo *segmentados* (Rodríguez, 1989, pp. 91-92; cursivas y traducción nuestras).

En el vocabulario del mercadeo, la «segmentación» designa un método de análisis que permitiría determinar la existencia de un grupo de consumidores relativamente homogéneo para así «posicionar» un producto o un servicio (es decir, para distinguir el producto de cualquiera de la competencia). Sin embargo, Rodríguez interpreta este concepto como una equivalencia, aplicable al mercado de trabajo, de las segregaciones étnica y cultural. Por medio de la noción «analítica» de segmentación, una empresa procura saber «quién» compra un producto y «por qué». De este modo, un segmento es un subgrupo de consumidores diferenciados según sus gustos y sus necesidades. Para determinarlo, una empresa se vale de lo que suele llamarse «descriptores», herramientas que permiten aislar la existencia de consumidores con «necesidades» específicas de un producto o un servicio. Estos descriptores pueden ser geográficos, sociodemográficos, psicográficos o «asociados a los beneficios requeridos». Entre los descriptores psicográficos, los análisis de personalidad y de «modo de vida» son los más comunes (Colbert, 1993, pp. 122 y ss.).

De lo anterior se desprende que tanto la posición en el mercado de trabajo como el modo de vida de los puertorriqueños de Nueva York pueden ser las coordenadas que permiten interpretar una «región moral» como un reducto de mercado susceptible de ser aprovechado por una iniciativa comercial. Esta idea puede relacionarse con las ulteriores actividades de la industria fonográfica especializada en salsa para dar forma y capitalizar la sensibilidad del grupo humano que ocupa el barrio neoyorquino. Más adelante veremos cómo la principal empresa especializada en salsa, el grupo Fania, asumió el modo de vida social del barrio latino para formular una forma estética musical y de espectáculo con fines comerciales.

1.7. El barrio latino como espacio social

En un ensayo sobre Montesquieu, Aron retoma la noción de «espíritu general de una nación» y subraya un elemento que, aunque trasciende con creces los límites del presente trabajo, refiere a un elemento al que acudiremos con frecuencia: la existencia en el barrio latino de un «estilo de vida» o, de acuerdo con la expresión que hemos adoptado aquí, de un «modo de vida».

> Tengo tendencia a creer que nuestro autor [Montesquieu] llama espíritu general de una nación lo que los antropólogos americanos llaman la cultura de una nación, es decir, un cierto estilo de vida de las relaciones en común, que es menos una causa que un resultado (resultado del conjunto de influencias físicas y morales que, a través del tiempo, ha modelado la colectividad) (Aron, 1967, p. 51; traducción nuestra).

La existencia efectiva de ciertos hábitos comunes, atribuibles a una comunidad, está inscrita en el marco de un proceso de evolución sociohistórica. Sin embargo, en lo que nos concierne, esos hábitos hacen posible fijar puntos de referencias que operan tanto dentro como fuera del grupo. Si el corpus de tradiciones puertorriqueñas permitió a esta comunidad establecer el contorno simbólico de su noción de identidad en el medio urbano neoyorquino, a efectos de los otros grupos dentro de la ciudad tales rasgos resaltaron una diferencia. Tal diferencia no se manifestó en abstracto sino a través un mediador perceptible: el barrio, un espacio social.

Para Bourdieu, el espacio social es una

> *representación abstracta*, producida a cambio de un trabajo específico y que proporciona, del mismo modo que un plano, una visión a vuelo de pájaro, un punto de vista sobre el conjunto de los puntos a partir de los cuales los agentes ordinarios [...] hablan de un mundo social (1979, p. 189; traducción nuestra).

Esta *representación abstracta*, a «vuelo de pájaro», no podría definirse sin la existencia de un conjunto de prácticas recurrentes que permitan aprehender la manera de vivir del grupo social que ocupa ese espacio. Bourdieu entiende el espacio social como un territorio en el cual las personas poseen prácticas particulares, que constituyen un código de costumbres. El autor concede a estas prácticas el nombre de *habitus*:

> el *habitus* es en efecto a la vez un *principio* generador de prácticas objetivamente clasificables y *sistema de clasificación* (*principium divisionis*) de estas prácticas. Es en la relación entre las dos capacidades que definen al *habitus*, capacidad de producir prácticas y obras clasificables, capacidad de diferenciación y de apreciación de estas prácticas y estos productos (gusto), que se constituye el *mundo social representado*, es decir, el espacio de los estilos de vida (Bourdieu, 1979, pp. 189-190; traducción nuestra).

Lo que en este contexto Bourdieu llama «estilo de vida» consiste en una congregación *habitus* diversos que llegan a ser «sistemas de signos socialmente calificados (como «distinguidos», «vulgares», etcétera)» (1979, p. 192). Estos sistemas tienen la capacidad de provocar lecturas diversas en función del espacio social –es decir, del grupo– al que un individuo pertenezca. En suma, el espacio social «está definido por la exclusión mutua (o la distinción) de las posiciones que lo constituyen, es decir, como estructura de yuxtaposición de posiciones sociales» (Bourdieu, 1993, p. 160).

Así como los *habitus* practicados en los diversos espacios sociales cohesionan a los grupos humanos que los ocupan, en esa misma medida otros grupos humanos juzgan a ese primero a partir de los valores que cultivan en sus propios espacios.

Las elaboraciones de Bourdieu nos son particularmente útiles porque ayudan a localizar y a distinguir un espacio social, el barrio latino, y porque la noción de *habitus* nos permite pronunciarnos sobre las costumbres, los valores y los objetos culturales elaborados por el grupo social que lo habita.

Anteriormente vimos que el barrio neoyorquino no sólo es un resaltador de la vulnerabilidad socioeconómica de la comunidad puertorriqueña, indisociable de la emigración masiva catalizada a raíz de los planes de modernización de la isla y de la entrada en vigor del estatuto de Estado Libre Asociado. Éste constituye también el asentamiento donde este grupo humano ha elaborado las claves del modo de vida que constituye su identidad. Además de haber absorbido influencias de su medio urbano de asentamiento, este modo de vida ha aportado una interpretación de la vida urbana neoyorquina forjada desde sus propios criterios de distinción. Uno de los modos de representación de esta experiencia es la salsa. Ahora bien, ¿cuáles son las razones por la cuales la salsa puede abandonar el barrio de Nueva York para corresponder con el modo de vida de un barrio de Bogotá, Caracas, Santo Domingo o Panamá? ¿Qué elementos provenientes del barrio de Nueva York permitieron a la industria fonográfica especializada asociar el Spanish Harlem con cualquier otro barrio del espectro cultural latino? ¿Por qué el modo de vida de los puertorriqueños de Nueva York es el modo de vida de referencia de la salsa?

1.8. El barrio, ambiente de la salsa

A lo largo de estas páginas hemos insistido en que la migración masiva de puertorriqueños a Nueva York fue producto de una modernización trunca en la isla que afectó, sobre todo, al contingente de trabajadores dependiente de la oferta de empleos industriales. Desposeídos de habilidades que les permitieran optar a puestos de mayor calidad, las debilidades de los puertorriqueños se tradujeron en una vulnerabilidad socioeconómica que determinó su modo de vida. Por lo demás, estos migrantes provenían de ciudades pequeñas o de caseríos, es decir, su experiencia en Nueva York tenía como telón de fondo arcaísmos rurales que imprimieron caracteres particulares a su modo de vida urbano.

Así, el proceso de formación del barrio neoyorquino es equivalente al de un barrio periférico en cualquier gran ciudad latinoamericana. En ambos casos, el viaje del campo a la ciudad se justificó por el hecho de que, para gozar de los beneficios de la modernidad, las poblaciones debían desplazarse hacia las grandes aglomeraciones, donde el Estado ha invertido los mayores recursos para instalar una infraestructura y un espíritu modernos. Aunque en el caso puertorriqueño la gran ciudad se encuentre en otro país, a los puertorriqueños no les está restringido el viaje a Nueva York, con lo cual puede hablarse de un peculiar caso de migración interna con fuertes consecuencias culturales.

En suma, la principal característica del barrio neoyorquino, como la de cualquier barrio latinoamericano es, aparte de los síntomas evidentes de la pobreza de sus pobladores, la incrustación del imaginario del mundo rural en la dinámica citadina. Tal como lo explica Duany,

> la vida cotidiana en el barrio se caracteriza por las limitaciones económicas y el aislamiento ecológico. El barrio conserva muchos rasgos de comunidad rural, por ejemplo, las relaciones cara a cara por medio de redes de reciprocidad integradas por los amigos, la familia y los vecinos. Pero también está marcado por la violencia, el crimen, el racismo, el desempleo, la inestabilidad familiar y la degradación física (1992, p. 80; traducción nuestra).

Duany caracteriza al barrio como un lugar marcado por la vulnerabilidad socioeconómica, por una informalidad heredada de un modo de vida rural trasplantado a la ciudad, por el deterioro de su infraestructura, por la violencia y por una intimidad familiar disfuncional.

1.8.1. *Culto al dinero*

El más obvio elemento de crispación del barrio es la falta de dinero, a la que hiciéramos referencia en el apartado 1.6.1. Esta carencia reforzaría la adopción de conductas violentas como medio expedito para alcanzar una cierta solvencia, valor determinante en Estados Unidos y, sobre todo, en medio del dinamismo financiero de la ciudad de Nueva York. Morin señala la existencia en Nueva York de un código performativo cuyo elemento desencadenante es la motivación abstracta del dinero.

> La energía se precipita a tierra sobre, en y por el dinero. Dinero, dinero, dinero. Es la obsesión del capitalista, del *middle class*, del emigrante, del puertorriqueño. No se dice «ganarse la vida», «trabajar», «enriquecerse». Se dice *money*. Gane, gaste, ahorre, todo se traduce a dinero y todo extrae su energía del dinero. *Business*, robo, corrupción, donaciones, fundaciones, mendicidad (Morin y Appel, 1984, pp. 38-40; traducción nuestra).

El dinero, punto de referencia para afirmar el éxito y el fracaso, suele traducirse en carencia para la comunidad puertorriqueña. Esta carencia sería la falla de origen que determina el resto de sus vulnerabilidades: bajo nivel de educación, precariedad laboral, dislocación geográfica y cultural, aislamiento lingüístico y reclusión simbólica en el gueto. A la falta de dinero se añade la proliferación de conductas sociales que traducen una sensibilidad informal, guiada por otra noción del tiempo y por otro sentido de la proporción. El barrio neoyorquino –como los barrios de cualquier gran urbe latinoamericana– contraría la formalidad del tiempo productivo moderno. En días hábiles, puede discurrir allí una vida de ocio, distracciones y vicios ritmada por la música, en principio la salsa o, en su defecto, cualquier ritmo afrolatino de popularidad más o menos arraigada (bomba, merengue, plena, reggaetón, etcétera).

1.8.2. *La lengua española, un punto de honor*

La salsa traslada a sus estrofas el habla coloquial de comunidades en principio puertorriqueñas, luego de otras partes del Caribe y, por último, del resto de América Latina. Ese discurso, congruente con las limitaciones socioeconómicas que rigen la cotidianidad del barrio, posee rasgos particulares que Lewis, autor de un conocido estudio etnográfico sobre la familia puertorriqueña Ríos, repartida entre San Juan y Nueva York, estima «terrenal», desprovisto de metáforas o de imágenes elevadas:

> El lenguaje utilizado por la familia Ríos [...] es simple, directo y sin refinamiento. Se emplea relativamente poco la metáfora o la analogía, excepto cuando éstas se encuentran en los refranes populares (Lewis, 1969, p. 784 traducción nuestra).

En el prosaísmo de la comunicación interpersonal de la familia Ríos reside el mismo anecdotario de las letras de la salsa. La salsa representará el lenguaje del vecindario, y en la salsa ese lenguaje restituirá, tanto a través de sus propias limitaciones formales (fallos de sintaxis, errores de vocabulario, vulgaridades, barbarismos, permutaciones fonéticas de «erres» por «eles» y viceversa, falsos cognados a partir del inglés, etcétera) como de sus anécdotas, el clima de privación y opresión del barrio latino.

El español del barrio podrá ser exaltado como un punto de honor cultural, tal como lo pone en evidencia el siguiente testimonio:

> Yo insisto en que yo no debería estar obligada a saber el inglés porque yo soy puertorriqueña, no estadounidense. No es culpa nuestra si no sabemos inglés. Cada uno habla su lengua en su lugar. Hay lugar para todo el mundo. Y déjeme decirle que si un niño puertorriqueño sólo aprende inglés es porque su mamá quiere presumir. Pero todo lo que hace es crearle problemas a sus hijos porque la gente dice: «Mírame a ese mocoso. Es puertorriqueño y se cree americano». Yo no quisiera que mis hijos olviden su español. Si volvieran de la escuela hablándome en inglés, eso sería un problema para mí. Soy yo quien les enseñé el español, ellos hablan español y más les valdría no ponerse a hablarme en inglés porque si no los mataría (Lewis, 1969, p. 281; traducción nuestra).

Quien habla en este texto es una mujer puertorriqueña para quien la lengua española representa un mecanismo de defensa contra las exigencias que supone verter en inglés su marco de referencias así como reciclarse en los valores de otra cultura desconocida y, por lo tanto, rechazada. El poema que abre la versión bilingüe del *Obituario puertorriqueño* de Pedro Pietri se titula «Tata» y es un homenaje a la abuela del poeta:

> Mi abuela
> ha pasado
> los últimos veinticinco años
> en esta tienda por departamentos
> llamada América
> Tiene ochenta y cinco años
> y no sabe
> ni una palabra de inglés
>
> Eso es inteligencia
> (Pietri, 1977, p. 15).

No obstante, si algo no ha podido conservar la cultura *nuyorican* es, precisamente, la pretensión categórica del texto recién transcrito, que se ha flexibilizado en lo que hoy se conoce como *spanglish*. Para finales de los años noventa del siglo XX, el 57,9% de todos los puertorriqueños habían nacido en Estados Unidos, y estos hispanos han asimilado un inglés con acento afroamericano que se ha sobrepuesto al español.

En la biografía cinematográfica sobre el intérprete puertorriqueño Héctor Lavoe, titulada *El cantante* (dirigida por León Ichaso, autor también, en 1985, de la cinta *Crossover Dreams*, a la que haremos referencia en el tercer capítulo), cuando se representa la ocasión en que Lavoe y el músico Willie Colón se conocen en un lugar nocturno de Nueva York, este último advierte a su colega que no sabe hablar español. Ficción o realidad, lo cierto es que, si a algo no ha podido aferrarse el chovinismo puertorriqueño, es a la conservación de su lengua materna.

1.8.3. *La cultura de la violencia*

1.8.3.1. Violencia doméstica

El tono enfático del testimonio recogido por Lewis y transcrito más arriba incorpora un elemento que no es en absoluto anecdótico en el ámbito de ningún barrio latino: el autoritarismo o la violencia como modo de zanjar disensiones familiares. La violencia, cuyo último desenlace suele ser la criminalidad, puede asociarse con una frustración producto de las exigencias culturales del medio urbano neoyorquino o, aun, con el cambio de las conductas ligadas a los roles sexuales debido a la incorporación masiva de las mujeres a la estructura de empleo industrial.

Malley-Morrison y Hines entienden la violencia doméstica de las comunidades latinas de Estados Unidos dentro de un esquema que entraña familismo, machismo, marianismo, sentido del respeto y una predisposición a comprender la vida en términos fatalistas:

– el familismo se refiere al rol central que la familia detenta en la psique de la persona latina (Malley-Morrison y Hines, 2004, pp. 151-152);

– el machismo se relaciona con el hecho de que el hombre es la cabeza de hogar incluso en el caso de familias extendidas y que, por lo tanto, debe proveer todo lo que ésta necesita. Este rol se conecta con varias otras nociones suplementarias como el honor, el orgullo, la valentía, la responsabilidad y el deber. No obstante, todos estos valores poseen un lado disfuncional: la hipermasculinidad, que puede manifestarse a través de una incontinencia sexual orientada hacia mujeres fuera del matrimonio o del concubinato, del alcoholismo y de la dureza en el trato hacia los niños (Malley-Morrison y Hines, 2004, pp. 152-153);

– el marianismo se refiere al hecho de que el rol ideal de la mujer se inspira en la imagen de la Virgen María. Esto implica que la mujer debe ser casta antes del matrimonio –lo que le exige la familia *velar* por su virtud– y que es espiritualmente superior al hombre, por lo cual se encuentra en capacidad de soportar el sufrimiento que éste le inflige así como de ocuparse de la familia sin quejas (Malley-Morrison y Hines, 2004, pp. 153-154);

– el respeto no sólo se refiere a la deferencia y al deber que una persona profesa a otra, en especial si la primera es más joven que la segunda; también se refiere al temor que una figura de autoridad –sobre todo si es de género masculino– inspira en los otros. Los destinatarios de este temor suelen ser personas menores (especialmente niños) o mujeres. El respeto puede así ser construido mediante agresiones verbales o físicas (Malley-Morrison y Hines, 2004, pp. 154-155);

– se relaciona el sentido fatal de la vida con los dogmas de la religión católica, para la cual todo lo que sucede en la vida individual es reflejo de la voluntad de Dios. Aun cuando la iglesia opere a menudo como institución que ampara y apoya a las víctimas de la violencia doméstica, también puede ser vista como la transmisora de un fatalismo cultural que, mediante la creencia de que todo sufrimiento terrenal será compensado más tarde en el reino de Dios, neutraliza la capacidad de control del ser humano sobre sus asuntos privados. En el contexto que nos ocupa, el fatalismo podría hallarse en el hecho de que los miembros de una familia donde se susciten cuadros de violencia doméstica no busquen ayuda ni denuncien su situación por cuanto estiman que ella es un reto que Dios les ha enviado (Malley-Morrison y Hines, 2004, pp. 154-155).

Esta «licencia divina» de la violencia doméstica puede tornarse aún más compleja cuando se confunde con prácticas religiosas derivadas de otros cultos. Los miembros de comunidades donde se practica la santería afroantillana pueden encontrar allí, aparte de una fuente de alivio, creencias que excusan el comportamiento violento o incontinente de un individuo: por ejemplo, que los lazos entre éste y la deidad que controla sus instintos podría estar roto (Malley-Morrison y Hines, 2004, p. 155).

La matriz de violencia fomentada por los cinco factores antes mencionados integra un último elemento: la evolución histórica de la población puertorriqueña en un marco de dominación sociopolítica que ha fomentado su aculturación y ha secretado mecanismos de discriminación (Malley-Morrison y Hines, 2004, p. 155).

Como lo señalamos en el punto 1.4., el incremento del desempleo entre los hombres a comienzo de los años ochenta obligó a las mujeres a buscar trabajo. Esta coyuntura provocó la proliferación de dinámicas familiares en las que el hombre comenzó a depender económicamente de su pareja. Sin embargo, tal dependencia no habría sido asumida por el varón de una manera transitoria o productiva. Por lo contrario, sintiéndose desplazado y cuestionado en su masculinidad, su reacción fue el castigo, verbal o físico, contra la mujer. La situación empeoraba cuando, llegado un punto de saturación, la mujer decidía separarse.

A través de una muestra de 743 individuos de origen latino casadas o en concubinato, Kaufman Cantor, Jasinki y Aldarondo (1994, cp. Malley-Morrison y Hines, 2004, p. 175) encontraron que el 20,4% de los puertorriqueños habían abusado de sus parejas, el más alto porcentaje dentro de un grupo formado por individuos cubanos, mexicanos y blancos estadounidenses. Por su parte, a través de entrevistas a 1.004 mujeres en hospitales de Florida y Massachusetts, el 19% de las cuales eran de origen puertorriqueño, Torres *et al.* (2000, cp. Malley-Morrison y Hines, 2004, p. 178) encontraron que un 8,6% de las mujeres puertorriqueñas habían sido agredidas físicamente durante el embarazo, de nuevo la mayor proporción dentro de un grupo compuesto también por mujeres afroamericanas, centroamericanas, cubanas y caucásicas. El informe de 2012 realizado por la ACLU revela que Puerto Rico tiene el más alto porcentaje per cápita en el mundo de mujeres mayores de 14 años asesinadas por sus parejas: 107 fueron las víctimas fatales en el intervalo 2007-2011, con 30 casos sólo durante el último año, 11 más que en el año precedente (ACLU, 2012, p. 103). Esos 30 casos del año 2011 fueron cinco veces superiores a la misma medida para la ciudad de Los Ángeles. Según datos del Departamento de Justicia de Puerto Rico, de 21 mil casos de violencia doméstica reportados al Departamento de Policía de Puerto Rico durante el año fiscal 2003-2004, sólo un 19% resultaron en denuncias hechas ante un tribunal del Departamento de Justicia y apenas el 12,3% dio pie a una condena (ACLU, 2012, p. 114). La llamada salsa «brava» de comienzos de los años setenta se ocupó de construir un catálogo de canciones que, aparte de recrear el ambiente de privación, violencia y marginalidad del barrio latino, los vejámenes contra las mujeres eran anécdota recurrente. Y este mismo espíritu, que ha prevalecido a lo largo del tiempo, ha sido absorbido por otros tipos de música popular, el hip-hop y el reggaetón, entre ellos. Esa hostilidad banaliza el maltrato contra las mujeres, pero, también, exhibe la desmoralización de una figura masculina para la que el honor, la autoridad, el temor o el respeto de otro tiempo han dado al traste con una desesperación que habla de la mutación y agotamiento de su rol sexual tradicional.

1.8.3.2. Crimen

Si con algo se asocia lo que Lewis llamó en su momento «cultura de la pobreza» es con el crimen. De hecho, el más constante elemento de estigmatización del barrio es una inseguridad ligada al delito violento, fenómeno que afecta la vida de los puertorriqueños incluso en su propia isla. Según datos recogidos por la ACLU en 2012, entre el intervalo 2004-2010 se registraron 1.768 denuncias contra los cuerpos de policías puertorriqueños por agresiones contra presuntos delincuentes de zonas populares de la isla (el asentamiento de interés social Las Gladiolas, el barrio de La Perla y el área de Loíza, entre otros), casos cuyas víctimas fueron sobre todo hombres provenientes de comunidades de bajo ingreso presuntamente involucrados con redes de tráfico de drogas, de tipo negroide y, en ocasiones, descendientes de inmigrantes de origen dominicano (v. ACLU, 2012, pp. 49-57). En 1993, la tasa de asesinatos en Puerto Rico equivalía a 22,6 por cada 100 mil personas mientras que en todo Estados Unidos la relación era de 9,8 por cada 100 mil. Sin embargo, el ritmo de vida urbano, así como las exigencias simbólicas y económicas de Nueva York, llevan ese promedio nacional a su límite: 29 por cada 100 mil habitantes[7].

Precisamente en Nueva York, los puertorriqueños entre 16 y 30 años constituyeron el grupo etario y étnico más involucrado en homicidios: 114,2 por cada 100 mil individuos (Noguera, 1996, §§ 11 y 13). La estadística es elocuente tomando en cuenta que, según el censo de 2000, la población de origen puertorriqueño residente en el estado de Nueva York equivalía a 1.050.293 individuos (Guzmán, 2001, p. 3). Incluso, a pesar del expresionismo festivo con que suele asociarse a los puertorriqueños, éstos tendrían la mayor tasa de suicidio en Nueva York: 23 individuos entre 100 mil (Noguera, 1996, § 16).

Estos datos constituyen un primer indicador con respecto a la relación entre las comunidades hispanas y el crimen violento. En el in-

7. Cp. Rohter, Larry (1993): «As Crime Rises, Puerto Ricans Retreat». *The New York Times*, 13 de enero. Recuperado el 6 de enero de 2008 de <http://query.nytimes.com/gst/fullpage.html?res=9F0CE7D6133EF930A25752C0A965958260>.

tervalo 1993-2000 los hispanos de Estados Unidos sufrieron un 11% de todos los delitos (aun cuando los crímenes de este tipo entre los latinos de Estados Unidos se contrajeron en una proporción del 56%).

Suele darse por descontado la mayor victimización de los hispanos en comparación con el resto de los grupos étnicos de Estados Unidos. Sin embargo, la relación de 44,8 crímenes violentos por cada 1.000 personas de doce años o más correspondiente a este grupo apenas superó en cuatro casos la misma relación entre los blancos y fue siete casos menor que la de los afroamericanos. El grupo latino se reveló significativamente más violento que el grupo asiático, que obtuvo una relación de 21,7 delitos por cada 1.000 personas, pero mucho menos que el grupo constituido por los indígenas americanos, entre quienes se registraron 105 delitos violentos cada 1.000 personas (Rennison, 2002, p. 3). Este último dato integra, no obstante, una ambigüedad que repercute en el grupo latino: entre los latinos de Estados Unidos, compuestos sobre todo por individuos de origen mexicano (el 63% según el censo del año 2010; es decir, 31.798.258 individuos de un total de 50.477.594), hubo muchos casos de personas que se reconocieron como indígenas y como hispanos simultáneamente (Greenfeld y Smith, 1999, p. 11). En este sentido, es probable que la incidencia del crimen violento entre los indígenas americanos refleje también parcialmente la que corresponde a ciertos segmentos de la población hispana estadounidense.

El 59% de las agresiones de que fueron víctimas los hispanos de Estados unidos correspondió al renglón de las agresiones simples[8]; le siguieron el asalto, con un 20%, y la agresión agravada[9], con el 19%; el 2% correspondió a violaciones y a ataques sexuales (Rennison, 2002, p. 2). En su mayoría, los involucrados en crímenes violentos fueron de sexo masculino (53,9%), de edad comprendida entre 12 y 29 años (de 12 a 17: 90,1%; 18 a 24: 70,3%; 25 a 34: 39,5%) y con salarios anuales menores de 7.500 y 15 mil dólares (Rennison, 2002, p. 3).

---

8. Delitos sin armas que implican heridas leves.
9. Acción criminal en la cual ya se encuentra involucrada un arma y que puede implicar heridas graves tanto para la víctima como para el victimario.

Aun cuando estos últimos datos conciernen a toda la población hispana, lo que desdibuja la realidad de la población de origen puertorriqueño, puede retenerse, sin embargo, que ésta participa de una cotidianidad de violencia que forma parte importante de su modo de vida. Ese modo de vida se conformaría a través de una lógica en la que la debilidad de la acción institucional (en particular de la escuela; ver apartado 1.4.) y las disfunciones familiares anticipan la incorporación del individuo a la dinámica del delito (Noguera, 1996, § 23).

No obstante, el alto nivel de deserción escolar de la población puertorriqueña o su intimidad familiar no serían los únicos fundamentos de su propensión a la criminalidad. Peterson, Krivo y Harris amplían el concepto de institución a todas aquellas instancias que fomentan el vínculo social en un sector urbano determinado. En este sentido, institución pueden ser centros recreativos, bibliotecas, tiendas de minoristas y, desde luego, bares. Los autores parten de la hipótesis de que las tres primeras instituciones son estabilizadoras y la última catalizadora de acciones criminales (Peterson, Krivo y Harris, 2000, p. 39). Si bien es cierto que las correlaciones entre el hecho de habitar una vivienda de interés social o tener severas limitaciones económicas y el crimen pueden ser positivas, también lo son, por ejemplo, que en un sector urbano pobre no haya centros recreativos y que, en cambio, haya muchos expendios de alcohol. Con todo, no todas las instituciones tienen incidencias significativas en el incremento de las tasas de criminalidad. La relación entre la existencia de bibliotecas o de tiendas de minoristas y el crimen sería neutra, a diferencia de la existencia de centros recreativos o bares. La ausencia de centros recreativos sería en este contexto, más que un catalizador del crimen, la evidencia de una desidia institucional que atenta contra el tejido social de una zona determinada, lo que redundaría en la ocurrencia de delitos. En lo que atañe a la existencia de bares, éstos se asociarían apenas con dos tipos de ofensas: robos y violaciones. La función desinhibidora de esta institución no tendría mayormente que ver con la perpetración de asesinatos (Peterson, Krivo y Harris, 2000, pp. 55-56).

A pesar de los matices analíticos a que esta perspectiva pueda dar lugar, lo que sí sobresale es que la ausencia de núcleos *productivos* de socialización apuntalan la hostilidad de ciertos espacios sociales, muchas veces de manera indirecta. Por ejemplo, el hecho de vivir en apartamentos de interés social no es *per se* un elemento que fomente la adopción de conductas desviantes; lo es el hecho añadido de que las comunidades que se asientan en vecindarios de interés social no tengan acceso a otras instituciones productivas (escuelas, bibliotecas o centros recreativos). Esa acumulación de desventajas se salda en faltas de oportunidades para los grupos humanos que ocupan esos espacios sociales, lo que explicaría en parte el hecho de que sus miembros apelen a métodos *alternativos* para surgir.

Noguera advierte que, frente a las limitaciones sociales concretas de los barrios puertorriqueños de Estados Unidos, el análisis académico ha enumerado cuatro opciones que en realidad son callejones sin salida: el conformismo, la adicción al alcohol o a las drogas, la infracción como modo de alcanzar objetivos personales o la rebelión contra un sistema que limita oportunidades (Noguera, 1996, § 23). En nuestro contexto, quisiéramos llamar la atención sobre dos de las cuatro alternativas mencionadas remitiéndonos a datos indicativos.

Entre 1985 y 1986, un 40% de los fallecidos de sida en el sector del Lower East Side, en Nueva York, era de origen puertorriqueño y en alrededor del 80% de los casos la causa fue la adicción a la heroína (Worth y Rodríguez, 1987, p. 5). Por su parte, entre 1993 y 2000, el 28% de las víctimas hispanas de crímenes violentos en Estados Unidos percibió que su agresor se encontraba bajo el efecto de alguna droga. La proporción, aunque no sea la más alta por grupo étnico (el porcentaje para el grupo caucásico habría sido del 32% y para el indígena estadounidense del 44%), da a entender que el contacto con las drogas es un factor que incide en la violencia latina (Rennison, 2002, p. 5). Noguera vincula crimen y droga en el caso de la comunidad puertorriqueña en el marco de una lógica doble en la cual los estupefacientes serían tanto una experiencia para escapar de los rigores de la pobreza como la única ocupación a través de la cual se puede escalar posiciones (Noguera, 1996, §§ 24 y 25). Para los jóvenes, el negocio de las drogas, con su promesa de riqueza fácil y de poder, sería una vía expeditiva no sólo para procurarse el desahogo material sino, sobre todo, para comprar la impunidad.

El crimen en el barrio, asociado a redes organizadas de comercio de vicios (tráfico de drogas, alcoholismo, prostitución, etcétera), marca la vida de sus habitantes. Y el desempeño del individuo puertorriqueño en calidad de traficante de drogas es en realidad respuesta a una corriente histórica que para Bourgois, autor de una investigación etnográfica en el Spanish Harlem durante el primer lustro de los años noventa, comprende: la condición del puertorriqueño de campesino de subsistencia en las haciendas insulares, su rol de trabajador en los cultivos de producción intensiva financiados por capital estadounidense, su posición de trabajador industrial en Puerto Rico (paralela a su calidad de vecino en barrios con alto nivel de hacinamiento), su inserción como mano de obra en proyectos de construcción de viviendas en guetos de Estados Unidos[10], su reflujo hacia el desempeño de actividades de servicios en inmuebles de lujo neoyorquinos (guardias, porteros, conserjes, etcétera) y, finalmente, su transformación en vendedor ambulante de drogas (Bourgois, 1995, pp. 98-99).

A nuestro modo de ver, la violencia es para la comunidad *nuyorican* un modo de manifestación de las frustraciones asociadas con las exigencias de la vida neoyorquina. Este modo de manifestación, que traduce más conflicto que asimilación, ha consolidado una experiencia de ciudad que la salsa retomará tanto en su estética musical como en sus letras[11]. La violencia del barrio neoyorquino –extensible a la que podremos encontrar en otras grandes ciudades del Caribe hispano– subraya el recrudecimiento en la gran urbe de una tendencia agresiva que, tal como lo señala Rondón, ha alimentado desde siempre el repertorio de la música afrocubana:

---

10. En su análisis, Bourgois toma en cuenta el caso concreto de una de las personas que le ofreció su testimonio, Ramón, empleado itinerante e ilegal de empresas de construcción que reclutaban exconvictos de origen afroamericano o latino a cambio de salarios que equivalían a la mitad del reglamentario (18 dólares por hora). A pesar de que estas empresas no ofrecían ningún tipo de protección social a sus empleados, les exigían realizar actividades fraudulentas, en el caso concreto de Ramón participar en manifestaciones contra otros constructores legales a fin de lograr trabajos de subcontratación (Bourgois, 1993, p. 210).
11. A este asunto en específico hemos consagrado todo un libro anterior: Tablante, Leopoldo (2005): *Los sabores de la salsa. De la rumba brava a la fiesta mansa; de Héctor Lavoe a Jennifer López*. Caracas: Ediciones del Museo Jacobo Borges.

> El viejo son cubano está lleno de referencias a la guapería. Un guapo bastante peculiar que reducía toda su fama a los alardes grandilocuentes de todas las mujeres que había tenido y que seguiría teniendo, y a su supuesta capacidad para resolver todos los problemas de la vida cotidiana a trompón limpio en un rincón cualquiera de un botiquín. De este guapo, sin embargo, tan sólo quedaría el recuerdo una vez que el barrio feliz donde él vivía fuera arrasado por la marginalidad y por las penurias económicas. La guapería, por lo tanto, dejó de ser un simple alarde para convertirse en un hecho concreto que amenazaba apareciendo inesperadamente a la vuelta de las esquinas y los callejones (Rondón, 1980, p. 81).

Ese alarde de otros tiempos, que hoy tiene un carácter más bien nostálgico, ha sido remplazado por una crueldad de sangre fría en la que el gesto violento es un reflejo natural, tal como lo pone de manifiesto el testimonio de «Chino» –recogido por Bourgois–, quien, esnifando cocaína y bebiendo cerveza, narra así un atraco:

> Yo estaba con Rico y su jeva. Vimos a ese mexicano durmiendo en el suelo en la entrada del edificio donde vive mi tía. Quizás estaba borracho. Parecía tener trabajo, porque un pordiosero no lleva un anillo de oro.
>
> Apenas lo vi, me acerqué y le pregunté: «¿Tienes hora?». Apenas miró lo cogí por el cuello y le puse mi 007 [el cuchillo] en la espalda. Le dije: «No te muevas cabrón, que te voy a picar como un pernil» [...].
>
> Sí, como un pernil... como si puyaras un pernil cuando quieres meterle los condimentos en los huecos (Bourgois, 1995, p. 110).

El barrio es así el circuito de un cinismo y una crueldad que se asienta en imágenes tradicionales y que se ampara en lugares idiosincrásicos que el expatriado ha trasladado desde su país de origen. Por ejemplo, los escondites de uno de los negociantes de *crack* entrevistados por Bourgois (1995) en East Harlem eran las bodegas o las *botánicas* del barrio (herboristerías donde se venden plantas para los cultos mágico-religiosos). Gradualmente, ese mismo fugitivo se ha transformado en imagen de culto. Sin necesidad de trasladarnos a Nueva York, una de las imágenes votivas de las herboristerías venezolanas son los llamados «Santos malandros», que representan malhechores legendarios ultimados en enfrentamientos violentos, a quienes se les adjudica poderes extraterrenales y que integran, incluso, un círculo divino: la «corte malandra».

En suma, uno de los rasgos característicos del barrio es la tensión de una criminalidad producto de una institucionalidad frágil que ofrece a sus habitantes pocas opciones para enrumbarse en una corriente de movilización social ascendente. La violencia es la respuesta correspondiente a un voluntarismo masculino que interpreta el crimen como un modo expeditivo para vencer la frustración de la pobreza. Ese voluntarismo suele ejercerse en actividades ilícitas y organizadas asociadas con los vicios, que estigmatizan el barrio como espacio social que los grupos exteriores temen y evitan.

1.8.4. *El barrio como familia extendida*

El estremecimiento de la masculinidad puertorriqueña en las espirales de la violencia doméstica y urbana está envuelto en una paradoja: la extensión de la noción de familia. Esa familia ya no se limita a las personas del hogar sino que tiene un sucedáneo: el barrio entero.

La solidaridad gregaria hace que las letras de la salsa y las *inspiraciones* (improvisaciones) del cantante (del sonero) en el «montuno»[12] asuman al barrio en pleno como «familia». Tal solidaridad no debe ser sólo entendida como una expansión afectiva producto de una intimidad doméstica desbordada o dislocada. También es el reflejo de un grupo social que, más que vínculos pragmáticos, opta por compromisos afectivos. Una de las constataciones de Wright Mills, Senior y Golden (1952, cp. Lewis, 1969) en un trabajo sobre la ola migratoria puertorriqueña fue que estos ciudadanos tenían tendencia a permanecer limitados en redes familiares o vecinales en lugar de congregarse en círculos formales de solidaridad tales como asociaciones o sindicatos.

La informalidad de estos lazos puede reforzarse a través de un factor concreto: el hacinamiento. El hacinamiento se calcula en función de un criterio: el hecho de que la habitación de una vivienda sea ocupada por más de una persona. Según datos de 1999, había diez vecin-

12. Sección responsorial de la canción de salsa en la que el cantante «contesta» la frase insistente de un coro, por lo general de voces masculinas.

darios en Nueva York con índice de hacinamiento severo –equivalente a entre el 11,4 y el 23,4% de los hogares–, y la mayoría de los habitantes de estos barrios era de origen latino (Centro de Estudios Puertorriqueños, 2003, p. 2). En fin, la familiaridad inherente a la dinámica social puertorriqueña podría reforzarse en la cotidianidad de inmuebles donde el hacinamiento por unidad habitacional anticipa el hacinamiento en el que vive toda una comunidad y en el que, obviamente, las diversas intimidades familiares se interpenetran.

1.8.5. *El chisme y la obscenidad*

La saturación de esta familiaridad puede desembocar en un discurso invasivo de la vida ajena cuyos registros expresivos pueden ser el chisme o la obscenidad.

El chisme ha sido objeto de representación convencional de la música afrolatina desde épocas anteriores a la salsa. Estas representaciones lo interpretan como una práctica inseparable del roce social, tal como se destaca en la siguiente canción del sexteto de Joe Cuba:

> Es que la gente siempre está comentando
> picoteando bembeteando
> Que la vecina del lado se pasa vigilando
> Yo sigo siendo como yo soy, bien o mal
> Se fijan de mi corbata, molesto con mi reír
> Y si yo me compro un plante el mundo se va a morir
> Yo soy como soy, no lo voy a negar
> Qué contento estoy
> Echa pa'llá no hablen más
> La vida es corta y yo quiero gozar[13].

En este caso, el chisme no sólo levanta un discurso en el que la vida de una persona del barrio se transforma en objeto de crítica pública, sino que se deriva de la envidia que ese personaje inspira en su comunidad.

13. Joe Cuba Sextet (1966): *Bang Bang! Push Push Push*, Tico, SLP 1146, «Así soy».

La «publicación» de la vida de este personaje anónimo anuncia la falta de pudor que, en el mismo terreno, puede alcanzar el discurso de la sexualidad. Uno de los mitos caribeños generalizados en Nueva York es la presunta naturaleza insaciable del hombre antillano, relato derivado del machismo tradicional puertorriqueño y de un mestizaje heredero de la vitalidad física de la raza africana. Ese mito habría sentado las bases de una vanidad que puede dar pie a situaciones como la siguiente, registrada en Nueva York por Muñoz en 1999 durante un desfile del orgullo puertorriqueño y que pone de manifiesto un desparpajo erótico de gesto y de palabra.

> Mientras las mujeres se mueven con sinuosidad y arrogancia, los hombres sacan a pasear la libido que la cultura anglosajona les obliga a ejercer con excesiva discreción. Si la nota común entre las féminas son los *strapless*, los caballeros prefieren andar con el torso desnudo. Después de todo, eso les permite exhibir las cadenas de oro, los tatuajes y las virtudes de la piel morena: los hombros de trapecista, los pectorales hinchados y firmes, los ocho cuadros abdominales que ni las estatuas de Miguel Ángel y las aletas dorsales que, con seguridad, envidiarían Tarzán y el Hombre de la Atlántida. El *caribbean lover* –versión antillana del *latin lover*– en su estado más puro, casi salva, a juzgar por la expresión de asco de los turistas suecos que tratan de huir a la salida del Metropolitan Museum of Art.
>
> La música que brota de la carrozas crea una atmósfera efervescente. A pesar de la vigilancia policial, tanta energía sensual tiende a descarrilarse. Además de corear a las estrellas, el deporte favorito de los hombres es el buceo. No se trata de ver a las mujeres ni de devorarlas ostentosamente con la mirada, sino de ir más lejos. «Ven acá, mami rica, ven pa'cé la cosita. Ven, mami, si quieres sexo seguro», dice uno mientras le pasa a la chica un preservativo por la cara. Algunas siguen el choteo y responden al piropo mirando coquetamente sobre el hombro. Pero cuando el desnalgue está en su apogeo, la cosa traspasa los límites. «Mi amor, qué cadenita tan bonita», le dice otro a otra chica, y aprovecha para bajarle el *strapless* y exponer a la vista los senos de la chica[14].

---

14. Muñoz, B. (1999): «Safari USA. "Una tarde en el desfile puertorriqueño"». *El Nacional*, LVI (20.043), 20 de junio, p. G2.

En el mismo texto, Muñoz cita esta frase de entusiasmo de un asistente al desfile (extraída de una famosa canción del Gran Combo de Puerto Rico), que aclara un cierto espíritu de la salsa, inseparable de la situación descrita: «No importa de dónde soy. Lo único que yo quiero es que me pongan salsa. Pa' mojá, pa' mojá. Que me pongan salsa»[15].

La otredad antillana del puertorriqueño de Nueva York reúne conductas que, a pesar de que puedan juzgarse como incongruentes dentro del contexto urbano donde se producen, dan cuenta de una interpretación particular en la cual lo tradicional y lo moderno se manifiestan en tensión.

1.9. El barrio, desde afuera

Si bien el barrio ha generado una interpretación marginal de la modernidad neoyorquina, este espacio social también ha hecho un aporte fundamental al ambiente de la ciudad. El mito latino de Nueva York es producto de la cotidianidad del barrio, una cotidianidad que contrasta con el rigor de la vida productiva metropolitana y que, al mismo tiempo, propone una dimensión festiva ritmada por la hostilidad criminal. Sin embargo, tal hostilidad suscita lecturas distintas en función de si se pertenece o no a esta atmósfera. Un periodista norteamericano, autor de un reportaje sobre la vida cotidiana del barrio, consigna de esta manera las recomendaciones de su cicerone.

> «No mires fijamente, sé *cool*» dice Joe. Él ya había venido, hablaba el idioma. «Todo es lenguaje corporal», dice Joe mostrándome cómo hacer. «Mira con la cabeza en alto, nunca hacia abajo. Camina en línea recta. Saca las manos de tus bolsillos»[16].

---

15. *Ibid.*
16. Van Dyk, Jere (1990): «Growing Up in East Harlem». *National Geographic*, 5 de mayo, p. 54, traducción nuestra.

Ese lenguaje corporal –precaución ante la posibilidad de levantar sospechas– sólo es creíble en la medida en que denote despreocupación. Lo *cool*, más que una postura esnobista, implica una actitud de autocontrol. Tal autocontrol puede visualizarse en la actitud del *pimp*, el clásico proxeneta afroamericano, caballero perspicaz formado en la calle, quien, a pesar de todos los peligros que corre, se desenvuelve con sigilo y soltura. En los años setenta solía llevar sombrero, anteojos de sol, un mondadientes en la boca y conducir un vehículo de lujo fabricado en Detroit (un Cadillac ElDorado, por ejemplo). Más recientemente, tal actitud ha pasado a representar una cierta noción de despreocupación elegante en la sociedad de masas que para Klein los capitanes de empresa globales asocian con la juventud de los espacios sociales más desaventajados de la sociedad estadounidense, indisociables de la cultura afroamericana.

> La verdad es que la retórica de que «hay que ser *cool*» de las grandes marcas es con frecuencia una manera indirecta de decir hay que ser «negro». Del mismo modo que la historia de lo *cool* en Estados Unidos es en realidad [...] una cuestión de cultura afroamericana –desde el jazz a los blues y desde el rock and roll hasta el rap–, para muchas supermarcas perseguir lo *cool* significa simplemente perseguir la cultura negra. Tal es la razón de que la primera parada de los cazadores de lo *cool* fueran las canchas de béisbol de los barrios más pobres de Estados Unidos (Klein, 2001, p. 105).

La realidad urbana del barrio latino no es en absoluto objeto de representación reciente. La atmósfera de este espacio social ha inspirado representaciones en la industria cultural desde, por lo menos, la década de los cincuenta. Por ejemplo, una representación *hollywoodense* del barrio latino –un clásico mencionado sistemáticamente en los estudios sobre la diáspora puertorriqueña en Estados Unidos– fue propuesta por la película *West Side Story* (Robert Wise y Jerome Robbins, 1961; guión: Jerome Robbins y Arthur Laurens), versión urbanizada de *Romeo y Julieta* de Shakespeare en la que la violencia urbana es estilizada en un musical que vierte en coreografía la confrontación entre puertorriqueños y blancos (hijos de inmigrantes del norte de Europa).

Luego de su éxito en el teatro Winter Garden de Nueva York, en 1957, *West Side Story* fue llevada a la pantalla en 1961. Cuenta la historia de una muchacha puertorriqueña, María, y de un estadounidense, Tony. Tony, exjefe del grupo de jóvenes angloamericanos The Jets se enamora de María, hermana de Bernardo, líder del grupo The Sharks. Los nombres de los dos grupos dan a entender la superioridad técnica de los blancos sobre la peligrosa bestialidad de los «tiburones» puertorriqueños. El odio se instala entre Jets y Sharks con esta historia de amor incómoda. El jefe de los Sharks, Bernardo, mata al jefe de los Jets, Riff, quien, antes de expirar, le alarga su cuchillo a Tony. Tony venga a Riff y los Sharks se lanzan en su búsqueda. María intenta prevenir a Tony por medio de su amiga Anita, quien, intimidada por sus compatriotas, hace creer a Tony que María ha sido asesinada por Chino. Tony comienza a perseguir a Chino y, en su persecución, cae abatido. María abraza su cadáver mientras que astronautas y escualos comprenden lo absurdo de su rencor. El único personaje de peso interpretado por una actriz de origen puertorriqueño (Rita Moreno) fue el de Anita. María fue representada por... ¡Nathalie Wood!

La idea original para el desarrollo de este libreto debía contar la historia de amor entre una muchacha hebrea y un joven italiano vecinos de otro sector de la isla de Manhattan: el Lower East Side (Sandoval, 1994, § 19). De hecho, esa primera versión se habría titulado *East Side Story*. Sin embargo, la masiva inmigración puertorriqueña a Nueva York alteró la trama. Tal variación se produjo de manera gradual. El eje narrativo debía ser las luchas de clanes que tenían lugar en Nueva York y que constituían la principal manifestación de la delincuencia juvenil durante los años cuarenta y cincuenta. De hecho, en el predio de la música afrolatina, esa violencia de clanes, problema social objetivo, fue el caldo de cultivo directo de muchos de los más importantes músicos afrolatinos de los últimos cincuenta años.

> En 1943, en el segundo piso de la sala de baile del Mutualista obrero puertorriqueño (calle 110 con Lexington), Machito [cantante y director de una de las más importantes orquestas de mambo de los años cuarenta y cincuenta y una de las principales atracciones del *night club* Palladium entre 1949 y

> 1964] le habló a un grupo de adolescentes y convenció a la mayoría de ellos de abandonar sus clanes en beneficio del deporte o de la música. Funcionó. Los hermanos Gwyn, John y Jimmy, dos de los puertorriqueños más feroces, conocieron la gloria como boxeadores amateurs. Charles y Eddie Palmieri, Héctor Rivera, Gilberto Calderón (Joe Cuba), Sabú Martínez, Frankie Colón, Pete y Ray Terrace, Joe Loco, Lou Pérez, Gil López, Louie Ramírez y Willie Bobo son sólo algunos de los antiguos miembros de *gangs* que encontraron más tarde su lugar en la música (Salazar, 1992, p. 240).

No obstante, aunque la intención del guión de *West Side Story* estaba clara, los grupos a representar no (Sandoval, 1994, § 24). De judíos e italianos, los productores pasaron a chicanos y negros hasta que, finalmente, resolvieron verter en ficción la confrontación entre puertorriqueños y blancos caucásicos, segunda generación de inmigrantes polacos. Para Sandoval, estas variaciones ponen de manifiesto una lógica segregacionista que evoca la distribución urbano-étnica de la isla de Manhattan –a la que hemos hecho referencia en el apartado 1.6.2.–, representativa de toda la unión:

> Todo aquel que conozca la isla de Manhattan sabrá que la ciudad está dividida territorial, económica, racial y étnicamente. Cada grupo socioeconómico habita un espacio concretamente demarcado, e incluso las fronteras entre un barrio y otro son evitadas. La película *West Side Story* ha contribuido a perpetuar la imagen del West Side como lugar urbano problemático por razones étnicas y raciales (Sandoval, 1994, § 13).

No es casualidad que *West Side Story* comience con una serie de planos aéreos desde el sur de la isla de Manhattan que, progresivamente, van acercándose al territorio donde tiene lugar la trama narrada y que cumplen la función de localizar y resaltar el espacio social en el que la película se concentra.

A juicio de Sandoval, detrás de esta lógica segregacionista subyace un esquematismo maniqueo que puede expresarse con las dicotomías este/oeste, Jets/Sharks, Estados Unidos/Puerto Rico, centro/periferia o, aun, imperio/colonia, nativo/extranjero, identidad/alteridad e igualdad/diferencia (Sandoval, 1994, §§ 16 y 25). Estas dicotomías dan por sentado la modernidad y civilización correspondientes al grupo blanco estadounidense, y la crueldad y *canibalismo* de los mestizos puertorriqueños.

Sin embargo, la «animalidad» latina, de la que la hostilidad criminal del barrio puede ser manifestación, ha suscitado representaciones que ofrecen mayor ternura y empatía (aunque el elemento motivador de esa empatía sea el vicio). Tal es el caso de, por ejemplo, la famosa canción escrita por Lou Reed e interpretada en 1967 por el grupo Velvet Underground, «I'm Waiting for my Man». En ella, el personaje del traficante de droga puertorriqueño resalta como elemento inseparable de la atmósfera de vicios de la ciudad. Quien habla en la canción es el cliente de ese vendedor de drogas, un angloamericano, advenedizo en el barrio, quien se dirige a la avenida Lexington, a la altura de la calle 125, para comprar su dosis. Este personaje acepta esperar a su *dealer*, quien, a la manera latina, siempre llega tarde:

> I'm waiting for my man
> Twenty-six dollars in my hand
> Up to Lexington 1-2-5
> Feeling sick and dirty more dead than alive
> I'm waiting for my man.
> Hey white boy, what you doin' uptown?
> Hey white boy, you chasin' our women around?
> Oh pardon me sir, it's furthest from my mind
> I'm just lookin' for a dear friend of mine
> I'm waiting for my man.
> Here he comes, he's all dressed in black
> PR shoes and a big straw hat
> He's never early, he's always late
> First thing you learn is that you always gotta wait
> I'm waiting for my man[17].

---

17. «Yo espero a mi hombre / veintiséis dólares en la mano. / Allá en Lexington 1-2-5, / sintiéndome mal y sucio, más muerto que vivo / Yo espero a mi hombre. / Mira, blanquito, ¿qué estás haciendo por aquí? / Mira, blanquito, ¿no estarás echándole el ojo a nuestras mujeres? / Discúlpeme, señor, faltaba más, / sólo estoy buscando a un amigo muy querido / Yo espero a mi hombre / Helo aquí vestido de negro, / zapatos deportivos de puertorriqueño y un sombrero de paja. / Nunca adelanta-

El *dealer* puertorriqueño porta los símbolos pintorescos de su otredad étnica. Un sombrero de paja y zapatos deportivos «por si hay problemas salir volao» (Rubén Blades *dixit*). En suma, esos *PR Shoes* (acrónimo de Puerto Rican Fence Climbers[18]) serían los zapatos que el jíbaro puertorriqueño utilizaría para saltar los muros del barrio en caso de una redada policial o de una pelea entre bandas. Al *habitus* de una apariencia determinada corresponde el *habitus* de una conducta estereotipada.

En contraste con las dos visiones anteriormente referidas, el punto de vista de la cultura popular afroamericana ofrece más familiaridad. Ésta radicaría en los roces continuos entre una comunidad y la otra (vecinos en el sector de Harlem), roces que podían manifestarse en forma de luchas de clanes o, de manera productiva, a través del intercambio de formas y técnicas musicales. En 1973, el músico Stevie Wonder se permitió parodiar el modo de vida latino-caribeño en su canción «Don't You Worry 'Bout a Thing», alusiva a la tolerancia étnica. La canción comienza con una discusión acalorada entre latinos (por el acento y situación planteados, asumimos que entre puertorriqueños) en la que una voz nasal y gangosa reprende violentamente a alguien. El cantante le pregunta a un acompañante hipotético si habla español y si comprende. Ante su desconcierto, opta por seguir la corriente imitando la fonética de esas voces a través de la frase «todo está bien, chévere». La sonoridad de esta última palabra sirve de preámbulo al siguiente texto:

> Everybody's got a thing,
> but some don't know how to handle it.
> Always reachin' out in vain,
> only to see that it's better to avoid 'em .
> Don't you worry 'bout a thing,
> don't you worry 'bout a thing, mama,

---

do, siempre retrasado. / La primera cosa que tienes que aprender es que siempre hay que esperar».

18. Zapatos deportivos que habrían usado los vendedores de droga puertorriqueños para escalar rejas y muros en caso de una persecución (Reed, 1996, pp. 16-17).

'cause I'll be standing by your side
when you check it out.
They say your style of life's a drag
and that you must go other places.
But just don't you feel too bad
when you get fooled by smiling faces [...][19].

Aparte del parlamento introductorio, en este texto son interesantes dos elementos. El primero de ellos es el empleo por parte del músico de la expresión «estilo de vida», que da a entender que la ciudad (y el país en pleno) está dividido en reductos culturales poseedores de sensibilidades y *necesidades* privativas. En segundo lugar, se encuentra la representación de la actitud latina a través de «caras sonrientes». La alegría, festiva o cínica, del latino se contrapone al carácter volátil y airado del comienzo de la canción, lo que refuerza la idea de que el puertorriqueño es un ser emocional y voluble.

El barrio visto por otras sensibilidades dentro de Estados Unidos presenta este espacio social como un sector en el que la paranoia ante el crimen violento, la agresividad de sus habitantes, sus arreglos al margen de la ley y su expresividad festiva constituyen su peculiaridad. Esa peculiaridad retrasa el proceso de su asimilación a un contexto que siempre objeta y teme los caracteres de su otredad sociocultural. En este sentido, la salsa es un producto estético que expresa una experiencia muy específica de vida que, paradójicamente, es también reivindicada como propia por todo el Caribe hispano. La salsa ha sabido conmover otros sentidos del gusto fuera de su circuito principal. Vale entonces preguntarse, ¿dónde reside su poder abarcador?

---

19. «Todo el mundo tiene lo que le va / pero no todo el mundo lo entiende. / Siempre husmeando en vano / para llegar a la conclusión de que hay cosas que más vale evitar. / Pero no te preocupes, / no te preocupes, cariño, / porque yo estaré a tu lado / cuando eches una ojeada. / Dicen que tu estilo de vida es malo / y que es mejor que te vayas a otra parte. / Pero no te sientas tan mal / cuando esas cabezas sonrientes se burlen de ti». Wonder, Stevie (1973): *Innervisions*. Tamla Motown, 530 035-2.

1.10. La onda expansiva de la salsa

Al comienzo del punto 1.8., al referirnos al barrio latino en tanto que ambiente inspirador de la salsa, apuntamos que el barrio latino neoyorquino es producto de un muy peculiar caso de migración interna que ha tenido lugar en el marco de la sujeción de Puerto Rico a Estados Unidos a través de la fórmula jurídica Estado Libre Asociado. A despecho de que los puertorriqueños no tengan restricciones para viajar al continente, hemos podido ver que la migración masiva de boricuas a Nueva York ha estado signada por profundos traumas socioeconómicos y étnicos con claras repercusiones políticas. Una primera pista para explicar la compatibilidad de la salsa con respecto a las realidades culturales de otros países latinoamericanos podría residir en el hecho de que, durante la segunda mitad del siglo XX, todos los países latinoamericanos se encauzaron hacia una modernización de la que beneficiaron, sobre todo, las principales aglomeraciones urbanas. Por lo tanto, el desplazamiento de grandes contingentes humanos del campo hacia la ciudad ha sido un fenómeno generalizado.

Este proceso de modernización asimétrico ha generado contrastes profundos entre la cantidad de personas que viven en los centros urbanos y las que viven en las áreas rurales. La variable principal para la ocurrencia de este fenómeno es económica. Para mediados de los años ochenta, Bairoch (1985, p. 570) señalaba que mientras la industria cancelaba el 80% de los salarios mundiales, los empleos agrícolas apenas pagaban un 15%. La diferencia general entre salarios industriales y agrícolas podía fluctuar entre el 100 y el 200% aun cuando la brecha efectiva debía ser de entre el 60-120%. Para entonces el autor apuntaba que la situación no había mejorado en absoluto desde comienzos de los setenta.

Restringiendo sus reflexiones a la realidad latinoamericana, Bairoch advertía que la población urbana de América Latina equivalía en 1920 al 20,3%, mientras que en 1980 era del 63,1%. En 1900, el subcontinente concentraba el 13% de la población urbana del mundo, mientras que en 1960 concentraba un 30%. Su tasa general de urbanización superior equivalía al 80%, 14 puntos porcentuales por encima del promedio de los países industrializados (Bairoch, 1985, pp. 551 y 553).

Desde luego, las poblaciones rurales latinoamericanas y su descendencia no se han amalgamado a la dinámica de la ciudad sino que, como en el caso del barrio puertorriqueño, han evolucionado como incrustaciones premodernas. De allí que la mayor parte de esos contingentes ocupen espacios sociales degradados o no aptos para la concentración humana que poseen las características que Duany predicaba al barrio *nuyorican*: limitaciones económicas, aislamiento ecológico, provincianismo, informalidad, inestabilidad familiar, violencia y deterioro físico (Duany, 1992, p. 80). Por ejemplo, el proceso sociohistórico de la pobreza venezolana y sus secuelas perceptibles ofrecen puntos de contacto con la pobreza característica del barrio neoyorquino.

El afán modernizador de la economía y de la sociedad en su conjunto, tanto en Venezuela como en Puerto Rico, se planteó desde la necesidad de convertir el aparato productivo de ambos países en una industrialización que, socavando la importancia de la economía agraria (erróneamente asociada con la premodernidad), concentró en las ciudades las principales fuentes de empleo y, por añadidura, las congestionó. En su trabajo sobre la salsa como fenómeno sociocultural en Venezuela, Escalona subraya el rol del *boom* petrolero como elemento financiador de un desarrollismo asimétrico que supuso la alteración de las claves del gregarismo tradicional e insufló un afán desmedido de consumo. Este proceso se llevó a cabo a lo largo de la siguiente secuencia histórica: en 1910, un 79% de las exportaciones venezolanas consistían en café y en cacao, mientras que el petróleo representaba el 0% de los ingresos; en 1915, el café y el cacao no alcanzaban sino el 15% del total de los ingresos mientras que el petróleo ya concentraba un 83%. Este cambio anunció la tendencia de la economía nacional a lo largo del siglo:

> La estructura interna del país sufrió las repercusiones, como, por ejemplo, la aceleración de la emigración del campo a la ciudad. De este modo, «en 1926 sólo 15% de la población vivía en las ciudades; diez años más tarde, en 1936, 36% se encontraba en las ciudades […]». Este movimiento hacia los centros petroleros y el abandono del campo permitió que «surgieran nuevas clases y categorías: los primeros grupos proletarios venezolanos y los sectores ascendentes asociados a la actividad industrial […]». Este proceso se aceleró con la concentración en las ciudades de las nuevas empresas que administraban esta actividad

> económica. Fue sobre todo la capital [...] la que conoció un crecimiento demográfico considerable en comparación con las otras ciudades del país. Otra repercusión fue la penetración en la cultura tradicional de elementos materiales de la cultura moderna [...]. Este modernismo divulgó un nuevo *estilo de vida* [...], nuevos comportamientos sociales y *nuevas necesidades, estimulantes del consumo* [...] (Maza Zavala y Brito Figueroa, cp. Escalona, 1996, pp. 89-90).

La velocidad del desarrollismo dejó como consecuencia una huella tangible: la cultura del petróleo, en la que

> la aculturación operada por la adquisición rápida y brutal de [...] valores [modernos] provocó el nacimiento de una «nueva manera de ser venezolanos, que [alteró] la cultura de los sectores populares de la ciudad. Convertidos en ciudadanos urbanos, los habitantes de estos sectores [asimilaron] comportamientos que los [acercaban] al «mundo moderno» [...]. El Estado venezolano, redistribuyendo al resto de la economía los recursos petroleros, [incitó] la creación de empleos de tipo terciario y de servicios. Los sectores populares de Caracas, hacia los años cuarenta, se formaron con un proletariado que daba sus primeros pasos en el desarrollo industrial, con todas las dificultades que suscitaron la ausencia de planificación urbana, la carencia de ayuda social, etcétera, en las estructuras demográfica y social (Escalona, 1996, pp. 90-91).

En este contexto, aquellos grupos absorbidos en el cuadro de empleos más calificados de la estructura industrial detentaron los mayores niveles de ingreso y se distanciaron de los grupos más desaventajados. Así, se estableció un estándar de consumo de clase media que, sin embargo, creó una aguda estratificación social. Esa estratificación definió criterios de distinción social que fueron absorbidos por productos culturales tales como la salsa, asumida no sólo en el Nueva York latino sino en todo el Caribe como la música correspondiente a las clases sociales más bajas.

A este respecto, Santos Febres, luego de señalar los reparos de su propia familia, clase media puertorriqueña, frente a la manera de hablar de los cantantes de salsa, advierte que esta música definió dos categorías de público: el correspondiente al barrio (*insiders*) y el que se encuentra fuera de él (*outsiders*) (Santos Febres, 1997, p. 186). Por su parte, Aparicio, en un trabajo sobre la salsa emprendido desde una óptica feminista, muestra los resultados de una serie de entrevistas realizadas a 18 personas de origen latino y destaca las respuestas de un venezolano de clase alta, cuya familia deploraba de la salsa. La autora encuentra en esta respuesta un prurito de diferenciación social que le permite introducir su propio testimonio: «De hecho, mi propia educación en Puerto Rico se caracterizó por la negación por parte de mis padres de los valores sociales o culturales de la salsa» (Aparicio, 1998, p. 204).

El escritor colombiano Andrés Caicedo se aprovechó justamente de los escrúpulos de la clase media y alta latinoamericana contra la salsa para, en 1977, proponer una ficción literaria que impugnaba la confusión y la hipocresía de los grupos sociales más aventajados, regionalistas y conservadores de su ciudad. Su novela *¡Que viva la música!* cuenta varias noches de farra de una adolescente blanca y rubia del norte de la ciudad de Cali -donde viven la clase media y media alta-, María del Carmen Huerta, la «siempreviva», cuya voz se impone desde el primer párrafo para darnos datos sobre su extracción y sobre las expectativas que su familia ha depositado en ella: salir del Liceo Belalcázar y entrar a estudiar arquitectura en la Universidad del Valle, donde ha sido la segunda en el examen de admisión. Sin embargo, la respuesta de María del Carmen contraría lo que se espera de ella: forma parte de un grupo de jóvenes de izquierda que se reúne a estudiar *El capital* y está poseída por un ansia de rumba que la abandona a los límites de sí misma –«Desearía que el estimado lector se pusiera a mi velocidad que es energética» (Caicedo, 2008, p. 25)– y de sus propias valoraciones sobre lo admirado y lo deplorado, sobre lo negativo y lo positivo, sobre lo masculino y lo femenino. *¡Que viva la música!* absorbe el habla coloquial de una caleña que siempre cuenta en estados alterados: no siente apetito pero bebe alcohol sin tregua; el cansancio no es nada que no se pueda solventar aspirando cocaína; el control de la euforia no es nada que no se pueda garantizar fumando marihuana o tragándose una pastilla de Valium 10, Mandrax, Mequelón, Apacil, Nembutal o Diazepan o aspirando Ritalina. El hastío ante la sexualidad predecible de los hombres admite el flirteo-desprecio con otra muchacha, Mariángela, la rival de sus noches.

Al comienzo del libro, María del Carmen es una perfecta ejemplar de la clase media *conectada* con los productos de la cultura pop anglosajona y con los despojos de la contracultura *hipster*. Con un grupo de amigos, camina hacia una fiesta a través del Parque Versalles. Tiene un fugaz amante estadounidense, Leopoldo Brook, quien también vive en el norte y que está al tanto del repertorio en estéreo del rock anglosajón. Esnifan cocaína y oyen música doce horas (los Beatles, Eric Clapton, Grand Funk, Rolling Stones, Chicago...) y, a través de un contacto de Leopoldo, María del Carmen se entera de una «inmensa rumba» en otro sector de Cali, Miraflores. Vestida de flores y a la vista asombrada de los que bailan en la fiesta –que la reparan en su desfachatez ante los hombres, como la «Amparo Arrebato» de la famosa canción de Richie Ray y Bobby Cruz; de hecho, Amparo Arrebato fue un homenaje de los músicos a una mujer caleña, Amparo «Arrebato» Ramos, una joven mestiza, apasionada por el baile, que vivía en el barrio de San Nicolás y que se movía entre bares y clubes nocturnos donde había mujeres fáciles o prostitutas (Waxer, 2002, p. 83)–, María del Carmen conoce y se enamora de la salsa. Enlaza con otra fiesta, se acuesta con desconocidos y su voz se confunde con la de los soneros de la salsa neoyorquina (particularmente Richie Ray y Bobby Cruz). Se turna entre bailadores y entre otros hombres que le ofrecen más alcohol, más droga, más sexo y más salsa. En su éxtasis, reniega de su pasado reciente. La rumba la hace pasar del marxismo antiimperialista a un rechazo visceral de todo aquello que suene en inglés: «¡¡Abajo la penetración *cultural yanky*!! [...] Acabo de descubrirle la salsa a la astilla. Hay que sabotear el *Rock* para seguir vivos» (Caicedo, 2008, pp. 112 y 114; itálicas en el original). Sólo el sonido de este nuevo repertorio –que no el de las orquestas locales de «sonido paisa», «hecho a la medida de la burguesía, de su vulgaridad» (Caicedo, 2008, p. 148)–, con su ataque pendenciero, su percusión agresiva y la brillantez de sus vientos metales, están en sintonía con el filo de sus emociones.

Se hace amante de un pinchadiscos pobre, Rubén Paces, que trabaja en una discoteca móvil para fiestas: Ritmos Trasatlánticos. Su cuarto está lleno de discos y de afiches de estrellas de la salsa. Los amigos de Rubén son vagabundos de esquina, mariguaneros y borrachos carismáticos con quienes ha vivido la experiencia única de ver y conocer a los héroes de Cali, el *nuyorican* y el puertorriqueño Richie Ray y Bobby Cruz. Rubén es tan militante de la salsa que cada diciembre manda imprimir afiches celebrando el sentimiento afrocubano y lanzando vivas a Puerto Rico libre (Caicedo, 2008, p. 148). Rubén también le presenta a Bárbaro, un artesano antiyanqui del Parque de las Piedras, quien lleva María del Carmen a un lugar más allá del río Pance, donde, sobre bostas de vaca, crecen hongos alucinógenos. A sabiendas de que los que los gringos son muy adeptos a esta experiencia psicotrópica, Bárbaro los ataca, los roba y los somete, fechoría en las que María del Carmen participa y en las que conoce a María Iata Bayó, una puertorriqueña pareja de uno de los gringos aborrecidos por Bárbaro con quien come hongos alucinógenos y tiene un encuentro lésbico. Mientras las mujeres se procuran placer, Bárbaro presencia el espectáculo y, después, apuñala al turista.

Al final de la novela, incapaz de volver a su casa, María del Carmen resuelve sobrevivir como prostituta. Tiene un primer cliente que muere en pleno orgasmo. La experiencia le sirve como breve escarmiento que, sin embargo, le permite sacar varias conclusiones: que, a pesar de las comodidades materiales de su abúlica vida de burguesa criolla, la vida popular de la rumba salsera es la única digna de ser vivida y la única que le hace justicia a su ciudad y a su propia identidad; y que, antes de madurar, conformarse y envejecer, más vale la muerte: «No accedas al arrepentimiento ni a la envidia ni al arribismo social. Es preferible bajar, desclasarse; alcanzar, al término de una carrera que no conoció el esplendor, la anónima decadencia» (Caicedo, 2008, p. 200).

El Caicedo de *¡Que viva la música!* comprendía la repulsa de la burguesía caleña contra la salsa como síntoma de una alienación cultural que él mismo rechazaba visceralmente (después de todo, María del Carmen Huerta era su álter ego: Caicedo se suicidó tragándose sesenta pastillas de secobarbital una semana después de que la novela saliera de imprenta). Sin embargo, quizás uno de los mayores méritos de su texto es el punto de vista que adopta: el de una mujer joven que se rebela contra los valores de la sociedad patriarcal en la que vive e, incluso, contra el machismo y misoginia a ultranza del medio y de la canción de salsa. A pesar de su debilidad por los excesos, María del Carmen Huerta interpreta positivamente la música: su furor hedonista le permite neutralizar la misoginia salsera para abandonarse sin remordimientos a los placeres corporales del baile, las drogas y el sexo.

En su periplo dionisíaco, la narradora también une las disparidades de Cali, una típica ciudad latinoamericana polarizada en el que el barrio es oposición y amenaza del sector urbano de clase media. Esta realidad urbanística, cultural y sociopolítica ha sido empleada por Febres Santos para fijar, en primer término, su dicotomía de *insiders* y *outsiders*, a la que nos referimos antes, y también para configurar la dimensión colectiva e impugnadora del público de la salsa:

> [...] la «puertorriqueñidad» no es el significante que domina en la salsa. Es el pueblo, es decir, la «pueblidad»[20]. Esta identidad coexiste con identidades nacionales en la forma del soneo. Mezcla tradiciones, se mueve libremente entre ellas [como María del Carmen Huerta se mueve libremente entre barrios ricos y pobres en Cali] y elige elementos para, de manera pragmática, resaltar mensajes y sentimientos particulares. No busca la construcción de ninguna estructura de poder, sino intentos para abrir nuevos espacios de improvisación [en los que se puedan insertar] actos de violencia que la cuestionen, la repelan o amenacen los límites de cualquier estructura (Santos Febres, 1997, p. 179).

Fue esa interpretación «colectivista» la que Caicedo celebró en pleno *boom* de los años setenta. Para ello, planteó una confrontación, en primer término, contra la inercia de la elite criolla de su propia ciudad y, en segundo término, contra el modelo marianista de mujer. Creó otra María que asume la salsa con impulso fanático de «intensidad terrorista» (Duchesne Winter, 2009, p. 51). Duchesne Winter también resalta su asombro al leer la obra de Caicedo puesto que el autor acepta el

> reto de la música salsa y de ese mensaje subterráneo, terriblemente dionisíaco del género que él se atrevió a ver y supo enfrentar como auténtico evento de comunicación, con lucidez superior a la de tantos apólogos culturalistas del «ritmo» (Duchesne Winter, 2009, p. 4).

Como todo movimiento cultural importante, la salsa no sólo ha ayudado a levantar la conciencia de clase de la audiencia familiar del

20. En su traducción particular de este término, Washburne acuña el barbarismo «pueble», que no nos parece comprensible en español (2008, p. 39).

barrio latino, sino que ha puesto al desnudo –y ha ayudado a cauterizar– los reparos de distinción social que siguen minando la convivencia sociopolítica latinoamericana y caribeña. No fue sino a finales de los años ochenta y comienzos de los noventa cuando la salsa se asentó como un estilo musical susceptible de ser legitimado a los ojos de las clases medias que en los años setenta despotricaban abiertamente de ella. La lucidez inmediata de Andrés Caicedo reveló a sus lectores el carácter abarcador de este movimiento para absorber, dejarse influenciar y complacer a su público. La misma María del Carmen Huerta admite «haber perdido el tiempo desandando un camino que ya había ganado cruzando una sola calle» (Caicedo, 2008, p. 11), la que lleva al consenso hedonista, familiar y potencialmente solidario de la salsa.

Veremos en el tercer capítulo que la salsa, así como erigió un sentido de orgullo e identidad a las personas que habitaban en el barrio, suscitó grandes reticencias sociales que, incluso, fueron en detrimento de su vida comercial.

La estética y el imaginario de la salsa brindan insumos para reflexionar sobre las particularidades e implicaciones de la sensibilidad latinocaribeña contenida en el espacio social del barrio latino y en su compatibilidad con los valores de esa modernidad ideal que los líderes latinoamericanos del desarrollismo asociaron con una industrialización intensiva, contrapuesta a la evolución de su gentilicio dentro de un marco de referencia conformado por modos de obrar endógenos. Sin embargo, la alteridad puesta de manifiesto por la salsa, «contribución del Caribe a la alegría del mundo»[21], involucra una matriz que ha sido comercialmente aprovechada en el marco de una racionalidad moderna y con arreglo a fines. Es justamente a las primeras tentativas para aprovechar el hedonismo festivo del barrio latino a lo que nos referiremos en el próximo capítulo.

21. Tal es el parecer del antropólogo haitiano Gérard Pierre-Charles (cp. Quintero Rivera, 1998, p. 13).

Capítulo 2
Urbanización y mediatización: la red latina de Nueva York y el origen de la salsa

La maduración del concepto comercial «salsa» durante los años sesenta y su empleo sistemático a partir de comienzos de los setenta absorbió en una sola palabra el espíritu y la complejidad cultural del barrio latino. Desde principios de los sesenta, un grupo fonográfico especializado, Fania, fundado por el abogado Jerry Masucci y por el músico Johnny Pacheco, desarrolló un *gimmick* que homologó el espíritu de ritmos afrocaribeños diversos. No obstante, esta empresa habría sido imposible sin la existencia en Nueva York de un ambiente latino, ambiente que no sólo se conformó mediante la manifestación cultural espontánea de esa «región moral» que es el barrio latino, sino a través de tentativas previas de comercialización de una matriz de sensibilidad afrolatina.

Desde el inicio de sus operaciones, en 1964, el grupo Fania pudo permitirse dar por sentado el carácter urbano de los ritmos afrolatinos –sobre todo de los ritmos afrocubanos asumidos como propios por los puertorriqueños de Nueva York– y comenzó a construir un catálogo de música. Ahora, ¿por qué el patrimonio musical afrocubano y no la bomba y la plena, los géneros más importantes del acervo musical puertorriqueño, crearon el contorno de la salsa? En este capítulo se asume la existencia de un modo de vida latino caribeño, aportado por la comunidad puertorriqueña, y se repasa como éste nutrió la atmósfera urbana de la ciudad de Nueva York. Así, se estudia el carácter de las estéticas musicales representativas de este modo de vida, su poder generador de iniciativas mediáticas de comercialización de la música afrolatina entre empresarios provenientes por lo general de la comunidad israelita de la ciudad, el perfil del empresario «tipo» especializado en este producto, la formulación de una estética a imagen y semejanza del modo de vida del barrio latino y las influencias que éste absorbió de las estéticas y las experiencias de vida de la comunidad afroamericana, y, por último, los ingredientes y precedentes que hicieron posible el desarrollo del concepto comercial «salsa».

2.1. La salsa como «resignificación»

Uno de los hechos más curiosos de la alteridad de la identidad puertorriqueña es, justamente, que la salsa ni siquiera parece haber tomado como punto de partida ninguno de los ritmos típicos puertorriqueños, la bomba y la plena. Manuel comprende la salsa como el signo de renovación del significado de la música afrolatina, bajo la égida del son cubano, entre las comunidades latinas –sobre todo puertorriqueñas– de Nueva York. La salsa pondría en evidencia un proceso de «resignificación» que habría entrañado la reinterpretación de las tradiciones musicales afrolatinas (y principalmente afrocubanas) en tanto que resaltadoras de «la identidad étnica y de clase frente a la explotación social, económica y política» (Manuel, 1994, p. 271). Manuel adelanta esta tesis luego de proponer un plan de estudio que contempla la salsa como género en sí mismo, como apropiación de la fuente musical afrocubana por los puertorriqueños (apropiación que el autor inscribe dentro de un proceso histórico que comienza alrededor del año 1900), como género estéticamente diferente de la música afrocubana de los años cincuenta, y, por último, como producto de un fenómeno de resignificación (Manuel, 1994, p. 264).

No obstante, Quintero Rivera advierte que el pretendido dominio del son en la música que, a principios de los años setenta, se conoció como salsa es más una convención que se ha instituido por inercia divulgadora que una verdad efectivamente comprobable. En este sentido, el autor se remite a un trabajo de Montalvo (1978), quien, a través del desmontaje de más de cien piezas de salsa a mediados de los setenta, logró despejar que la salsa se inspira casi tres veces más de ritmos afrolatinos tales como el guaguancó, la bomba o la guaracha que del son afrocubano (cp. Quintero Rivera, 2008, p. 200)[1]. En este mismo enfoque, Quintero Rivera pondera la apreciación del músico Willie Colón, quien ha expresado que podía pasarse toda una noche tocando sin hacer en ningún momento referencia al son.

Si el rastreo de estéticas musicales en la salsa permite relativizar el peso del son, es cierto, sin embargo, que el aporte del filón afrocubano detenta un peso determinante en el movimiento de la salsa. Ahora bien, lo afrocubano no se expresa en la salsa como forma pura. La reivindicación de las estéticas afrocubanas como formas de representación del modo de vida urbano del barrio neoyorquino implicó cambios estéticos significativos en los patrones originarios. Estos cambios pudieron incluso suscitarse vía las músicas tradicionales puertorriqueñas, cuyos elementos estilísticos fundamentales pueden esbozarse de la siguiente manera.

La bomba es un estilo musical que consiste en una repetición melódica sobrepuesta a una base rítmica realzada por instrumentos de percusión que siguen una distribución articulada en compases de dos tiempos. La voz del cantante se destaca mediante el uso de onomatopeyas congruentes con las pulsaciones del ritmo y los textos de las canciones –cuya importancia es más fonética que semántica– se escriben para reforzar el sentido del ritmo. La dotación básica del grupo de plena consiste en dos tambores (llamados, justamente, bombas), una clave y una maraca (Duany, 1992, p. 76).

Por su parte, la plena consiste en un tipo de canción en la que el canto del solista alterna con el del coro en el estilo antifonal característico de la mayoría de los géneros del África occidental (como en la sección del «montuno» de la canción de salsa). Se presenta improvisación

1. La referencia de Quintero Rivera a Montalvo se inserta en una lectura crítica de la traducción al inglés del clásico de Rondón (1980).

tanto rítmica como lírica y se emplean textos en cuarteta o en sextilla que pueden contener un tono político satírico y beligerante. Suelen utilizarse melodías diatónicas e, incluso, de fraseo distribuidas en ocho pulsaciones y dispuestas en compases dos tiempos. La dotación de la orquesta retoma la convencional de una orquesta de danza e incluye dos panderos (Duany, 1992, p. 76).

Las dos formas musicales comentadas tienen una carga lúdica, la misma que los músicos puertorriqueños de Nueva York imprimirán a sus interpretaciones de salsa, género polirrítmico que, aun cuando incluye cadencias de bomba, de plena y de otros ritmos latinoamericanos de raíz afro, se apoya, sobre todo, en la tradición musical afrocubana.

La bomba y la plena fueron cultivadas por los contingentes campesinos que fueron llegando a Nueva York desde comienzos del siglo XX. Durante los años veinte y treinta del siglo pasado se radicaron en Nueva York célebres músicos insulares como Mateíto Pérez, Manuel «Canario» Jiménez y Rafael Hernández, todos cultores de estos géneros. Canario, integrante del Trío Borinquen dirigido por Rafael Hernández (quien despidió a Canario de su grupo debido a que éste se ausentaba de Nueva York con frecuencia porque trabajaba para la marina mercante), fue el cantante de una plena consciente de las duras condiciones de vida de los inmigrantes puertorriqueños en Nueva York, «El Home Relief», una canción satírica que alude a la dependencia de los puertorriqueños pobres a los programas de asistencia social en el Nueva York de la Depresión (Glasser, 1995, p. 185). «El Home Relief», modelo de la típica canción de plena afincada en la realidad, remarca el perfil de los habitantes del barrio latino y contribuyó, desde la primera mitad del siglo XX, a formar la conciencia de clase de los puertorriqueños en Nueva York, conciencia que la salsa reforzará y consolidará más tarde. En lugar de nostálgica, sentimental o romántica, los textos de la plena se refieren a los aspectos de la precaria vida material de los miembros de la comunidad puertorriqueña, pretexto para dirigir críticas acerbas contra los círculos del poder político y económico (v. Glasser, 1995, pp. 173-177). En la misma tónica, pero esta vez en la propia isla, la migración masiva de puertorriqueños a Nueva York fue objeto de las plenas satíricas compuestas por otro célebre «plenero», Bumbún Oppenheimer (Duany, 1992, p. 76).

Por su parte, Rafael Hernández, uno de los más apreciados compositores de canciones latinoamericano, fue considerado el obrero más famoso del Spanish Harlem. A él se debe un repertorio emblemático que incluye las canciones «Silencio», «Campanitas de cristal», «Ausencia», «Cumbanchero» y el que se considera como el himno sentimental de los puertorriqueños, «Lamento borincano», que narra las vicisitudes durante la Depresión de un campesino que lucha para vender su mercancía en la plaza de un pueblo. Debido al estatuto político de Puerto Rico y a su relación con Estados Unidos, la canción ha sido popularmente interpretada como un canto de resistencia insular.

¿Por qué no fueron la bomba y la plena los ritmos fundadores de la salsa, tomando en cuenta que ésta es la música representativa de la experiencia puertorriqueña en Nueva York? Quintero Rivera señala que tanto la bomba como la plena son manifestaciones de los «tiempos ancestrales de la plantación» y del «proletariado nómada» (1998, p. 98). Este último elemento incorpora una importancia medular, si no ya en la salsa como producto estético consumado, sí en el espíritu que la anima. No obstante, el análisis musicológico coincide en subrayar que los rasgos estéticos de la bomba y la plena no alcanzaron a sintetizar los aspectos más complejos de la vida *nuyorican*. Los arcaísmos presentes en ambas formas musicales evocaban una vida pasada en Puerto Rico pero no se proyectaban hacia el futuro. Y aunque bombas y plenas hayan sido grabadas en Nueva York esporádicamente, no se integraron sin dificultades a la oferta de la radio. La sofisticación y cosmopolitismo de la música afrocubana habrían influenciado las tradiciones musicales de todo el Caribe desde el siglo XIX, exportando influencias a la música clásica. Según Sublette, La Habana antecedió a Nueva York en importancia dentro de la industria del canto lírico y, a finales de los años cuarenta del siglo XIX, sólo La Habana y Nueva York contaban con compañías de ópera italianas. En ese circuito, el más poderoso productor de espectáculos era el catalán Francisco Marty y Torrens, Pancho Marty, quien quiso aumentar el prestigio de la Compañía de Ópera de La Habana con presentaciones en otra gran ciudad (Sublette, 2004, pp. 143-144).

Además, el desarrollo de la música culta en La Habana se dejó influenciar por la africanía del ritmo, que incorporó patrones como el cinquillo o ritmo de «habanera», legado de los músicos negros y mestizos que interpretaban la contradanza en las orquestas que complacían a la burguesía azucarera de comienzos del siglo XIX en Cuba (Sublette, 2004, p. 132). Este ritmo fue el que dio forma a la pulsación de la famosa habanera de la ópera *Carmen,* «L'amour est un oiseau rebelle» (el mismo del tango argentino), y formó también la intuición rítmica de quien se estima como el primer compositor clásico de Estados Unidos: el oriundo de Nueva Orleans, Louis Moreau Gottschalk. Pese a que Gottschalk viajó a La Habana y se familiarizó con la música de esa urbe, su proceso personal de adquisición de una destreza rítmica de lo que Quintero Rivera llama «músicas mulatas» no sólo se llevó a cabo «por exposición» sino a través de un proceso más orgánico: su abuela y su nana negra habían escapado de la insurrección esclavista haitiana a finales del siglo XVIII (2009, pp. 147-148), y por tanto él había experimentado el mestizaje de la música caribeña de origen africano. En suma, la música afrocubana tenía impresa desde el siglo XIX un sello de legitimidad dado no sólo por su infiltración en el repertorio clásico, sino por el tráfico de influencias entre Nueva York, Nueva Orleans y La Habana. La «autoridad» del acervo musical afrocubano en Nueva York es quizás lo que hace decir a Manuel (1991) que, a pesar de la popularidad de la bomba y la plena en las comunidades puertorriqueñas de Nueva York durante los años veinte y treinta, el esquema rítmico de la clave era considerado eficiente siempre y cuando se ajustara a la proporción afrocubana (Manuel, 1991, pp. 258 y 265).

La cuestión de la importancia relativamente menor del acervo cultural puertorriqueño ha sido un punto de disensión entre especialistas en la materia. Mientras que Rondón afirmaba hacia comienzos de los años ochenta el valor de la bomba y la plena en la salsa neoyorquina (e incluso en la venezolana [*sic*]) (1980, p. 171), catorce años más tarde Manuel refutaba categóricamente sus propósitos:

> [...] Rondón, por ejemplo, afirma que a mediados de los años setenta la bomba y la plena se convirtieron en géneros sólidamente integrados a la salsa, no sólo en Puerto Rico sino en Nueva York [...]. Esta afirmación no se sostiene. La plena y la bomba, incluso en sus modalidades de salón, no se difunden

> prácticamente nunca en la radio latina de Nueva York, excepto en ocasionales emisiones de nostalgia, en las que se presenta, por ejemplo, la música de Cortijo. Rara vez ellas son tocadas en los clubs (Manuel, 1994, p. 265, traducción nuestra).

Más lejos en el mismo artículo, el autor agrega:

> El atavismo más importante de la música de los jíbaros [campesinos puertorriqueños] es el uso de las sílabas «le-lo-lai» por los cantantes puertorriqueños y *nuyoricans* (Manuel, 1994, p. 265, traducción nuestra).

Otros autores matizan la cuestión y, si bien no plantean la bomba y la plena como soportes estéticos de la salsa neoyorquina, resaltan su presencia subliminal. A través de análisis musicológico, Quintero Rivera (1998) constató que la salsa incluye, tanto diacrónica como sincrónicamente, ritmos latinoamericanos diversos y que los arreglos melódicos de la orquesta de salsa pueden incorporar ritmos específicos extraídos de fuentes musicales diversas, entre ellas la bomba y la plena[2]. No obstante, el sonido de la música puertorriqueña es menos perceptible para un oído profano, aunque algunas bombas –como «El día de mi suerte», interpretada por Willie Colón y Héctor Lavoe– se hayan convertido en éxitos de salsa.

Ahora bien, ¿qué elementos hacían que los ritmos afrocubanos se acoplaran al modo de vida latino de Nueva York? ¿Qué se hallaba detrás de la moda latina afrocubana del Nueva York de los años cuarenta y cincuenta? ¿Puede considerarse que esta moda motivó las actividades de una red mediática latina en Nueva York? ¿De qué manera estas primeras iniciativas de mediatización de lo latino influyeron en las actividades ulteriores del sector de la industria fonográfica especializada en salsa, consciente del valor festivo del modo de vida del barrio?

---

2. Mayores desarrollos sobre este punto pueden encontrarse en el segundo capítulo de nuestro libro anterior: Tablante, Leopoldo (2005): *Los sabores de la salsa. De la rumba brava a la fiesta mansa: de Héctor Lavoe a Jennifer López.* Caracas: Ediciones del Museo Jacobo Borges.

2.2. Mambo, chachachá y son como estéticas musicales urbanas

2.2.1. *El mambo y el chachachá*

Como Puerto Rico, Cuba también fue objeto de pugna durante la Guerra Hispanoamericana y, desde el final de esta conflagración y hasta 1958, la isla y Estados Unidos mantuvieron estrechas relaciones fundadas en lo comercial. Estas relaciones permitieron que el tropicalismo cubano se integrara al imaginario estadounidense mediante el poder diseminador de los medios de comunicación de masas.

En 1930, Justo «Don» Azpiazu y su orquesta Casino de La Habana irrumpieron en Nueva York con su versión de «El manisero», canción escrita por Moisés Simons y que ya contaba con una versión previa, grabada entre 1927 y 1928 por la cantante cubana Rita Montaner. La comercialización de la versión grabada por la Casino de La Habana fue retrasada durante meses por el sello RCA Victor desde la precaución de que el exotismo del ritmo podía inhibir la sensibilidad de la audiencia angloamericana. Sin embargo, el pregón cantado por Antonio Machín se transformó, a comienzos de 1931, en un éxito de costa a costa (Díaz Ayala, 1988, pp. 238-239) y en objeto público de elogio y detracción. El comentarista de prensa Walter Winchell, por ejemplo, resaltaba su carácter primitivo y poco original: «la melodía, si eso es lo que es, es una lamento plañidero que imita el *Bolero* de Ravel», decía (cp. Roberts, 1999, p. 77). No obstante, a pesar de estimaciones peyorativas como ésta, «The Peanut Vendor», con su imagen, su sonido y su ambiente de vaudeville constituyó una primera imagen del Caribe hispano en un Nueva York que se encontraba en pleno proceso de cincelar su perfil de rascacielos.

Ese imaginario latino no haría sino volverse más y más popular. Una escena de la película *The Asphalt Jungle* (John Huston, 1950) presenta, por ejemplo, a una inexperta Marilyn Monroe –en el rol de Angela Phinlay– que no sabrá contener su emoción cuando su amante, un abogado corrupto y arruinado, le anuncie un viaje a La Habana y le pida renovar su traje de baño.

El mito turístico cubano en Estados Unidos instauró un intenso intercambio artístico entre La Habana y Nueva York. Durante los años treinta, un cubano instalado en Nueva York, Mario Bauzá, trompetista de las orquestas de Chick Webb –el músico que lanzó la carrera artística de Ella Fitzgerald– y de Cab Calloway, fue quien cedió su puesto en la agrupación de este último a otro colega trompetista, Dizzy Gillespie. Gillespie, músico censurado por los directores de orquesta en los tiempos de las *big bands* debido a sus excesos de inventiva –en la orquesta de Calloway le fue permitido interpretar un solo apenas una vez (Carles, Clergeat y Comolli, 1991, p. 75)–, fue quien, después de escuchar la canción «Tanga», melodía de jazz tocada en ritmo afrocubano, compuesta por su amigo Bauzá, se acercó a la cadencia afrolatina. A través del propio Bauzá, Gillespie entró en contacto con el percusionista Luciano «Chano» Pozo. La colaboración entre ambos hizo evolucionar los límites del bebop hasta llegar a lo que se llamó cubop, nombre que se atribuyó a los experimentos afrocubanos en el marco del jazz afroamericano.

Gillespie y Pozo sólo grabaron una vez, ocasión de la que data la versión original de la canción «Manteca». Pozo murió apuñalado justo después en un altercado con su *dealer* de drogas. Este suceso violento no se desvincula del nombre escogido para la canción, que da cuenta de la realidad urbana del barrio latino: «Manteca» no sólo aludía al imaginario gastronómico caribeño sino que habría sido uno de los nombres coloquiales que los latinos de Nueva York otorgaban a la droga de los *jazzmen*: la heroína.

El resultado de la colaboración entre Gillespie y Pozo es todavía considerado como un punto histórico, y en su momento representó un ejemplo de la evolución estética de la música afroamericana. El alto prestigio musical alcanzado por Gillespie –tanto por esa inventiva suya, que pagara tan cara en sus años de juventud, como por su falta de prejuicios al incorporar otras fuentes musicales afro a la música estadounidense– le permitió incluso obtener el voto de confianza del gobierno de su país, que en 1956 lo nombró promotor del jazz en los territorios de la exYugoslavia, Grecia y América del Sur (Carles, Clergeat y Comolli, 1991, p. 378). Detrás de este hito se esconden otros menos burocráticos pero más glamorosos. Por ejemplo, los arreglos rítmicos de la *big band* más elegante del Nueva York de los años cuarenta y cincuenta, la de Duke Ellington, se tornaron menos previsibles gracias a la presencia de un trombonista puertorriqueño, Juan Tizol, autor junto con Ellington e Irving Mills de la célebre canción «Caravan».

En tiempos en que las influencias rítmicas de la música afrocubana nutrían las música afroamericana, las grandes orquestas de chachachá y de mambo se dejaban seducir por la elegancia a lo Ellington. Estas orquestas, dirigidas por músicos latinos (Frank «Machito» Grillo, Dámaso Pérez Prado, Tito Puente o Tito Rodríguez, entre los más importantes), interpretaban ritmos afrocubanos recurriendo a los timbres desarrollados por las orquestas estadounidenses más grandiosas y comerciales, lo que impulsó el mambo, una música de raíz decimonónica, hacia la modernidad. Se considera que el creador del mambo es el cellista y contrabajista cubano Orestes López, integrante de la orquesta de danzón Arcaño y sus Maravillas, quien, en 1937, con el objetivo de conjurar el entusiasmo de los bailadores, creó, al final del danzón (derivado de la contradanza francesa a la que nos refiriéramos anteriormente, música de salón tocada en Cuba en el siglo XIX), una serie de motivos sincopados que se interpretaban con la flauta tercerola. No obstante, el mambo que desde 1949 popularizó Dámaso Pérez Prado –y que en Nueva York levantó las reputaciones de Machito y sus Afrocubans, Tito Puente y Tito Rodríguez– puede entenderse también como una fase más avanzada del «diablo» de Arsenio Rodríguez (García, 2006, p. 32), al que haremos referencia más adelante. La refracción del diablo hacia el mambo de la danzonera y su penetración en la escena latina de Nueva York se habría debido a una simple lógica de homología: era más fácil que la innovación de una orquesta conservadora fuera absorbida por otra del mismo registro.

Entre más o menos frívolas, las influencias de las *big bands* de swing estadounidenses sobre las orquestas afrolatinas fueron fundamentales. En el plano musical pueden mencionarse la adopción de la disonancia y la politonalidad en los arreglos. En lo atinente a la imagen de espectáculo, cuidados personales refinados y estrictos, aparte de indumentarias impecables (los músicos trajeados de *tuxedo* o *smoking*) que no escatimaban en colores llamativos y en brillo escarchado, con el objetivo de complacer el sentido del gusto del público blanco angloamericano. La pulitura espectacular de las orquestas afrolatinas se acompañaba a su vez de altos niveles de exigencia técnica y creativa que podía dar lugar a fuertes rivalidades. De esas pugnas da cuenta la célebre canción de la orquesta de Tito Rodríguez (interpretada por el mismo Rodríguez), «El que se fue no hace falta», que aludiría a la disputa ocurrida entre Rodríguez y Tito Puente por causa de la renuncia de este último de la orquesta de la que había sido percusionista. Puente dimitió para organizar su propia banda y, desde entonces, cada director se dio el objetivo de estudiar implacablemente el trabajo de su rival para componer temas pegajosos e impresionistas que humillaran a su contrincante ante su público.

En suma, el Nueva York de los años del *baby boom* encontró en las orquestas de mambo y de chachachá una evocación latina americanizada que metía en cintura esa presunta incontinencia de carácter que solía predicarse en Estados Unidos a los puertorriqueños en particular y a los latinos en general.

No obstante, a pesar de su sofisticación «americanizada», el mambo y el chachachá han sido útiles muchas veces a Hollywood para musicalizar escenas con fuerte carga violenta o libidinal. El mambo fue a menudo un sonido asociado con reacciones psicológicas y físicas violentas. En el melodrama de Douglas Sirk, *Written on the Wind* (1956), Marilyn Hadley, rubia angloamericana ninfómana y alcohólica interpretada por Dorothy Malone, provoca el infarto de su padre, un rico magnate petrolero de Texas, bailando lasciva y frenéticamente en su habitación un mambo de vientos metales ensordecedores. Mucho más tarde, en 1987, Patrick Swayze, en el rol de Johnny Castle (un profesor de baile de un club de verano que proponía entre sus atracciones clases de mambo y chachachá) vivirá una intensa aventura amorosa con Frances «Baby» Houseman (Jeniffer Grey) en una película, ambientada en los años cincuenta, que tendenciosamente se tituló *Dirty Dancing*.

Si el sonido y la imagen fastuosa de las *big bands* latinas de los años cincuenta podía ser la venia a través de la cual el puritanismo angloamericano, Hollywood mediante, se refería a los instintos sexuales humanos, los músicos latinos, guareciéndose en la diferencia lingüística, se permitían por su parte la composición de letras satíricas que, en lenguaje figurado, mezclaban un erotismo salpicado con una prudente dosis de misoginia hispana. Así, las parejas latinas y estadounidenses de las grandes salas de espectáculo podían bailar esta versión de un ultraje contra una muchacha virgen, interpretada por la orquesta de Machito:

> A Santiago se fue una mañana,
> era muy linda, muy linda y picarona,
> y regresó toda destruida,
> pero la pobre regresó sin telaraña;

o este consuelo de Tito Rodríguez a una mujer cándida luego de una primera experiencia de sexo oral:

> No estés tú tan triste,
> no debes llorar,
> no eres la primera
> que se ha comido un pan.

Pese a su costumbrismo erótico, tanto en el mambo como en el chachachá lo afrocubano adoptó tintes de sofisticación en las cuales las formas folclóricas (todavía ostensibles en el vodevil de «El manisero») se desvanecían. Ello contribuyó con la conformación de un imaginario y de una sensibilidad latina en Nueva York, tributarios de una tendencia instaurada por los propios hispanohablantes de la ciudad. Remitiéndose al trabajo de Glasser de 1995, Quintero Rivera señala que durante los primeros años del siglo pasado la comunidad hispana neoyorquina evitaba diferenciarse por nacionalidades. El término «latino» reunía a puertorriqueños, mexicanos, cubanos etcétera (Quintero Rivera, 1998, p. 304).

En suma, si las pretensiones espectaculares de las orquestas afrolatinas de los años cincuenta limaron asperezas y, en despecho de las escabrosas situaciones a que podían referirse, de alguna manera se adaptaron al *establishment*, no pasó necesariamente lo mismo con el son cubano, como lo veremos a continuación.

2.2.2. *El son montuno de Arsenio Rodríguez*

En 1952, el célebre tresista cubano Arsenio Rodríguez llegó a Nueva York con el propósito de operarse de una enfermedad ocular que lo mantenía invidente. El músico no sanó, pero, en cambio, permaneció en Nueva York, donde siguió tocando y componiendo.

Los aportes técnicos y estéticos de Rodríguez son importantes debido a su pasado africano, muy directo en su caso particular. Rodríguez era un negro cubano de tercera generación quien creció escuchando a su abuelo hablar en lengua conga, fonética que él más tarde adoptó para componer letras en bozal, es decir, un español impregnado por voces y entonación africanas (García, 2006, pp. 19-20). Invidente, el músico tenía una capacidad de penetración de los sonidos que, desde la conciencia de su otredad étnica, le permitió organizar la dotación orquestal llamada «conjunto», que consistía en dos cantantes principales (uno responsable de sonar la clave; el otro encargado de las maracas), dos trompetas, piano, tres, guitarra, bajo, bongó y tumbadora (García, 2006, p. 35). Aunque Rodríguez no fue el primer músico afrocubano que llamó conjunto a su grupo, su dotación se transformó, desde los años cuarenta, en un punto de referencia técnico. La sistematización del uso de las tumbadoras reivindicó la fibra africana de la música interpretada por el conjunto, lo que volvió estos instrumentos inseparables de la experiencia de espectáculo de la música afrocaribeña, luego absorbidos por el jazz y, desde finales de los años cincuenta, por otros géneros de música popular. Igualmente, Rodríguez incorporó al ensamble afrolatino el sonido metálico de la campana o cencerro (asociada con la campana *ekón* de la sociedad abakuá y con los implementos de la zarabanda y de Ogún, dios herrero; Sublette, 2004, p. 480), así como dos trompetas que, a diferencia de la que sonaba en el sexteto o en el septeto cubano, eran objeto de arreglos, como en los mariachis mexicanos o, incluso, en las grandes bandas de *swing* americanas. Si la naturaleza de percusión del cencerro permite aliarlo a una sensibilidad africana, las trompetas, en cambio, parecen más conectadas con una tecnología europea procedente de la tradición de bandas marciales que España cultivó en sus colonias del Caribe desde el siglo XVIII (Sublette,

2004, pp. 247-248). Sin embargo, para Rodríguez, este recurso tenía una función evocadora del sonido arcaico de los cuernos de animales o de los caracoles marinos usados en las rumbas de la costa de África occidental y que perviven, por ejemplo, en el sonido de los botutos soplados en el fragor de las fiestas de tambores del área centro-norte de la costa venezolana.

No debe subestimarse la dotación rítmica del formato orquestal del conjunto, que desde comienzo de los años sesenta –al final de la era dorada del mambo y el chachachá–, empezaría a sentar las bases de la orquesta de salsa de los años setenta. El son «montuno» (término en principio asociado con la raíz rural, «de las montañas», del son tocado a la manera de Arsenio Rodríguez, aunque también connotaba las clases bajas y negras de los solares urbanos) fomentó la presencia, en línea frontal, de una batería polirrítmica de instrumentos de percusión compuesta por un juego de tumbadoras, uno de timbales y platillos, un par de bongós más los instrumentos portátiles accesorios (claves, caja, cencerros, etcétera), lo que para Quintero Rivera (1998, p. 83) tiene una importante carga de irreverencia que catalizó el adelanto, por la sensibilidad musical mulata del Caribe, de la tradición musical europea, forjada en una relación distinta entre el cuerpo, el ambiente y el cosmos, y en el que la contundencia del ritmo se sublima entre armonía y melodía.

El clímax del código estético sistematizado por Arsenio Rodríguez se halla en el concepto de «diablo», que además de recoger el temperamento de su legado africano recupera el espíritu del barrio latino. Lo que se llama «diablo» es el segmento rítmicamente más contundente del son montuno, donde se concentran las expectativas rítmicas de las secciones previas de la canción. El diablo suele atenerse a una pulsación fija, sostenida por un patrón repetitivo, ejecutado por la sección de percusión (con frecuencia los acentos fuertes son tocados por el cencerro o por la clave), cuyo destinatario principal son los bailadores. Puede reconocérselo por una textura en la que, después que las voces del coro y las trompetas han ejecutado frases enteras, éstas se truncan para que la mitad restante de las frases sean cantadas por el sonero o por el coro (García, 2006, p. 51). La contundencia rítmica del diablo convierte el *cuero* del bailador en una pantalla de resonancia. Así, el diablo tiene también una implicación profana en la que una cierta dimensión sensual mediada por la piel ni se volatiliza ni se sobreentiende.

A pesar de la importancia de su inventiva estética, el sonido de Arsenio Rodríguez no pudo competir con el *glamour* que inspiraban las grandes orquestas de mambo y chachachá. Su estética no fue apreciada por todos los aficionados por cuanto la consideraban demasiado estridente. En fin, todavía Nueva York no estaba preparada para asumir la africanía directa del conjunto de Rodríguez, una estética que a su vez evocaba la atmósfera de privación y hostilidad social del barrio latino.

Sin embargo, el agotamiento de la moda del mambo produjo que la expresión musical afrolatina regresara a su punto de partida: el barrio. Ese retorno posibilitó la asimilación del código musical propuesto por Rodríguez y la apreciación de su maleabilidad para representar la realidad cultural y socioeconómica de su espacio social de referencia. La progresiva popularidad del son cubano puede entenderse entonces como un acto de conciencia de los músicos afrolatinos con respecto al modo de vida de su audiencia tradicional así como del suyo propio.

El sonido de Rodríguez no sólo ofrecía al barrio latino empatía estética. Quintero Rivera comenta que el interés de los puertorriqueños neoyorquinos por el son reside en que este género popular contenía «evocaciones nómadas» que describían la experiencia boricua en Estados Unidos a lo largo del siglo xx. El son fue la música desarrollada por el cañicultor cubano en sus viajes de una a otra zafra dentro de la isla (Quintero Rivera, 1998, pp. 92-93). Esta equivalencia «migratoria» entre las experiencias de los cubanos en su propia isla y las de los puertorriqueños en Nueva York contribuyó a que estos últimos adoptaran el son como una música que describía su vida de expatriados. Por otra parte, el son, a diferencia de la bomba y la plena, ofrecía ser una forma de representación cercana al modo de vida urbano del barrio latino. Manuel explica este controversial asunto arguyendo que todas las interferencias a que se vio sometida la identidad puertorriqueña a lo largo del siglo xx, tanto en Puerto Rico como en Nueva York, le permitió a los boricuas absorber –a menudo de manera «múltiple, irregular y contradictoria» (Manuel, 1994, p. 250)– todos aquellos insumos que le permitían procurarse un contorno simbólico afrolatino. En este mismo marco, se ha producido un efecto previsible: la conformación de una cultura afrocaribeña de carácter general que, cantada en español, subraya los caracteres de una cultura urbana generalizada desde Nueva York como «latina».

2.3. El espectáculo afrolatino en Nueva York durante los años cuarenta y cincuenta

Aparte de por su sofisticación técnica y estética, el mambo y el chachachá posibilitaron la instauración en Nueva York de una red promocional consagrada a la música afrocubana. Los elementos principales de esa red consistían en salas de espectáculos, sellos independientes y emisiones radiales.

2.3.1. *Primeras salas de espectáculos y promotores de la música afrolatina en Nueva York durante los años cuarenta y cincuenta*

Las primeras salas de espectáculo en Nueva York habrían sido el Teatro Hispano, Half Moon, Park Plaza, The Beachcomber, Tropicana, La Conga, The Morocco, The Stork Club, así como los hoteles Cæsar's Palace, Fontainebleau y Château Madrid (Roberts, 1985, pp. 100 y ss.). Sin embargo, el carácter más aleatorio de las presentaciones de agrupaciones afrolatinas en estos lugares puede comprenderse apenas como un precedente de una verdadera era afrolatina, cuyo inicio puede situarse alrededor del año 1947.

El comienzo de esta era coincide con la apertura de la más importante sala de espectáculo afrolatina del Nueva York del período de la posguerra: el Palladium Ballroom (antiguo Alma Dance Studios) (Roberts, 1985, p. 113), propiedad del empresario hebreo Maxwell Hyman. Gracias al furor que suscitó el Palladium, salas que antes habían sido punto de encuentro de miembros de la comunidad judía de la ciudad cambiaron de estilo. Locales como The Photoplay Theater o The Mount Morris modificaron su formato. Incluso, muchos locales que tenían nombres idiosincrásicamente judíos pasaron a llamarse «San José» o «Campoamor» (Roberts, 1985, p. 88). El apogeo latino en Nueva York abarcó incluso el gusto musical de directores de orquesta hebreos que, abandonando tradiciones musicales concentradas en música europea, empezaron a acompañar a importantes estrellas puertorriqueñas como el cantante de boleros Daniel Santos, quien se presentó en un programa de la estación WBNX secundado de la orquesta de Alfred Mendelsohn, bautizado en los años cuarenta como Alfredo Méndez (Roberts, 1985, p. 91; v. también Glasser, 1995, p. 201).

El interés generalizado de la comunidad judía neoyorquina en las posibilidades comerciales del espectáculo afrolatino contagió a los empresarios angloamericanos especializados en jazz. El gerente del Palladium era Tommy Martin, exgerente de la orquesta de Chick Webb. Martín había mantenido contacto con los más importantes músicos latinos de Nueva York (recordemos que uno de los trompetistas de la orquesta de Chick Webb había sido Mario Bauzá). Adicionalmente, el Palladium contaba con la colaboración de un célebre promotor de espectáculos latinos en Nueva York, Federico Pagani, quien anteriormente había trabajado para el club Park Plaza[3].

El origen de la era dorada de la música afrolatina en Nueva York coincidió con un momento de crisis. El Palladium, que no abrió originalmente con el propósito de ser una sala de espectáculos latina, sufrió en 1947 una importante merma de popularidad. Sin embargo, tomando en cuenta la masiva inmigración puertorriqueña, Pagani propuso a Martin organizar una fiesta latina todos los domingos. Ese día, el Palladium cambiaba su nombre al de Blen Blen Club, nombre sugerido por Mario Bauzá (Rondón, 1980, p. 3) y proveniente de una famosa canción compuesta por el percusionista Chano Pozo (Boggs, 1992a, p. 128). El éxito fue tan contundente que en dos años el club

3. Andy González, exbajista del grupo de salsa Libre (comunicación personal, París, 25 de septiembre de 1997).

cerró durante dos meses para abrir, en 1950, renovado como Palladium (Salazar, 2002, p. 90). El resultado fue la sala de baile que puede verse a veces en fotografías de los años cincuenta: una enorme pista de baile distribuida en un espacio sostenido por seis columnas con un estrado relativamente bajo y ancho para la orquesta, el techo cubierto con paneles redondos de tela satinada y las paredes envueltas con cortinas plisadas. El éxito del viejo Blen Blen Club había hecho proliferar bailes latinos en otras salas de espectáculo y en hoteles de la ciudad. Por ejemplo, la orquesta del cubano Frank «Machito» Grillo, llamada The Afrocubans, tocaba en el hotel Concord y tenía la virtud de «gustar a todos los públicos». Al cabo, fue ésta la seleccionada para tocar los domingos en el Palladium (Rondón, 1980, p. 3).

La contundencia de esta oferta musical fue el espaldarazo a otras orquestas latinas y el comienzo de una situación muy apreciada entre músicos y directores artísticos: la llegada de contratos de trabajo más o menos estables. La fama alcanzada por los bailes de los domingos del Palladium fomentó también una corriente de colaboración entre músicos afrolatinos y afroamericanos y apuntaló lo que Debray llama una «matriz de sociabilidad» (1991, p. 15) anclada en el modo de vida del barrio puertorriqueño de Nueva York. Esa matriz brindó un primer ambiente para acoger la rebeldía de la juventud latina neoyorquina que se había forjado entre la exclusión socioétnica, la pobreza, el ocio y la criminalidad. En sus conmovedoras memorias sobre su juventud en Nueva York, el escritor Piri Thomas –hijo de puertorriqueño y cubana–, expresa su entusiasmo por las noches del Palladium como una aleación entre el triunfo de la sensibilidad musical antillana en Nueva York y la evasión de las drogas: «¡Mambo!», exclama, «Mis pies reaccionaban automáticamente y yo bailaba mis últimos pasos hasta la puerta de entrada» (Thomas, 1997, p. 109). A ese entusiasmo se le sumaban los síntomas de su adicción a la heroína, que, en medio de la desesperación y la euforia, podía ir a satisfacer al baño del local:

> Mi mano temblaba peor, así que iba al baño del Palladium. Estaba a reventar, y el olor a marihuana endulzaba un poco el de la orina concentrada en los inodoros (Thomas, 1997, p. 117).

El auge y el ambiente de la música afrolatina en Nueva York cristalizaron en poco tiempo en exigencia para los empresarios. Éstos debían ocuparse de renovar su demanda y, para ello, comenzaron a formular estrategias que les permitieran aprovechar el entusiasmo lúdico por lo latino que mostraban todas las comunidades de la ciudad. En este sentido, Pagani propuso bailes temáticos y con carga humorística tales como «el baile del calvo» o el «de la moneda» (todo hombre calvo o que trajera una moneda del torniquete del metro pagaba la mitad[4]). Incluso, diseñó un cronograma que tomaba en cuenta las características étnicas de la concurrencia: las clases de baile de «Killer Joe» Piro tenían lugar los miércoles –los miércoles también podían ser los días de las celebridades de cine; *habitués* del Palladium eran Marlon Brando, Sammy Davis Jr., Henry Fonda, Lena Horne, Kim Novak o Shelley Winters, entre muchos otros (Salazar, 2002, p. 87)–; el viernes se celebraba la fiesta de los puertorriqueños; los sábados, el Palladium abría sus puertas a los hispanos de todos los orígenes; los domingos era el día de los afroamericanos.

Puesto que el domingo era el día en que la entrada era más económica (quien llegara antes de las diez de la noche sólo pagaba un dólar), algunos vecinos afroamericanos de Brooklyn tenían incluso una rutina: iban durante el día a nadar a la playa del parque Jacob Riis, paseaban por la ribera del río y organizaban una fiesta en la cancha de baloncesto y tenis asfaltada. La fiesta consistía en escuchar música afrocubana, en bailar y en ensayar para el «P», a donde se dirigirían al final del día (Boggs, 1992a, pp. 129-130).

Por su parte, el dueño del Palladium, Maxwel Hyman, propuso la celebración de una fiesta especial para la comunidad hebrea. Adicionalmente, el Palladium ofrecía un «paquete festivo» de 1,75 dólares que incluía lecciones de mambo, una competencia de baile y un espectáculo en el que alternaban dos orquestas famosas (Roberts, 1985, p. 131). El local fue epítome de una moda latina que, incluso, amenazó con masificarse en todo Estados Unidos. De este conato de masificación dio cuenta, por ejemplo, la revista estadounidense

4. *Ibid.*

Variety, que, en 1953, calificó el mambo como una moda nacional a través de un reportaje titulado «New Vistas Open for Latinos Bands; Hinterland Yens Mambo, Rumba Beat». En 1953 existía una promotora de espectáculos latinos en Estados Unidos llamada Mambo USA –dirigida por el director del sello Tico, George Goldner, al que nos referiremos en el próximo apartado– que programaba presentaciones de artistas como Noro Morales, Mongo Santamaría y Miguelito Valdés. Entonces, las agrupaciones de César Concepción, Ralph (Rafael) Font, Tito Rodríguez así como La Playa Sextet cobraban honorarios un 25% por encima de las orquestas estadounidenses (Roberts, 1985, p. 131).

El legendario Palladium no cesó sus actividades sino hasta el 15 de abril de 1966 (Boggs, 1992a, p. 129), a raíz de un allanamiento policial. El cierre se recuerda particularmente debido a la cantidad de drogas encontradas sobre la pista de baile al día siguiente de la acción policial. Para entonces, ya el mambo y el chachachá eran nostalgia y, como veremos más adelante, el espectáculo afrolatino de Nueva York se había recluido en los límites del barrio.

2.3.2. *Los sellos independientes*

Tras el éxito del Blen Blen Club, ya el mambo convertido en una moda nacional, el Palladium creó su propio sello, bautizado «Palladium» por Federico Pagani, que grababa y comercializaba la música de sus principales atracciones: Machito y sus Afrocubans, Tito Puente y Tito Rodríguez. Este sello dio visibilidad a un reparto de artistas que, tanto por origen como por tradición estética, respondía a la necesidad de agregación cultural de la comunidad latina. También, constituyó un paso importante en la creación de un primer *star-system* latino.

Sin embargo, Palladium no fue en absoluto pionero en la constitución de un catálogo latino. Ya antes de los años cuarenta, algunas compañías estadounidenses mostraron interés en grabar música afrocubana. Por ejemplo, en Cuba, durante los años veinte, un gran sello, RCA Victor, dominaba la producción local de discos (Manuel, 1991, p. 105). Grabaciones consideradas hoy en día como referencias históricas (las primeras del Trío Matamoros o del Septeto Nacional) aparecieron en este sello.

Sin mayores precisiones, Padilla señala que veinte grandes compañías operaron en el mercado latino de Estados Unidos entre los años treinta y cuarenta, entre las cuales pueden enumerarse Atlantic, Columbia, Continental, Mercury y RCA Victor (Salazar, cp. Padilla, 1990, p. 91). Con todo, el grupo de sellos más activo estaba compuesto por los anglosajones Columbia, Decca y RCA Victor, cuya producción integraba los registros de la American Society of Composers Artists and Publishers (ASCAP), sindicato que fomentaba los géneros musicales más comerciales.

En 1940, la ASCAP resolvió aumentar el monto de los derechos de difusión en radio de la música contenida en su catálogo. Ante la negativa de los emisores de pagar las nuevas tarifas, el sindicato les prohibió la difusión de su música. Se le reprochaba entonces a Columbia, Decca y RCA Victor el instaurar criterios de gusto que tendían a limitar la grabación y difusión de estilos provenientes de minorías étnicas, particularmente afroamericanas y latinas. Esta postura motivó a que, entre 1942 y 1947, la Federación Americana de Músicos boicoteara los programas radiofónicos patrocinados por la ASCAP. El enfrentamiento entre la ASCAP, las estaciones de radio y los músicos preparó el terreno para el nacimiento de la Broadcasting Music Inc. (BMI), sociedad de autores y compositores aliados a la radio que privilegió el registro y divulgación de la música «no tradicional», lo que beneficiaba a aquélla compuesta e interpretada por talento de origen afroamericano o latino (Manuel, 1991, p. 105).

En un comienzo, el repertorio de la BMI ponía el acento en dos géneros principales, el country y el blues (Frith, 1981, p. 94), a los que se le agregaron el jazz y los ritmos afrolatinos. Estos géneros, contrapuestos a la música de las grandes *big bands* de salón, dirigida principalmente a la población caucásica con alto poder adquisitivo (principal público de la ASCAP), fueron asumidos como la que «la mayoría de los emisores de radio deseaba» (Frith, 1981, p. 94). Fue en este contexto que las operaciones comerciales de una serie de importantes sellos afrolatinos pudieron arrancar. A la hora de obtener talento para sus propias producciones, estos sellos solían recurrir a los artistas de la Federación

Americana de Músicos (AFM), muchos de los cuales habían dejado de grabar para Columbia, Decca o RCA Victor a raíz del boicot antes referido (Roberts, 1985, p. 111).

En fin, el establecimiento de una red especializada en música afrolatina fue producto de un concurso de circunstancias comerciales, culturales y, aun, políticas gestadas en el seno de la industria radiofónica.

El primer sello afrolatino especializado de Nueva York habría sido el legendario Seeco, fundado en 1943 por Sidney Siegel, antiguo propietario de una joyería ubicada en la calle 115 de la isla de Manhattan. En su catálogo figuran grabaciones históricas de estrellas como Celia Cruz y la Sonora Matancera, Machito y Los Afrocubans y Joe Cuba[5]. Le habrían sucedido, en 1945, Coda, perteneciente a Gabriel Oller, dueño durante los años treinta de una discotienda y de una prensa de discos en el Spanish Harlem (Roberts, 1985, p. 121); en 1948, Palladium, Tico y Spanish Music Center (SMC), este último también propiedad de Gabriel Oller, cuya figura principal era el tresista cubano Arsenio Rodríguez (Roberts, 1985, p. 121); y en 1956 Alegre. Según Padilla (1990, p. 91), a lo largo de los años cincuenta habrían operado nueve otros sellos disqueros afrolatinos.

De todos los sellos anteriormente referidos, dos de ellos, Tico y Alegre, ameritan menciones particulares.

Tico fue fundado en 1948 por el empresario de origen hebreo George Goldner. Goldner habría entrado en el negocio de la música afrolatina por intermedio de su segunda esposa, de origen latino, de quien absorbió una sensibilidad que le permitió administrar salas de baile latinas durante largos años. Entre 1948 y 1957, se ocupó de nutrir el catálogo de Tico. En 1957, Goldner vendió Tico a la pareja de socios constituida por Joe Kolsky y Morris Levy (Edwards y Callahan, 1997, § 9). Levy, como Goldner, era un empresario que se había movido en la escena del jazz entre los años cuarenta y cincuenta, y que había sido propietario del legendario club Birdland, desde el cual produjo alrededor de treinta títulos para la RCA Victor.

5. Salazar, Max (1985): «Salsa Losing Popularity on City Airwaves». *Billboard,* 97 (4), 4 de enero, p. VL-11.

Levy fortaleció el catálogo de Tico con grabaciones de artistas célebres como Machito, Tito Puente y Tito Rodríguez (Boggs, 1992b, p. 135). Sin embargo, ninguno de esos artistas se regía necesariamente por compromisos de exclusividad. Machito, Puente o Rodríguez podían grabar también para Palladium o Seeco y no era sorprendente encontrarlos en discos producidos y distribuidos por CBS, Continental, Decca o RCA Victor. En medio de esta realidad, Tico se encargó de fortalecer su imagen de marca, y en este cometido la promoción radiofónica fue fundamental.

Aunque la trayectoria de Tico fue el resultado de la capitalización, por parte de ciertos empresarios del espectáculo judíos de Nueva York, de la atmósfera festiva del barrio latino, la de Alegre, que comentamos a continuación, es más clara en cuanto a la manera como el modo de vida del barrio entró en contacto con sus principales promotores comerciales.

El sello Alegre fue fundado en 1956 por Al Santiago, primera generación de puertorriqueños nacido en Estados Unidos, gracias al aporte económico de Ben Perlman, empresario proveniente de la actividad económica que más empleaba mano de obra puertorriqueña durante los años cincuenta: la industria textil (Boggs, 1992c, p. 203). Hijo de una familia melómana y músico él mismo, Santiago abrió su primera tienda hacia 1951, cuando era estudiante de negocios. Ésta se ubicaba en la calle 138 con Brook Avenue, en el South Bronx. Sus principales garantes financieros entonces fueron su propia familia y un tío, propietario de la tienda Casa Latina en la calle 110 del Spanish Harlem. Este negocio (que debido a la demolición de un sector residencial en el Bronx apenas duró cuatro años) le permitió entrar en contacto con personalidades ligadas al mundo de la música.

Esta primera iniciativa dio pie a una segunda, más ambiciosa. En noviembre de 1955, Santiago rentó un local situado entre Westchester Avenue y Prospect Avenue, también en el South Bronx. En este local, que ocupaba toda la planta baja de un edificio, instaló Casalegre, una tienda de discos en la cual ensayaban músicos latinos conocidos. En plena era del mambo, el propósito de Santiago era introducir tendencias de moda en el mundo latino de Nueva York. Tomando en cuenta el poder adquisitivo de su clientela, Santiago optó por una estrategia de bajos precios. Para ello, compró la vieja colección de discos del trompetista Pete Elba y también adquirió material nuevo. Su precio de compra al mayor fluctuaba entre 40 y 50 céntimos de dólar.

Con suficiente mercancía disponible (el volumen de su existencia obligó a Santiago a practicar una discriminación de su existencia en función de los géneros afrolatinos disponibles: bolero, conga, merengue, mambo, chachachá...), Santiago se dirigió a la sala de cine de Prospect Avenue y le propuso al gerente un intercambio: un tocadiscos y discos nuevos todas las semanas por la proyección de un comercial que prometía un disco regalado por uno comprado. La intención era constituir una clientela fiel. El precio de venta al público por disco era un dólar.

Aunque la mercancía no se agotó al ritmo deseado, su éxito relativo le permitió obtener los recursos necesarios para financiar una campaña radiofónica, lo que ayudó a hacer de Casalegre un punto de referencia para los latinos de todo Nueva York que, incluso, comenzó a hacerle competencia a establecimientos más arraigados, entre ellos la tienda perteneciente a, Victoria Hernández, hermana del célebre compositor puertorriqueño Rafael Hernández.

La notoriedad de Casalegre fue el precedente directo a la creación del sello Alegre.

Santiago entró en contacto con su socio capitalista, Ben Perlman, empresario que trabajaba para la fábrica Grossman's Clothes, por intermedio del cantante del grupo de Juanucho López. Y pese a que Perlman no tenía ninguna experiencia en el mundo de la música popular, estaba interesado en que Santiago editara y lanzara una canción afrolatina comercial. Para llevar a cabo este proyecto, Santiago le solicitó 750 dólares. A costos de 1956, una canción implicaba una inversión de 500 dólares: 350 a ser distribuidos entre los miembros de un grupo de diez músicos (cada músico cobrando 35 dólares por sesión) y tres horas de estudio a razón de 50 dólares cada una.

Los costos de Santiago eran mínimos. No tenía empleados contratados y utilizaba su propio local como estudio de grabación. Durante sus primeros años, la producción de Alegre se limitó a discos de 78 y 45 rpm, la mayor parte de ellos destinados a uno de los más poderosos vectores de promoción de la música popular durante los años cincuenta: la *juke-box* o rockola. Aunque los resultados económicos del sello fueron modestos, el proceso le permitió a Santiago adquirir el *know how* necesario para producir y promover a los artistas de su catálogo. El empresario condujo sus negocios de manera artesanal durante cuatro años, sin obtener más ganancias que las necesarias para producir un nuevo disco cada vez. No obstante, la insignia Alegre comenzó a hacerse conocida, hasta el punto de interesar a Morris Levy, socio principal del sello Tico, quien la absorbió a comienzos de los años sesenta.

2.3.3. *El poder de la radio*

Desde finales de los años cuarenta y hasta finales de los cincuenta, la radio era el medio de comunicación de masas más integrado a la vida cotidiana de la inmigración puertorriqueña. Constituía una especie de guía de adaptación a la nueva realidad urbana. La radio asumió incluso el entrenamiento lingüístico de los nuevos inmigrantes. Puesto que los puertorriqueños de la primera gran ola migratoria no sabían hablar inglés, algunos difusores se valieron de esta realidad para penetrar en su segmento por medio de una atracción principal: la música. En este sentido, la radio organizó el horario de los boricuas de Nueva York en función de su rutina de trabajo industrial. El rol formativo de la radio ha sido subrayado en la biografía de importantes músicos afrolatinos. Por ejemplo, se cita con frecuencia el caso del fallecido percusionista Ray Barreto, puertorriqueño nacido en Brooklyn en 1929, quien habría aprendido inglés porque su madre dejaba la radio prendida durante todo el día. Esta exposición al sonido de la radio habría determinado también su inclinación hacia el jazz, especialmente hacia la música de las *big bands* (Carles, Clergeat y Comolli, 1991, p. 61).

Desde luego, los productores fonográficos, al tanto de las características de su público principal, se apoyaban en la radio para fortalecer sus imágenes de marca. Como lo señalamos anteriormente, ya que entre finales de años cuarenta y comienzos de los cincuenta los más grandes artistas de la escena afrolatina no se regían por contratos de exclusividad, los sellos estaban prácticamente obligados a recurrir a la radio para fijar su presencia de marca. No obstante, si a finales de los años cuarenta existía conciencia del rol propulsor de la radio en la comercialización del producto grabado, ello se debía a la superación de una primera era «ingenua».

El primer programa de radio especializado en música latina se habría escuchado en Nueva York a principios de los años treinta. Julio Roque, un músico y odontólogo, presentaba desde los estudios de WABC (estación adquirida más tarde por CBS) boleros, plenas y música mexicana (Roberts, 1985, p. 88). Por su parte, en 1932, Pedro Vía difundía desde la estación WJZ un programa en el cual tocaba una orquesta de músicos argentinos, cubanos, mexicanos y puertorriqueños (Roberts, 1985, p. 91). Sin embargo, no fue sino hasta la consolidación de la moda del mambo y del chachachá cuando la difusión del producto musical afrolatino se tornó más constante.

Por su parte, en nombre de su tienda Casalegre, Al Santiago habría financiado a mediados de los años cincuenta un programa de radio en el que invertía 40 dólares semanales, así como colocado anuncios promocionales en las revistas latinas que circulaban en la ciudad (entre ellas *Latin T.V. Guide*, más tarde llamada *Farándula*). Pese a esto, el más influyente programa deliberadamente dedicado a la música afrolatina fue el *Tico Tico Time*, de Dick «Ricardo» Sugar, transmitido desde 1948 hasta 1972 por las ondas de la WEVD.

El *Tico Tico Time* fue en realidad el replanteamiento de un programa de jazz que Sugar había venido transmitiendo en WEVD desde 1944. El programa conquistó el interés de productores y promotores que gradualmente se reorientaban hacia la música afrolatina. Uno de estos productores fue Morris Levy, socio principal del sello Tico durante la segunda mitad de los años cincuenta y futuro jefe de Alegre quien, al entrar en contacto con Sugar, le propuso un espacio radial que fuera la ventana de su sello.

El *Tico Tico Time* comenzó a transmitirse todas las tardes durante una hora y, después, durante dos horas. Al principio su oferta era limitada puesto que el catálogo de música afrolatina también lo era. El desarrollo de la moda del mambo y el chachachá, que alcanzó su apogeo hacia mediados de los años cincuenta, amplió lo suficiente la oferta musical y la competencia entre los sellos disqueros independientes, lo que hizo que Sugar considerara la posibilidad de transmitir todas las noches. Este cambio de horario respondió al hecho de que, durante la noche, el *Tico Tico Time* podía ser escuchado por aquellas personas que, debido a su rutina laboral, no podían sintonizarlo durante el día. La idea fue considerada riesgosa por la estación WEVD y, por lo tanto, rechazada. Ello obligó a Sugar a acudir a otra estación, la WAAT, aun cuando su contrato con WEVD aún no había finalizado. La situación habría creado un conflicto de intereses que provocó el despido de Sugar de la WEVD y su mudanza a la WAAT con la condición de que Sugar contactara a sus propios anunciantes (cp. Boggs, 1992b, pp. 135-136).

Al tiempo que producía el *Tico Tico Time*, Sugar se responsabilizó de «promover el producto de los sellos, hacer que sus grabaciones se convirtieran en éxitos y de popularizarlos» (cp. Boggs, 1992b, p. 136). El fortalecimiento del talante comercial del programa surtió tres efectos complementarios: la intensificación del ritmo de grabación de los sellos disqueros, el recrudecimiento de la competencia y el reforzamiento de una moda latina en Nueva York. Esta situación repercutió hasta en el tiempo de duración del programa: pese a que originalmente estaba previsto que éste se transmitiera todos los días de ocho a nueve de la noche, había ocasiones en que podía extenderse hasta las once de la noche. Su propia popularidad avivó el interés de otros *disc-jockeys* que, provenientes del jazz, se transformaron en promotores de música latina: uno de ellos, Symphony Sid Torin, hombre de radio a la sazón con más de diez años de experiencia (Boggs, 1992d, p. 157), comenzó a transmitir música latina en su programa, un largo intervalo diario que iba desde la medianoche hasta las cinco de la mañana. A diferencia de Sugar, Symphony Sid no se atenía a criterios de segmentación categóricos y no comenzó adaptando su programación al modo de vida de la comunidad hispana de Nueva York. Por lo contrario, se le atribuye el haber popularizado la música afrolatina en la audiencia angloamericana. El éxito tanto de Sugar como de Sid animó una rivalidad entre ambos que se neutralizó en cuanto los dos *disc-jockeys* comenzaron a trabajar juntos.

El poder amplificador de la radio en Nueva York generó una atmósfera latina que fue interpretada como parte de la sofisticación cosmopolita de la ciudad. El locutor angloamericano Bob «Pedro» Harris también se convirtió en promotor de música latina y se le atribuye el hecho de que la sala Palladium consagrara su noche de los miércoles a la audiencia caucásica (Salazar, 1992, p. 219). Incluso, el repertorio de músicos latinos como Willie Torres y el pianista Nick Jiménez se volvió una referencia en el Aztec Theater (calle 102 con avenida Madison, en Manhattan), puesto que incluía traducciones al español y adaptaciones a la métrica afrocubana de estándares del jazz angloamericano como la canción «I've Got You Under My Skin», de Cole Porter. Torres, quien transformó el Stardust Ballroom del Bronx en referencia obligada para judíos e italianos, fue la voz que, en los años sesenta, dio popularidad al sexteto de Joe Cuba durante la era bilingüe del boogaloo (Salazar, 1992, pp. 240 y 243).

Aunque por las razones que consignáramos al comienzo de este apartado el *Tico Tico Time* se transformó en un importante punto de referencia simbólico para la comunidad *nuyorican*, la emisión también interesó a otros gentilicios. El hecho de que tuviera una proyección hacia un grupo *forastero* en la ciudad provocó que el programa fuera interpretado como una zona franca que también interpelaba a los italianos o a los judíos (Boggs, 1992c, p. 219). En este sentido, el furor de la música latina en el Nueva York de los años cincuenta puede ser visto como el producto de una congregación de sensibilidades expatriadas concentradas en torno del acervo musical afroantillano.

2.4. El ejecutivo «tipo» de la música afrolatina

Puede inferirse que el perfil «tipo» del ejecutivo especializado en música afrolatina, como lo será el de la salsa, es un individuo perteneciente a un gentilicio con características étnicas y culturales particulares dotado de destrezas adquiridas el seno de la sociedad industrial y comercial. Así como ese individuo dominaba las herramientas de una racionalidad pragmática, tenía contacto con otro gentilicio que, en este caso, se desempeñaba como operario de la maquinaria que aquél administraba. Ambos compartían otredades culturales que podían llegar a complementarse: en el caso que nos ocupa, si la sensibilidad estética y festiva de los puertorriqueños fue el caldo de cultivo de una atmósfera de espectáculo inherente al Nueva York de los años cuarenta y cincuenta, los empresarios hebreos que posibilitaron la generalización de tal atmósfera fueron los responsables de conceptualizar y orientar hacia el mercado aquella sensibilidad antillana con la que mantuvieron contactos cercanos.

Puede así considerarse el movimiento de la música afrolatina en Nueva York como la convergencia de dos tradiciones: una estética y otra de negocios. En este sentido, Jerry Masucci, director ejecutivo de Fania, el grupo que popularizó la salsa desde los años sesenta, fue el heredero de un mercado de la música afrolatina delimitado con anterioridad por otros hombres de empresa. Masucci, perteneciente a una familia judía de Brooklyn, mantuvo relaciones constantes con ejecutivos de los años dorados del mambo, particularmente con Morris Levy, antiguo dueño de los sellos Tico y Alegre. De Levy, Masucci adquirió estas dos insignias –en cuyo catálogo se encuentran grabaciones clásicas de Joe Cuba, Eddie Palmieri, Tito Puente, entre muchos otros– entre 1974 y 1975[6]. Para el director ejecutivo del grupo Fania, Levy fue un importante punto de referencia puesto que fue el primer ejecutivo que logró construir un catálogo afrolatino coherente, influencia directa para la formulación del concepto comercial «salsa».

Aparte de su interesada simpatía por el repertorio afrolatino, estos ejecutivos compartían un sentido del riesgo que, a menudo, dejaba suponer su familiaridad con los estilos transaccionales de los bajos fondos. Por ejemplo, se sabe que Morris Levy empleaba recursos directamente provenientes de la mafia para financiar empresas discográficas tales como el sello Promo Records, cuyo propiedad compartía con el renombrado mafioso Tommy Eboli (alias Tony Ryan), miembro del clan Genovese asesinado a tiros en Nueva York en 1972 (Chapple y Garofalo, 1977, p. 230). Por otra parte, durante los años cincuenta, el sello Tico se encontraba en peligro de quiebra por causa de la ludopa-

6. Goldman, Fred (1986): «Morris Levy Severing Music Industry Ties». *Billboard*, 98 (51), 20 de diciembre, pp. 1 y p. 71.

tía de su primer propietario y presidente, George Goldner, quien dependía de préstamos que le extendía Joe Kolsky, ejecutivo que trabajaba con Morris Levy. Fue Levy quien concretó la firma de Tito Puente por RCA Victor, lo que le permitió a Goldner obtener ingresos para cubrir deudas y grabar otros artistas, entre ellos algunos de una moda que comenzaba a cobrar forma, el rock 'n' roll, así como de rhythm 'n' blues. Estas nuevas modas fueron el estímulo para que Goldner, junto con Joe Kolsky y su hermano Phil Kahl, fundaran el sello Roulette. Sin embargo, las deudas adquiridas por Goldner durante su gestión en Tico lo obligaron a vender sus intereses a Levy en 1957 quien, más tarde, en 1961, también adquirió los intereses de los hermanos Joe Kolsky y Phil Kahl en Roulette (Conzo y Pérez, 2010, pp. 269-270). Levy le permitió a Goldner fungir como director creativo en Tico hasta su muerte, en 1970.

Las cercanías entre el mundo de la salsa y el mundo delictivo y del juego (incluso en los años cuarenta y cincuenta, en Cuba, los principales administradores de los casinos de La Habana donde se presentaban las principales orquestas eran los mafiosos Meyer Lansky y Santo Trafficante) no sólo han sido representadas por los imaginarios de la música afrolatina y el de la salsa en particular, sino que han permeado la racionalidad de sus principales hombres de negocios.

A pesar de todo, debe concederse que la motivación del ejecutivo «tipo» que hemos descrito hasta aquí ha sido la razón por la cual el movimiento de la salsa cobró forma. Podría hablarse así de la coincidencia de dos corrientes complementarias en el mundo de la salsa: una que involucra las tradiciones musicales cultivadas por los puertorriqueños y demás antillanos radicados en la ciudad y otra que atañe a la actitud temeraria de un gremio de ejecutivos profesionales.

Al respecto, el propietario del club de jazz neoyorquino The Village Gate, Art D'Lugoff, considera que para los inmigrantes latinos y puertorriqueños de primera generación en Nueva York hubiera sido imposible ocuparse de popularizar su propia música ya que éstos no disponían de las destrezas de comercialización y de mercadeo necesarias (Boggs, 1992e, p. 173). Las apreciaciones D'Lugoff, que seguramente tienen una intención indicativa e incluso bienintencionada, recuerdan las estrategias por medio de las cuales, de acuerdo con lo que describen Chapple y Garofalo, los primeros sellos especializados en rock 'n' roll sacaron provecho de un catálogo de canciones compuestas por músicos afroamericanos provenientes sobre todo del sur de Estados Unidos:

— la primera estrategia fue crear la nomenclatura comercial rock 'n' roll para vender al público blanco –que pedía, sobre todo, ver un show– una versión sobreactuada de lo que entonces la comunidad afroamericana conocía como rhythm 'n' blues;

— en segundo lugar, los ejecutivos de los sellos disqueros grandes (tales como CBS), conscientes de que la mayoría de los músicos afroamericanos ignoraba la ley de derechos de autor y no estaban inscritos en las asociaciones que los administraban (ASCAP o BMI), y al tanto de que, a la hora de contratar a un músico-compositor, una empresa de grabación podía nombrarse a sí misma como autora de la canción escrita por aquél, se evitaban pagos de derechos y se hacían de un catálogo nutrido de canciones *mercadeables*;

— eso prefiguró la tercera estrategia: la atribución de canciones escritas originalmente por músicos afroamericanos a intérpretes blancos inscritos en las corrientes del pop o del rock (v. Chapple y Garofalo, 1977, pp. 235-242 y 253).

Al referirse al éxito de los Rolling Stones con la canción «I'm a King Bee», original del cantante y ejecutante de la armónica James Moore «Slim Harpo», el cantante Mick Jagger ha dicho:

> Nosotros no queríamos tocar blues por toda la vida, queríamos más bien que la gente se pusiera a oír lo que otros músicos hacían muy bien para no seguir haciéndolo nosotros [...]. Es decir, ¿qué caso tiene oírnos a nosotros tocar «I'm a King Bee» cuando puedes escuchar a Slim Harpo (cp. Chapple y Garofalo, 1977, p. 253; traducción nuestra).

Por su parte, Ahmet Ertegun, presidente del sello Atlantic, uno de los principales sellos especializados en jazz y rhythm 'n' blues, ha declarado haber sostenido una conversación con un ejecutivo de CBS que alguna vez le preguntó, asombrado: «¿Tú le pagas derechos de autor a esa gente [a los músicos negros]? Tú debes estar loco» (Chapple y Garofalo, 1977, p. 236).

La existencia de esta línea de negocios discriminadora y segregacionista es útil para adentrarnos en la lógica de mercadeo a través de la cual se identificó al público meta de la salsa y se formularon los criterios editoriales y de imagen con los que se promocionó y colocó este producto. Quizás el horizonte emocional del ejecutivo principal del sello Fania no era congruente con el del ejecutivo referido por Ertegun. Sin embargo, Jerry Masucci se sabía diferente, en una escala de lucidez superior para comprender la lógica de segmentación en que funcionaba el mercadeo a la americana y para darle forma al caos hedonista de talentos y repertorio que le tocó administrar. El propio Masucci ha descrito su personalidad así:

> Como dice la gente, yo tengo buen gusto, soy un enamorado tanto de la música como de una buena comida. Suele suceder que los músicos [latinos], incluso los que están muy bien preparados [...], no conocen nada de mercadeo ni de promoción. Ese es el trabajo especializado de los hombres de negocios. En este momento la música no tiene mecenas, el romanticismo se acabó. Debemos crear una música llena de sensibilidad aunque sin pasar por alto el espíritu del público que la recibe[7].

En efecto, la trayectoria profesional de Masucci, previa a la creación de Fania, explica en parte su sensibilidad y lucidez comercial en la escena afrolatina: descendiente de una familia de origen italiano establecida en Brooklyn, Gerard «Jerry» Masucci abandonó el liceo para cumplir con su servicio militar en la marina. Participó en la Guerra de Corea[8]. A su regreso, se convirtió en policía en Nueva York, oficio al cual renunció para viajar a México, donde obtuvo un diploma en administración de empresas. De nuevo en Nueva York, volvió a incorporarse al cuerpo de policía, en el cual trabajó durante las noches para seguir estudiando durante el día. En 1960, Masucci renunció de nuevo a su puesto en el cuerpo de policía y viajó a Cuba, donde se desempeñó como director de relaciones

7. Lam, Rafael (1997): «Jerry Masucci, le roi de la salsa». En: *Hommage à Jerry Masucci. L'histoire de la Fania*. Sonido Inc., PM 635 8448162 (traducción nuestra).
8. Saxon, Anne (1980): «Fania King Jerry Masucci's New Fame Game». *Latin New York*, III (9), septiembre, p. 33.

públicas en la Comisión Cubana de Turismo. En 1960, comenzó a ejercer como abogado y, en 1963, conoció al músico Johnny Pacheco, con quien fundó en 1964 el legendario sello Fania.

En suma, nos estamos refiriendo a un individuo al tanto de las dinámicas informales de una ciudad cuyo impulso son los negocios, lícitos o ilícitos, y tocado por una avidez financiera que logró hacer de la salsa un gran negocio para convertirse, por impulso, en un movimiento sociocultural. Masucci, formado en la escuela ejecutiva de Morris Levy (Washburne, 2008, p. 98), logró, por ejemplo, evitar pagar dinero extra por pensiones y seguro médico a sus músicos, derechos de autor, etcétera, y llegó a un acuerdo con el capítulo 802 (Nueva York) de la Federación Americana de Músicos (AFM) para que ésta no reconociera a los músicos trabajadores en la escena de la salsa, acuerdo que ha sido heredado por otros productores y promotores musicales de la salsa en Nueva York en épocas más recientes (Washburne, 2008, p. 98).

Sobre la actitud ejecutiva de Jerry Masucci, Washburne recoge este testimonio amargo de Rubén Blades, quien confrontó judicialmente al grupo Fania en 1984:

> Masucci fue lo suficientemente inteligente para comprender el potencial de la música y para hacerla grande [...] él le ofreció oportunidades al talento disponible, pero acabó atesorando todo el dinero... si no hubiera sido por Fania y por Masucci, el impacto de la salsa jamás habría ocurrido... estafó a todo el mundo... pero no había otro lugar a donde ir (Washburne, 2008, p. 18; traducción nuestra).

2.5. De las bambalinas del mambo al descalabro del barrio

A finales de los años cincuenta, con el agotamiento de la moda del mambo y el chachachá, tres factores garantizaban la evolución del negocio de la música afrolatina en Nueva York: la existencia de un perfil tipo del empresario especializado, el retorno de la música al barrio y el redescubrimiento de la estética musical de Arsenio Rodríguez, representativa de la atmósfera de este espacio social.

No obstante, los años sesenta no fueron los años más favorables para el espectáculo afrolatino en Nueva York, que sobrevivió entre el redescubrimiento de la estética musical del son montuno y dos tendencias de moda que se alternaron a lo largo de la década: la pachanga y el boogaloo.

2.5.1. *Pachanga y charanga*

En 1960, cuando ya era evidente el agotamiento de las grandes salas de baile, un ritmo nuevo, la pachanga, inventado en Cuba por Eduardo Davidson, se convirtió en tendencia de moda en Nueva York. La pachanga era un ritmo que se acercaba al merengue dominicano y que, según Al Santiago (cp. Boggs, 1992c, p. 223), tuvo éxito fuera de la isla. Su nombre fue invención de la comunidad *nuyorican* que asistía a fiestas en los locales nocturnos de los barrios latinos de la gran ciudad, periplo conocido como «cuchifrito *circuit*»[9].

La adopción de la palabra «pachanga» suscitó las primeras controversias en la escena de la música afrocubana entre puristas cubanos y empresarios especializados, y esta situación –norma corriente en los años de la salsa– estaba lejos de ser anecdótica. Estos desencuentros ocultaban las motivaciones políticas de cubanos, latinos con residencia en Estados Unidos y estadounidenses luego del triunfo de la Revolución Cubana. A pesar de que la pachanga fue concebida en Cuba, se transformó en moda en Nueva York, donde fue producida y comercializada para satisfacer al público de los barrios latinos. Aquella moda tuvo repercusiones comerciales significativas. En 1961 se celebró una reunión a la que fueron convocados los directores de orquesta Tito Rodríguez, Johnny Pacheco y Charlie Palmieri; una representante de

---

9. La palabra «cuchifrito» designa los menúes de carne y tripas a la parrilla que se cocinan en ciertos restaurantes rústicos de los barrios latinos de Nueva York y que son traslado de comederos populares de Puerto Rico. El «cuchifrito *circuit*» es el recorrido clásico que los músicos afrolatinos podían realizar entre los diferentes clubes nocturnos del Bronx, Brooklyn y el East Harlem por honorarios irrisorios (Leymarie, 1993, p. 66).

la sociedad de autores y compositores Peer International, Francis Lublan; el promotor de espectáculos Federico Pagani; y el director del sello Alegre, Al Santiago, para bautizar definitivamente el estilo. Fue Pagani, creador de aquel viejo Blen Blen Club que precedió a la sala de espectáculos Palladium, quien nombró «pachanga» el ritmo de Davidson. En suma, existía entre los productores fonográficos de Estados Unidos una imaginación mercadotécnica vinculada con la dinámica de la economía de mercado que irritaba tanto a los músicos como a los líderes cubanos (Boggs, 1992c, p. 223).

Cuando la pachanga se agotó en Nueva York, lo hizo también en las grandes ciudades del Caribe hispano, surtidas por los sellos neoyorquinos. Los músicos atribuyen este agotamiento a la monotonía de su ritmo, lo que no ayudó a suavizar la decadencia generalizada del espectáculo afrolatino en el Nueva York de los años sesenta. Sin embargo, esta decadencia así como el auge y caída de la pachanga determinaron el carácter de las relaciones públicas entre sellos disqueros y artistas, e, incluso, la dotación de la orquesta afrolatina, que debió despedirse del esplendor de las *big bands* de la era dorada del mambo.

Aun cuando los músicos reprocharan a la pachanga su mediocridad rítmica, el estilo fue la más popular oferta comercial del sello Alegre y punto de partida para el surgimiento del movimiento de la salsa neoyorquina. Uno de los principales exponentes de este ritmo fue el músico y director de orquesta dominicano Johnny Pacheco, futuro fundador del sello Fania, quien acompañado primero de una orquesta tipo charanga, popularizó este ritmo y rivalizó con otras agrupaciones como la Charanga Moderna de Ray Barreto y la Charanga Duboney, liderada por el pianista Charlie Palmieri y de la que Pacheco fue integrante hasta 1960.

La dotación de las orquestas tipo charanga incluía percusión afrocubana más una sección de cuerdas (dos o más violines cuya función era resaltar los acentos fuertes del ritmo) y una flauta de madera de tipo «tercerola», especialidad de Pacheco. Aparte de por su talento y formación musical (Pacheco cursó estudios en la afamada escuela Julliard de Nueva York), la importancia del artista dominicano residió también en el hecho de que era una figura con habilidad para identificar e instaurar modas. Al respecto, Rondón señala:

> El dominicano, desde los años finales de la década de los cincuenta, siempre se movió en la onda de moda, siempre estuvo, digámoslo así, llevándole el pulso a lo que exigía y gustaba la comunidad latina de Nueva York [...]. Bien, con este aval por delante Pacheco, unas veces flautista, otras cantante, otras tumbador o pailero, ha logrado colarse por las modas y los gustos de los bailadores (Rondón, 1980, p. 55).

La habilidad de Pacheco le permitía incluso sacar partido de los errores de sus presentaciones en vivo. Por ejemplo, en 1960, a raíz de un error de pulsación durante un show en The Tritons Club (Southern Boulevard, en el South Bronx), la orquesta que acompañaba a Pacheco comenzó a tocar una canción a un ritmo mucho más rápido del que correspondía. El músico intentó salvar el show improvisando un baile que consistía en retirarse su pañuelo de seda del bolsillo de su chaqueta. Esta canción y este baile fueron llamados por Al Santiago «charanga» y más tarde fue identificada como «pachanga». La anécdota hizo declarar a Pacheco que él había sido el inventor del ritmo, quitándole momentáneamente el crédito a Davidson (Boggs, 1992c, p. 223).

Alegre, sello que lanzó a la fama a Johnny Pacheco, fue beneficiario durante cuatro años del carisma y versatilidad del artista. Fue esta insignia la que lanzó el primer disco del músico, iniciativa que contribuyó a convertir a Alegre en la primera competidora de Tico. De hecho, para esta casa disquera la figura de Pacheco evocaba de tal manera la pachanga que, incluso, la mera mención del ritmo de Davidson traía a la mente el nombre del artista (solía decirse que el término habría sido un acrónimo inventado por los adolescentes del South Bronx a partir de las palabras Pacheco-charanga). Roberts (cp. Báez, 1985, p. 47) subraya que «pachanga» y Pacheco creaban una paronimia comercial que, por efecto de recordación, impulsó las ventas de Alegre.

2.5.2. *La disputa entre Al Santiago y Johnny Pacheco: el origen de Fania Records*

El primer título de Johnny Pacheco y su charanga, editado por Alegre en 1960, habría sobrepasado las marcas de venta de todos los discos anteriores de música afrolatina: 100.000 copias en un intervalo de seis meses. No obstante, en lugar de acercar al músico y a su productor, este éxito perjudicó sus relaciones. El talento más importante del sello Alegre comenzó a aspirar a la independencia y a querer desempeñarse como empresario de su propia música y de la de otros artistas.

Consciente de su carisma y de su influencia en la noche del barrio latino, Pacheco tuvo reservas con Santiago incluso desde antes que éste lo grabara por primera vez (en total grabó cinco discos, aparte de haber intervenido, en 1961, en el primer álbum colectivo del sello, *The Alegre All Stars*) (Campo Uribe, 2005, § 41). Aunque Santiago planteó la necesidad de firmar un contrato, Pacheco le dio largas al asunto hasta que, por fin, Santiago lo conminó. Al cabo, Santiago se separó del sello disquero.

La decisión de Pacheco de terminar sus relaciones con Santiago habría sido tan perentoria como la solución que Santiago tomó luego de la partida de su artista: vender su sello al grupo Roulette de Morris Levy, del cual formaba parte el sello Tico. Santiago comenzó a trabajar para Tico y, más tarde, fundó un modesto sello independiente, Futura (Boggs, 1992c, p. 224).

Durante un programa de radio en memoria del músico Louie Ramírez, transmitido el 14 de junio de 1998 por la WKCR, estación de radio de la Universidad de Columbia, Pacheco mencionó incidentalmente que una de las razones que lo impulsaron a dejar Alegre, en 1963, fue el incumplimiento por parte de éste del pago de sus *royalties*. Esta desavenencia lo habría obligado a buscar los servicios de un abogado, Jerry Masucci, con quien, en 1964, fundó el sello Fania. No obstante, Romero (2000, p. 46) arguye que la razón por la cual Pacheco recurrió a Masucci fue en realidad la tramitación de su divorcio.

Amante de larga data de la música afrocubana, Masucci habría entrado en contacto con Pacheco de manera informal: por recomendación de un conocido mutuo, habría asistido a un concierto ofrecido por la orquesta de Pacheco en el neoyorquino hotel Taft (Campo Uribe, 2005, § 44) creyendo que se trataba de una presentación de la Orquesta Aragón[10] Libre Pacheco de compromisos con Alegre, Masucci se animó a entrar en la arena afrolatina con sus auspicios. El 25 de marzo de 1964 fundaron el sello Fania –nombre extraído de un son compuesto por el cubano Reinaldo Bolaños, «Fania Funché»– y, para grabar el primer disco (*Cañonazo*, de Johnny Pacheco), Masucci solicitó un préstamo de 2.500 dólares. Fania se incorporaba así a un mercado en el cual sus principales competidores eran los sellos Alegre, Riverside, Tico, United Artists Latino y West Side Latino.

En la creación de Fania puede encontrarse la complementariedad de dos visiones de mundo en la que la dimensión festiva latina adquiere eficacia comercial. Si bien Pacheco garantizaba el seguimiento y el desarrollo de formas estéticas representativas del modo de vida del barrio latino, Masucci aseguraba su difusión y venta. De hecho, la figura de Masucci recuerda el perfil de referencia del ejecutivo disquero, que a partir de los años setenta, Frith asocia con un «abogado y no tanto [con] una personalidad del mundo del espectáculo» (1981, p. 109).

A continuación observaremos cómo la alteridad puertorriqueña alimentó el movimiento por los derechos civiles y cómo esta circunstancia dio pie a un subgénero latino, el boogaloo, que anticipó la importancia de la salsa como bastión simbólico de resistencia de la comunidad latina de Nueva York.

2.5.3. *«Son, cuero y boogaloo»*

Es que yo tengo tres razas
Jíbaro, taíno, niche, mamita mamita qué pasa.
Héctor Lavoe en la canción «La fama»

La pachanga fue remplazada por otra moda: el boogaloo o *shing-a-ling*, un híbrido entre rhythm 'n' blues y cadencia afrolatina (especialmente chachachá y mambo) (Quintero Rivera, 2008a, p. 6) que hizo

10. Ortiz Marín, Mimi (2007): «La clave del rey. En casa de Johnny Pacheco, patriarca de la música latina». *La Revista (El Nuevo Día)*, 15 de abril, pp. 18-21, § 20.

furor en Nueva York entre 1965 y 1969. El boogaloo solía cantarse en un inglés influenciado por la fonética afroamericana o alternaba letras en inglés y en español, y se trata quizás del subgénero latino que mejor representa la alteridad cultural de los *nuyoricans* y sus contactos cercanos con la comunidad afroamericana. En sus letras existen numerosos préstamos lingüísticos e, incluso, falsos cognados procedentes del inglés afroamericano. Por ejemplo, en 1967, cuando Aretha Franklin, cantante del sello Atlantic, convirtió en éxito la canción «Respect», la expresión *sock it to me* (equivalente a decir «¡no me lo puedo creer!») se popularizó entre las comunidades afroamericanas y latinas de Estados Unidos. Pete Bonnet, uno de los cantantes que interviene en el disco *Acid* de Ray Barreto, lanzado por Fania en 1967, se sirve de esa misma frase para expresar su emoción durante los solos de tumbadoras del percusionista. Aunque la salsa de los años setenta hablará por lo general en español, ese habla estará salpicado de falsos amigos del inglés: «pretender» (*to pretend*) para decir «fingir»; «establecimiento» (*establishment*) para decir «sistema»; «jugar» (*to play*) para significar «tocar» un instrumento musical, etcétera. El boogaloo pone en evidencia la lógica de tales deformaciones lingüísticas.

El boogaloo era un formato musical que simplificaba al extremo el ritmo afrolatino, ateniéndose a menudo a las formas afroamericanas (la orquesta podía incluir una batería americana) y empleaba secuencias armónicas derivadas del blues (compuestas de acordes tonales del primer, cuarto y quinto grados de la escala con la disminución de un semitono a nivel del tercer, séptimo y, a veces, quinto grados (Carles, Clergeat y Comolli, 1991, p. 114; *The New Grove Dictionary of Music and Musicians*, 1990, vol. 2, p. 812). Sus referencias principales se orientaban hacia la música afroamericana, tal como lo refiere el trompetista de la orquesta de Pete Rodríguez, Tony Pabón, autor del célebre boogaloo «I Like it Like That»:

> A principios de 1966 ensayábamos para añadir algo de soul a la música. Entonces, nadie tocaba nada que se pareciera al boogaloo y ni siquiera esa palabra era utilizada. Pete [Rodríguez] me pidió que escribiera una canción que le gustara a los gerentes de las salas de baile. Una semana más tarde oí a Peggy Lee cantando «Fever». Escribí una canción inspirada en el bajo de «Fever» y

> la bauticé «Pete's Boogaloo». Introdujimos la frase «uh-ah, uh ah». Symphony Sid la difundió por la radio. Sid nos dijo que había llamadas preguntando por la canción y, por lo tanto, seguimos desarrollando el nuevo sonido. Una noche, mientras me estaba duchando, se me ocurrieron la letra y la música de «I Like it Like That». Luego, escribí y grabé los éxitos «Micaela», «El hueso», «Fango», «3 and 1 Boogaloo», «Oh, That's Nice» y «Here Comes the Judge». Gané cuatro discos de oro mientras que Pete cobraba los *royalties* (cp. Salazar, 1992, p. 243).

La simplicidad estética del boogaloo permitió a Fania, así como a los sellos especializados Alegre, Tico, Cotique e incluso la clásica insignia de jazz Blue Note, nutrir su catálogo y, al mismo tiempo, emparentarse con el bastión simbólico afroamericano representados por los sellos Atlantic/Atco, Polydor y muy particularmente Tamla Motown (Anderson *et al.*, 1980, pp. 40-41), creado en 1959 por Berry Gordy[11]. El boogaloo justificó incluso el nacimiento de un nuevo sello, el mencionado Cotique, iniciativa *ad hoc* de dos empresarios de origen judío, Stan Lewis y el fundador del legendario sello Tico, George Goldner (Salazar, 1992, p. 243).

La moda difuminó, al menos temporalmente, las distancias culturales entre afroamericanos y latinos. Célebres exponentes del boogaloo, tales como el afroamericano Pucho, secundado por sus «Latin Brothers», ni siquiera eran latinos, así como tampoco lo era el saxofonista de jazz-funk Lou Donaldson, perteneciente al catálogo de Blue Note, quien lanzó en 1967 un álbum titulado *Alligator Boogaloo.*

A pesar de su popularidad, los más prestigiosos músicos afrolatinos repudiaban el boogaloo. Su predecible estructura rítmica y armónica no ofrecía mayores retos creativos. Tito Puente, artista exclusivo del sello Tico, lo descalificaba sin medias tintas: «Apestaba... Los grabé para seguir la moda... Hizo mucho mal a directores de orquesta bien establecidos» (Salazar, 1992, p. 246). Por su parte, Eddie Palmieri, también parte del catálogo de Tico, luego de hacer el esfuerzo de

11. Incluso en 1965 el producto de Tico fue distribuido por Motown. Goldman, Fred (1986): «Morris Levy Severing Music Industry Ties». *Billboard*, 98 (51), 20 de diciembre, p. 71.

distanciarse «del ritmo de la nueva ola», se vio impelido a seguir la corriente y, en 1968, grabó el título *Champagne*. El disgusto de Palmieri por el boogaloo es puesto de manifiesto en el primer surco del larga duración, titulado «Ay, qué rico». Apenas comienza el tema, se escucha la voz del sonero Ismael Quintana, quien, sobre una base de piano, exclama, desconcertado: «¡¿Cómo?! ¡¿Palmieri, boogaloo!? Arriba con él. *Tasty, tasty*». A su vez, el hermano de Eddie, Charlie Palmieri, luego de sufrir una severa crisis económica y nerviosa a raíz de la cesantía de su orquesta en 1968, tuvo que dar su brazo a torcer y grabar boogaloos para poder seguir trabajando (Salazar, 1992, p. 246).

Independientemente de su ligereza y de esa facilidad festiva que los músicos profesionales condenaban, el boogaloo tuvo una gran relevancia simbólica. El estilo se alimentó del espíritu de precariedad de los guetos y barrios de la ciudad de Nueva York. Uno de los modos de manifestación de esa precariedad, como lo vimos anteriormente, fue la proliferación de personajes caracterizados por cultivar conductas agresivas expeditivas. Referencias a estos personajes y al ambiente que imprimen en guetos y barrios pueden hallarse en los repertorios afroamericano y afrolatino de los años sesenta y setenta, a veces con semejanzas notables. Por ejemplo, la canción «El malo», de Willie Colón e interpretada por Héctor Lavoe en 1967, contiene la frase «el malo de aquí soy yo, porque tengo corazón», frase muy similar al «I've got soul and I'm super bad» («tengo alma y soy muy malo») del éxito de 1970 de James Brown, «Super Bad». No obstante, esas conductas apenas son un elemento específico de los climas de marginación característicos de los espacios sociales afroamericanos y latinos en Estados Unidos.

La década de los sesenta destacó en Estados Unidos por la movilización política de la minoría afroamericana. Por cercanía cultural y, aun, vecinal, la lucha por los derechos civiles librada por la comunidad negra de Estados Unidos activó la beligerancia de los puertorriqueños. El Spanish Harlem ocupa el ángulo noreste de la isla de Manhattan, a partir de la calle 96. Este sector limita al oeste con el Harlem afroamericano, que se extiende hacia el norte a partir de la calle 110. Aunque separados por la línea de la Quinta Avenida, los sectores afroamericano y puertorriqueño son muy cercanos.

Afroamericanos y puertorriqueños son también vecinos en el South Bronx, donde la violencia de clanes y el deterioro urbanístico hizo que el sector fuera conocido durante los años setenta como «Little Vietnam» o «Fuerte Apache».

Así, el boogaloo fue un modo de representación del repudio, por parte de puertorriqueños y latinos, de la lógica segregacionista de la sociedad angloamericana. Como sus pares afroamericanos, los puertorriqueños crearon organizaciones de activistas y militantes tales como los Young Lords (homóloga de los Black Panthers) que se dedicaban a combatir la explotación y la pobreza, y que se aliaban a las reivindicaciones de los grupos socioeconómicamente más vulnerables de Estados Unidos, América Latina y el llamado Tercer Mundo (Padilla, 1990, p. 93). Éxitos del boogaloo se refirieron en su momento al problema de la intolerancia racial en regiones de Estados Unidos caracterizadas por su fervor republicano y por su racismo atávico. Por ejemplo, el famoso boogaloo de Joe Cuba Sextet, «El pito», que repetía *ad libitum* la frase «I'll never go back to Georgia», habría aludido a un episodio experimentado por el trompetista Dizzy Gillespie en este estado norteamericano. Gillespie y sus colegas –un grupo de músicos afroamericanos y latinos– habrían sido blanco de humillaciones por parte de miembros conservadores de la sociedad blanca local (cp. Escalona, 1996, p. 240). La frase en español que repetía el coro de la canción, «así se goza», ironizaba la situación estableciendo una falsa equivalencia entre el placer festivo de la canción y las ofensas que denunciaba.

En fin, si los músicos afrolatinos profesionales tenían éxito huyendo de la mediocridad estética del boogaloo, era menos probable que escaparan de la atmósfera general de crispación de la sociedad estadounidense durante los años sesenta y comienzo de los setenta. De nuevo, Eddie Palmieri, se dejó llevar por el espíritu de los tiempos y grabó canciones de abierto contenido contestatario como «La libertad (lógico)» y «Justicia». En esta última, el cantante Ismael Miranda clamaba por justicia para los boricuas –lo puertorriqueños– y los «niches» –los *niggers*– «con el canto del tambor». En el álbum *Justicia*, que incluía la canción homónima, figuraba también el tema «Everything is Everything», interpretada en inglés por el mismo Palmieri con un fuerte acento afroamericano. El tema establecía una equivalencia entre las experiencias de discriminación étnica padecidas por las minorías indígenas, latinas y negras en Estados Unidos:

Everything is everything about justice
I say everything is everything, so they tell me
But why, why, why do I see so much injustice?
Oh, everything is everything about justice
so they tell me, that everything is everything.
But tell the black men that everything is everything about justice
I said tell the black man (or an Indian or a Mexican) about justice
And the three of them will look at you and grin
and the black man will look at you and give you a soul grin
'cause he knows that everything is not everything, about justice
that everything's not everything
And the idea of justice is so simple that's incredible to see.
If the whole world would see it how simple and beautiful it would be,
trouble-free.
It would eliminate wars, eliminate all wars that divide us
and you would see and you would see and you would see how groovy we will be
and then everything would be everything[12].

Pese a que el boogaloo fomentaba la idea de que, aparte de por sus tradiciones musicales afro, latinos y afroamericanos fraternizaban mediante el denominador común de su propia marginalidad, en rea-

12. «La justicia es cualquier cosa / Yo digo que la justicia es cualquier cosa, es eso lo que me dicen / Pero, ¿por qué, por qué, por qué veo tanta injusticia? / Oh, la justicia es cualquier cosa / eso es lo que dicen, que la justicia es cualquier cosa / Pero díganle al hombre negro que la justicia es cualquier cosa. / Estaba diciendo: díganle al negro (o al indio o al mexicano) [que la justicia es cualquier cosa] / y los tres los mirarán y sonreirán / y el negro los verá con una mirada y una sonrisa desde el fondo del alma / porque él sabe que la justicia no es cualquier cosa / que la justicia no es cualquier cosa. / La justicia es tan clara que nadie puede verla. / Si todo el mundo pudiera verla, qué bello sería el mundo, libre de problemas. / Se acabarían las guerras / se acabarían las guerras que nos dividen / y uno podría ver cuán maravilloso sería todo / y entonces nada sería cualquier cosa». Palmieri, Eddie (1969): *Justicia*. Tico, MCT 1188, «Everything is Everything».

lidad el estilo servía de caja de resonancia a un problema adicional: los límites de la adaptación a los valores angloamericanos de la minoría puertorriqueña.

En el capítulo anterior tuvimos la ocasión de observar que una de las características principales de los inmigrantes puertorriqueños en Estados Unidos era una alteridad cultural que podía manifestarse en, por ejemplo, su falta de dominio de la lengua inglesa. Esta circunstancia inspiró boogaloos con escenas humorísticas que ponían de manifiesto la incomunicación que sufría el puertorriqueño en territorio estadounidense. A menudo, el cantante no hablaba aún *spanglish* sino más bien un inglés con fuerte acento hispano. En la canción «Kako's Boogaloo», de Mark Weinstein, interpretada por Kako y su Orquesta, se escucha la voz del cantante Héctor Lavoe dirigirse a los aficionados de la ciudad de Caracas en estos términos: «Caracas, Kako también te trae tu boogaloo[13]», a lo cual una voz en inglés replica enseguida: «I don't know what you're saying, but right[14]». Este último parlamento anuncia la irrupción de la salsa, una música que, si bien causó furor en el ámbito latino caribeño, se convirtió también en un punto de honor de cara a la esfera cultural angloamericana.

2.5.4. *Los primeros logros de Fania Records antes, durante y después del boogaloo*

Desde 1964 hasta 1968, Fania se esforzó en promover su nombre de marca en la radio y en la prensa. Simultáneamente, el sello editó un promedio de cinco obras fonográficas por año (para 1968 la insignia tenía 20 títulos en el mercado[15]). Fue justamente durante los años del boogaloo que los ejecutivos del sello comenzaron a pensar en un con-

---

13. Compilación *Un parfum de Boogaloo*, Sonodisc, CDW 5294, SD 50, «Kako's Boogaloo».
14. «No sé qué estás diciendo, pero está bien».
15. Virgin France (1997): «Fania Records. Les dix premières années». En: *Hommage à Jerry Masucci. L'histoire de la Fania.* Sonido Inc., PM 635 8448162.

cepto comercial flexible que conectara la música afrolatina con el modo de vida urbano del barrio. Uno de los mayores éxitos del sello Fania entonces fue el disco *Acid*, de Ray Barreto (1968). Con los ingresos obtenidos por este álbum Fania pudo financiar una de sus primeras campañas intensivas de los productos de su catálogo tanto en la radio como en la prensa. Entonces, el sello, con cuatro años de vida, congregaba a un conjunto de artistas que apenas comenzaba a pronunciarse en sus canciones sobre el modo de vida del barrio latino de Nueva York.

Durante sus primeros tres años de vida, Fania se apoyó en la música de su principal artista y director musical, Johnny Pacheco, quien se ocupó de contratar a la primera figura de Fania: el cantante Pete «Conde» Rodríguez. La música de Pacheco y su orquesta dio cancha para que Fania sometiera a prueba talentos y estilos nuevos, según Flichy (1991, pp. 139 y 152) una de las funciones propias de los sellos independientes en el contexto de la concentración oligopólica de la industria fonográfica global. Las grabaciones de Pacheco cultivaban estéticas «típicas» (ajustadas a la tradición musical afrocubana) que, sin embargo, el músico se permitía personalizar (*Pacheco y su sabor típico*; *Pacheco y su nuevo tumbao*...). La iniciativa tenía un propósito: puesto que la música cubana prerrevolucionaria constituía un valor seguro, sus éxitos, por más conservadores que pudieran ser (entonces un disco de éxito equivalía a ventas de entre 30 mil y 50 mil copias), permitirían a Fania financiar sus novedades.

El aprovechamiento por Fania del patrimonio musical afrocubano no dejó indiferentes a los músicos de la isla, quienes se sintieron expoliados. Numerosos éxitos musicales interpretados por Pacheco y su conjunto fueron versiones de autores cubanos de antes de la revolución que ni siquiera eran mencionados en los créditos. En lugar de ello, Fania se limitaba a inscribir en sus carátulas las siglas «D.R.» («Derechos Reservados»), código que implicaba la cancelación de los derechos de autor a los compositores cuando concluyera el embargo económico de Estados Unidos contra Cuba. No obstante, comercialmente, y a efectos de las comunidades latinas de Estados Unidos y del resto del Caribe hispano, la jugada fue hábil. Para el público promedio, aquellas canciones cubanas fueron novedad (Gerard y Sheller, 1989, p. 11). Esta situación llegó a desatar la indignación del escritor cubano Guillermo Cabrera Infante, quien en su prólogo al libro de Natalio Galán, *Cuba y sus sones*, reprocha a la salsa neoyorquina su afán por disfrazar y usurpar el acervo musical afrocubano. A su vez, estos propósitos instauraron un debate antillano que hizo expresar a Quintero Rivera que las ideas «funestas» de Cabrera Infante se desprenden «del cubanocentrismo que hemos padecido en el Caribe» (Quintero Rivera, 1998, pp. 15-16).

Encomendado a su espíritu comercial, y pese a las diatribas suscitadas, Pacheco insistió entre los sesenta y los setenta con su inercia «típica» e impuso lo que se llamó el estilo «matancerizante», es decir, la recuperación del sonido clásico de la orquesta cubana La Sonora Matancera. Nuevamente, la idea era asegurar el flujo de caja de Fania mientras se sometía a prueba estéticas y cantantes nuevos. Y en este proceso, el músico, convencido de que el éxito de Fania dependía de la contratación de cantantes y músicos entrenados en los locales nocturnos del «cuchifrito *circuit*», tuvo una participación protagónica.

El fin de la época de los grandes clubes provocó el surgimiento de locales menos ambiciosos en el Bronx, Brooklyn y el East Harlem entre los cuales pueden mencionarse Caravana Club (calle 149, cerca de la 3.ª Avenida), Caborrojeño Club (calle 145), The Royal Manor (calle 157), The Embassy (calle 161), The Hunts Point Place, The Happy Hill, El Casané, el Tropicana, The Colgate Gardens, The Red Garter, The Cheetah, Tapestry, Side Street, Up-Town y The Village Gate. Por su parte, en Brooklyn los locales afroamericanos eran los que recibían a los músicos latinos. Entre éstos, se pueden contar: COCP Club (Fulton Street) y The Town Hill (Eastern Parkway)[16]. Las primeras exploraciones de Pacheco en el «cuchifrito *circuit*» llevaron a Fania a los cantantes Ismael Miranda y Héctor Lavoe, al pianista Larry Harlow, al bajista Bobby Valentín y al trombonista, compositor y arreglista Willie Colón, este último un adolescente crecido en el South Bronx que desarrolló un sonido agresivo, inspirado en la violencia del barrio latino (Rondón, 1980, p. 49) y diametralmente opuesto a la magnificencia orquestal de la era de las *big bands*.

16. La mayoría de estos locales son mencionados en Boggs (1992).

El sonido de Colón se acercaba al desarrollado a lo largo de los años sesenta por el pianista Eddie Palmieri. Ambos músicos introdujeron el trombón de vara en sus agrupaciones. El primero, inspirado en el son cubano de Arsenio Rodríguez, y el segundo, en el sonido de las orquestas que acompañaban al cantante puertorriqueño de bomba Mon Rivera, dieron forma a técnicas que configuraron el espíritu de salsa neoyorquina.

El trombón de la orquesta de salsa tiene el poder de evocar el ambiente de crispación del barrio. A diferencia de un saxofón o de una trompeta, el trombón no tiene llaves o válvulas y sus diferentes notas se afinan de acuerdo con la posición –siempre imprecisa– de la vara. Este efecto, llamado *portamento*, entraña un «margen de error» melódico del que la orquesta de salsa ha sacado partido para restituir elementos inherentes a la atmósfera urbana del barrio. El volumen del trombón, su registro –entre bajo y medio–, su textura áspera y su *portamento* pueden llegar a recordar la bocina de un camión o la voz de un hombre ebrio. En fin, la estética de esa música que se popularizará como salsa desde los años setenta se funda, aparte de en la contundencia física de la percusión afrocubana (por cierto, con mayor ataque y menos fluidez que la que se cultiva en Cuba), en la *rajada* gravedad de los trombones de la sección de metales.

En cuanto a la percusión, vale la pena hacer un señalamiento: desde la moda del boogaloo, la música afrolatina admitió el sonido de la batería americana, maquinaria polirrítmica que podía ser utilizada para dar énfasis dramático a las canciones. En el tema de Eddie Palmieri «La libertad (lógico)», Nicky Marrero, timbalero de la orquesta, se vale de un redoblante de batería durante su solo con el propósito de evocar el tableteo de una ametralladora (Muriel, 2009, § 15). En suma, el cúmulo de recursos y técnicas heredadas por la salsa de fases anteriores de la música afrolatina en Nueva York logró hacer de ésta lo que Attali llama una «metáfora creíble de lo real» (1977, p. 303), realidad que en el caso del barrio se manifiesta en términos de dislocación socioeconómica y cultural y de hostilidad violenta.

La organización de un catálogo de artistas, temas y músicos que reflejaran el modo de vida del barrio latino embarcó al director ejecutivo de Fania, Jerry Masucci, en un trámite paralelo: inscribir el producto de Fania en una lógica editorial. En el apartado anterior, al referirnos al boogaloo, comentamos que esta moda guardaba cercanía con la lucha por los derechos civiles encabezada por la población afroamericana. Esta situación otorgó una importancia insoslayable a una casa especializada en rhythm 'n' blues, Tamla Motown, fundada en Detroit, en 1959, por el empresario Berry Gordy. Aparte de ser motivo de inspiración, Motown significó para Masucci una fuente de conocimientos «técnicos» en lo referente a la promoción de su producto musical. Motown había logrado imponer criterios para garantizar «redundancia» a su producción musical y su fundador, Berry Gordy, ejercía una tiranía artística que frustraba la individualidad de sus talentos al tiempo que usurpaba sus derechos de autor a sus intérpretes y compositores. La música de Motown residía en armonías heredadas de la tradición góspel con un riguroso trabajo de estudio y, aunque bailable y con sensiblidad afroamericana, no presentaba amenazas estéticas a la audiencia blanca, la principal destinataria de sus productos (Chapple y Garofalo, 1977, p. 259). Todo era previsible en el estilo Motown: las letras y la brevedad de las canciones. A pesar de que, por cuestiones de visibilidad, Tamla Motown pudiera considerarse un bastión simbólico que apuntalaba la presencia de la comunidad afroamericana en Estados Unidos, los mencionados criterios permitieron que el sello estandarizara, mantuviera un estilo y despojara su repertorio de implicaciones sociopolíticas (cp. Manuel, 1991, p. 106).

2.6. El concepto comercial «salsa»

Los esfuerzos de Jerry Masucci para darle coherencia a una serie de contenidos musicales acabaron en la formulación de un catálogo que congregó muchos productos que representaban el barrio latino. Estos modos, en principio sonoros pero también iconográficos (las carátulas de los discos), solicitaron el interés de la comunidad puertorriqueña de Nueva York, latina de Estados Unidos y, en fin, latina de todo el Caribe hispano. Este trabajo, parecido al realizado en Tamla Motown, permitió afirmar a prominentes empresarios especializados en música afrolatina y a periodistas que «Masucci fue para la salsa lo que Berry Gordy fue para el Motown Sound»[17].

La comparación de Masucci con Gordy obedece también a un logro del segundo que el primero no logró concretar: la popularización de la salsa en la audiencia no latina. La gran obsesión de Masucci, y por añadidura de Pacheco, fue crear una fórmula estética *crossover* que, complaciendo la sensibilidad afrolatina, no opusiera resistencia a la sensibilidad angloamericana. No obstante, la salsa, particularmente durante los años setenta, siempre connotó la cultura de una minoría étnica. A lo largo de este decenio, el interés del público no tradicional y de los músicos no latinos siempre fue limitado.

Uno de los recursos a través de los cuales Fania intentó diluir en Estados Unidos la complejidad del repertorio afrolatino que componía su catálogo fue la adopción de una palabra, «salsa». Ésta refería a un movimiento musical que echaba mano principalmente de la tradición musical afrocubana y la mezclaba con otros ritmos caribeños y, aun, sudamericanos para confundirlos en una aleación polirrítmica que representaba el modo de vida urbano del barrio latino. «Salsa» significó un esfuerzo de síntesis y de énfasis de lo latino caribeño que, a juicio de Johnny Pacheco, ponía toda la música tropical «bajo un mismo techo»[18]. Incluso entre los mismos latinos, manifestaciones musicales afrolatinas como el son, el guaguancó, la guaracha, etcétera, suscitaban confusión. La palabra «salsa» suprimía ese problema. Ahora bien, ¿por qué «salsa» y no otra? ¿Qué entraña esta escogencia?

2.6.1. *Salsa: una manera de hacer música*

La más importante orquesta de salsa de Puerto Rico, El Gran Combo de Puerto Rico, motiva en Nueva York declaraciones nacionalistas apa-

17. Ralph Mercado, dueño del grupo discográfico RMM y promotor de espectáculos latinos de Nueva York; cp. Lannert, John (1998): «Salsa Pioneer Jerry Masucci, 63, Dies». *Billboard*, 110 (2), 10 de enero, pp. 6 y 82.

18. Abascal, Carlos, Antoni, Alejandro y Sayegh, Jorge (1995): *Salsa, clave y sabor*. Documental de HBO Omnivision Latin Entertainment.

sionadas entre puertorriqueños de todas las generaciones. Durante un concierto gratuito que El Gran Combo ofreció en el Prospect Park de Brooklyn, el sábado 27 de junio de 1998, se vieron banderas puertorriqueñas ondear durante más de tres horas de espectáculo y numerosas personas del público llevaban símbolos puertorriqueños, entre ellos la *pava*, el sombrero jíbaro empleado por el PPD durante las campañas políticas de los años cuarenta. Sin embargo, ese mismo chovinismo sienta las bases de declaraciones contrariadas como la siguiente:

> Este miedo a la asimilación es un fantasma [...]. ¿Por qué nuestra cultura desaparecería si obtenemos el derecho de voto [en las elecciones presidenciales de Estados Unidos]? Mire Nueva York. ¿Qué música se escucha allí? ¡Salsa!

Esta declaración, incorporada a un reportaje publicado por el cotidiano francés *Libération* el 28 de julio de 1998 –a raíz del primer centenario de anexión de Puerto Rico a Estados Unidos–, presenta la salsa como símbolo de una cultura puertorriqueña consumada en Nueva York aun cuando esta música, lo hemos visto, no reivindica necesariamente el acervo puertorriqueño sino que resignifica el afrocubano de acuerdo con los rasgos del modo de vida *nuyorican*. La salsa es por lo tanto una expresión cultural lábil. Ella ofrece empatía a la sensibilidad de los puertorriqueños de la isla, pero representa, sobre todo, la experiencia de vida de los que moran en Nueva York. No obstante, la gran cantidad de *nuyoricans* ha permitido que la cultura que éstos han gestado impregne la de la isla. La salsa se ha convertido así en un símbolo puertorriqueño. El concierto de El Gran Combo durante la Exposición Universal de Sevilla, en 1992, fue promovido con el eslogan «Puerto Rico es salsa».

Cuando discutíamos la versatilidad de los ritmos afrocubanos para representar el modo de vida de la comunidad puertorriqueña en el Nueva York de los años cincuenta, mencionamos el son como la estética que correspondía a la experiencia de vida del barrio latino. Esta correspondencia tendría que ver con el hecho de que el son es un ritmo «abierto», que da cabida a la libre expresión de los músicos de la orquesta y, por ende, al temperamento impulsivo del sonero. En la salsa, el son se recrea, y esta capacidad de recreación es para Carpentier su «gran mérito»:

> El gran mérito del son está en que la libertad ofrecida por él a la espontánea expresión popular propició la invención rítmica. Los valores se subdividieron y diversificaron dentro del compás. A partir de determinado momento, hubo verdadera creación. Muchas orquestas de son debieron su fama al hecho de que «tocaban distinto». Más calor, más novedad, dentro del metro conocido; súbitas fantasías de percusión que arrancaban exclamaciones de entusiasmo de los bailadores (Carpentier, 1987, p. 411).

Con todo, la salsa no es son, aun cuando se pretenda que éste es su eje musical. Si la salsa no es un género específico sino, por lo contrario, una reunión de varios, ella propone en cambio un temperamento para representar un modo de vida urbano. En este sentido, Quintero Rivera la plantea como «una manera de hacer música» que se caracteriza «por procesos dramáticos de desubicación territorial» (1998, pp. 92-93), y que se conecta con un modo de vida: primero, el del barrio latino de Nueva York y, por extensión, el de los barrios de cualquier gran ciudad del Caribe hispano. Este planteamiento es suscrito por otros autores para quienes la salsa, más que una forma musical o un *gimmick* comercial, es un «movimiento sociocultural urbano»:

> La salsa, en sentido estricto [...] nace durante los años sesenta en Nueva York, concretamente en el Spanish Harlem, más conocido como El Barrio, y no es un género musical definido como el son, la plena o la cumbia, sino un movimiento socio-cultural urbano, sintetizado en una expresión musical, creada y desarrollada por los emigrantes del Caribe y algunos músicos norteamericanos identificados con el patos latino y seducidos por los ritmos de Cuba y Puerto Rico. La salsa basa su patrón rítmico en la guaracha cubana, pero arreglada con influencias de jazz, rhythm 'n' blues, soul y rock 'n' roll (Romero, 2000, p. 12).

Este movimiento, que no reniega de las influencias de la música pop angloamericana y que es tributario de la música afroamericana, involucra una fórmula polirrítmica maleable que puede despejar espacios en su estructura para unir el son afrocubano a la cumbia colombiana, la bomba puertorriqueña, el reggae jamaiquino e, incluso, la samba brasileña. Para Gerard y Sheller:

> La canción [de salsa] puede estar arreglada según un ritmo de una región específica de América Latina. Puede comenzar como un mambo afrocubano para convertirse en una bomba puertorriqueña y concluir volviendo al mismo mambo e, incluso, a una samba brasileña (1989, p. 9).

De un modo expresivo, esta misma idea es reivindicada en las letras de la salsa, como consta en el montuno de la canción «La fama», en la que el sonero Héctor Lavoe, en el registro machista tradicional del género, recuerda a su audiencia el carácter polirrítmico de su repertorio:

> Canto guajira, bolero, aguinaldo y guaguancó,
> se sorprendió el que no creía cuando el macho otra vez ganó[19].

No obstante, ninguna de las versiones apuntadas hasta aquí –ni siquiera la que propone la misma salsa desde la letra cantada por uno de sus héroes más inmortales– satisface a todos sus analistas, aunque como apunta Ulloa (2008, p. 44), existen seis consensos fundamentales en torno de la salsa:
a) su matriz puede consistir en ritmo cubanos, pero ella no se reduce a lo cubano;
b) estos géneros, en efecto, se mezclan en Nueva York pero también en otros destinos musicales latino-caribeños. La labilidad de la salsa funciona como una metáfora de fluidez panlatina que, por medio de sus raíces cubanas y su arraigo boricua-*nuyorican*, ha permitido a regiones determinadas simbolizar su vínculo con el Caribe, con Estados Unidos y con el resto del mundo. En este sentido, Waxer (2002) caracteriza la afición a la salsa de la colombiana ciudad de Cali (que se ha jactado de ser la «capital mundial de la salsa» [*sic*]), como un fenómeno que describe su paulatina incorporación a los intercambios comerciales del mundo globalizado a través de mercancías lícitas e ilícitas. La salsa, más que el etos psicosocial de un territorio específico, describe el espíritu de una «ciudad en flujo» (p. 16), es decir, el de una realidad

---

19. Lavoe, Héctor (1993): *The Fania Legends of Salsa*, vol. 1, JM 700.

urbana impactada por los cambios estructurales que ha traído consigo la globalización, cuyos síntomas pueden evidenciarse en puntos geográficos diversos;
c) en razón del cultivo de la tradición musical afrolatina en Nueva York, ella también se nutre de fuentes no latinas como el rhythm 'n' blues, el soul y el rock;
d) el barrio es su espacio social de inspiración;
e) así como la salsa no es un género homogéneo, dentro de la canción de salsa proliferan estilos dependientes de culturas musicales locales o de investigaciones estéticas particulares de sus cultores e intérpretes; y
f) en razón de su hibridez inmanente, la salsa ha influenciado las tradiciones musicales propias de las región latinoamericana y del Caribe.

De un modo más general, y siguiendo las precisiones teóricas del musicólogo cubano Leonardo Acosta (2004), Ulloa generaliza la salsa para entenderla como «una mezcla de mezclas» o, como habría apuntado Acosta, un género de «fusión en sentido amplio» (híbrido) que «desarrolló un sonido «más brillante» asociado a la presencia de vientos metales en diferentes combinaciones y con énfasis en el sonido del trombón de vara (aunque éste, señala Ulloa, no es su único rasgo).

> [...] la salsa intensificó y complejizó la sección rítmica enriqueciendo la percusión con el timbal, la conga, el bongó y la campana [...]. Ella aceleró el *tempo*, tocando «más pa'lante», como una forma de percibir y representar los nuevos tiempos del agite y la velocidad de la vida en la capital del mundo [Nueva York] (Ulloa, 2008, p. 45).

El carácter panlatino de la salsa y su arraigo urbano introduce una idea de «mezcla» que en realidad describe su dinámica interna y su razón de ser.

2.6.2. *«Salsa»: la palabra*

Treinta y un años después de la salida de su primera grabación con el sello Fania, Willie Colón, uno de los artistas más emblemáticos de este sello, insiste en la idea de que «la salsa no es un ritmo, es un concepto». Esta frase, inscrita en la portada de su título *Demasiado corazón*, anticipa la imagen de contraportada, la sombra de Colón, pistola en mano, actitud que remite a la violencia cotidiana del barrio latino.

La palabra «salsa» para identificar el repertorio afrolatino grabado y comercializado por el grupo Fania fue sugerida en 1973 a Jerry Masucci por el publicista y maestro de ceremonias de la Fania All Star, Israel «Izzy» Sanabria, responsable de buena parte de las carátulas de los discos lanzados por el sello y director de la revista mensual *Latin New York*. Inmediatamente Masucci la depositó en el registro de propiedad industrial e intelectual[20]. La sugerencia habría intervenido mientras el grupo Fania producía una película promocional de este movimiento-género, *Salsa*, lanzada en 1976 y cuyo propósito fue despejar un nicho de música popular en Estados Unidos. En palabras del propio Masucci:

> La importancia de esta película reside en el hecho de que promueve la salsa como género musical [...]. En la película aparecen como invitados artistas de otros sellos, y eso es bueno: no se trata de una competencia. Yo lo veo de esta manera: si la salsa sigue creciendo, Fania tendrá su parte del mercado[21].

La palabra «salsa» ha sido empleada de larga data en el ámbito del espectáculo afrolatino y connota un hedonismo alimenticio susceptible de transfigurarse en una sensualidad conectada con los ritos de seducción y con la consumación del acto sexual. No obstante, a raíz de su transformación, desde los años setenta, en tendencia de moda, fenómeno comercial y movimiento sociopolítico, una de las grandes obsesiones del análisis de la salsa ha sido el rastreo de la estela semántica que la palabra ha dejado. En esta corriente, Báez (1985, cp. Escalona, 1998, p. 173) propone la siguiente cronología para ilustrar su uso por artistas afrolatinos entre 1933 y 1977.

---

20. Lam, Rafael (1997): «Jerry Masucci, le roi de la salsa». En: *Hommage à Jerry Masucci. L'histoire de la Fania*. Sonido Inc., PM 635 8448162.
21. García, Rudy (1976): «"Salsa" Movie Opens in N.Y.». *Billboard*, 88 (15), 10 de abril, pp. 10 y 50.

Tabla 1. Menciones de la palabra «salsa» desde 1933 hasta 1977

Grupo o artista	**Título de canción o contenido de la mención**	**Año**
Septeto Nacional	«Échale salsita»	1933
Israel «Cachao» López Pedro J. Belisario	«Más salsa que pescao» «Salsagüere»	1954
Joe Cuba Sextet	«Salsa y bembé»	1962
Charlie Palmieri	«Salsa na' má'»	1963
Cal Tjader	«Soul Sauce»	1964
Pupi y su charanga	«Salsa nueva» (título de un disco correspondiente a la moda de las charangas.	1965
Ray Barreto y su Charanga Moderna	«Salsa y dulzura»	
Fidias Danilo Escalona	*La hora del sabor, salsa y bembé* (emisión radial emitida en Venezuela)	1966
Federico y su Combo Latino	«Llegó la salsa»	
Hermanos Lebrón	«Salsa y control»	1970
Israel «Izzy» Sanabria	Sugerencia de utilización de la palabra «salsa» para identificar la película del mismo nombre producida por el grupo Fania y dirigida por el cineasta Leon Gast.	1973
Orquesta Harlow	«Salsa»	1974
Revista *Time*	«Hace su entrada la salsa, a algunos les gusta caliente»	1976
Revista *Billboard*	«Salsa Explosion»	12/06/1976
Revista *Resumen*	«El *boom* de la salsa»	6/09/1977

Entre 1964 y 1973, la palabra fue empleada o bien para fijar el espíritu de producciones específicas o para resaltar la sensualidad hedonista de la cultura afrolatina. Aparte de los precedentes mencionados en el cuadro, deseamos comentar dos que, estimamos, pudieron haber tenido gran influencia en la adopción de la palabra y en la formulación de este concepto comercial.

En 1964 el vibrafonista Cal Tjader lanzó su título *Soul Sauce* en el sello de jazz Verve. Esta escogencia –susceptible de ser asimilada fonéticamente a la palabra castellana «salsa»– no fue fortuita. Los discos de Tjader eran deliberadamente «étnicos», e incluso las gráficas de sus carátulas incluían imágenes idealizadas –americanizadas– del mundo latino. El imaginario del que los diseñadores gráficos de Verve echaban mano se ajustaban a criterios de elegancia y sobriedad que tomaban en cuenta las características del público meta: aficionados no latinos al latin jazz pertenecientes a la clase media alta.

Otro antecedente importante lo proporcionó la misma escena latina neoyorquina. En 1966, en plena moda del boogaloo, el sexteto de Joe Cuba editó bajo el sello Tico el título *Bang Bang! Push Push Push*. Esta grabación es una referencia importante en la historia comercial de la música afrolatina porque entró en el *Hit Parade* de la radio angloamericana y fue promocionada por estaciones de radio que, tradicionalmente, no difundían música afrolatina. Su título se inspira del ambiente hostil del gueto latino neoyorquino, donde se escenificaban luchas con bandas afroamericanas (las onomatopeyas *Bang* y *Push* evocarían los tiroteos y las golpizas entre los clanes afroamericanos e hispanos). En este disco figura la canción «Cocinando», una descarga de nueve minutos de duración y que comienza con una invitación cantada a un gran banquete:

> Si quieren saborear lo que yo traigo
> les juro que no se arrepentirán.
> Traigo una receta exquisita
> que yo sé que les va a gustar.
> Bistec con su mojito para empezar,
> arroz con su chorizo probarán.
> Con unos guineítos con su [?],

ensalada de aguacate que no faltará.
Y ahora presentamos a Joe Cuba
que con su ritmo sin igual va a cocinar[22].

Al final de la invitación a este festín, el coro del montuno repite:

La salsa ya está para usted probar.

Las improvisaciones («inspiraciones») del sonero en el montuno continúan hablando de alimentos –tema común de la música afrolatina– hasta que los músicos del grupo deciden «cocinar por sí mismos». El cantante presenta el solo de cada músico dando a cada instrumento el nombre de un ingrediente: el piano se llama «mojito», el vibráfono «tocino», el bajo «guineo» (plátano), las congas «sal» y los timbales «pimienta». Se trata de un mambo de carácter agresivo fuertemente influenciado por el *bop* afroamericano. Su contundencia entraña una *dimensión gustativa* indisociable de la música afrolatina: la emoción física positiva que la orquesta sea capaz de procurar siempre estará relacionada con la idea de «sabor».

Soul Sauce valió a Cal Tjader ventas de 150 mil copias, cifra considerable en la escena del jazz. Y el propio título sonaba como un buen *gimmick* en el cual se congregaban el hedonismo latino y el modo de vida urbano del barrio (estos últimos dos elementos expresados por cierto de una manera elocuente en la canción «Cocinando», de Joe Cuba). La pronunciación defectuosa de *soul sauce* por un hispano de primera generación en Estados Unidos puede desembocar en la palabra «salsa». Por otra parte, *Soul Sauce* contiene de por sí la palabra «salsa» en inglés, además de la palabra *soul*, y, como ya lo hemos señalado, esta música afroamericana fue una referencia esencial en el proceso de industrialización de la salsa.

En suma, el empleo de «salsa» en tanto que metáfora del espíritu de la música correspondiente al barrio latino ya estaba generalizado

22. Joe Cuba Sextet (1966): *Bang Bang! Push Push Push*. Tico, 1966; SLP 1146, «Cocinando». Señalamos con un signo de interrogación entre corchetes las palabras que no logramos entender en la grabación.

pero no sistematizado como «contraseña» de acceso hacia una categoría de productos musicales. Así como el espíritu de la salsa se nutre de una idea de crisis –de identidad, económica, social o cultural–, la palabra entraña un poder de connotación anclado en los imaginarios sensual y terrenal que, al igual que la crisis y la violencia, integran el modo de vida del barrio. «Salsa» evoca vida y exalta el valor del contacto físico: percusión, alimentos, baile en pareja, sexo, entre otras.

Por sí misma, la música se refiere a lo físico mediante la armonización de patrones rítmicos repetitivos que conforman la base del placer que une a músicos con aficionados. Esa armonización produce lo que en la música afroamericana se llama *groove*, analogía con la acción mecánica de una aguja dentro de una ranura tallada de un disco de vinilo y que, social y estéticamente consiste en

> [...] un sentido intuitivo del estilo como proceso, la percepción de un ciclo en movimiento, la revelación de un espacio sobre la organización del modelo, una disposición recurrente de elementos en el tiempo [...].
>
> Aparte de ser un rasgo técnico y estético de la música, el *groove* implica la manera en que un receptor socializado anticipa el modelo en la forma de un estilo, y, sintiéndolo, participa momentáneamente [en la atmósfera] seleccionando y apreciando sutilezas de otras regularidades (Feld, 1994, pp. 109 y 111).

Esa «socialización musical» –que en inglés puede manifestarse con la expresión *to get into the groove*– responde a la misma lógica que impone la clave afrocubana, patrón rítmico en el que convergen las fuerzas tanto de la música como del bailador. La clave es una condición imprescindible a través de la cual los músicos afrolatinos profesionales juzgan la calidad de sus creaciones[23]. Se trata de las pulsaciones fijas e invariables a lo largo de dos compases enteros de dos barras cilíndricas de madera en distribución rítmica 3-2. Para el oído de un escucha profano, esta secuencia se oye como tres golpes consecutivos, separados con intervalos idénticos, y dos golpes consecutivos más rápi-

---

23. Tal como lo expresa el pianista Óscar Hernández: «Se puede ser todo lo experimental que se quiera, pero sin clave [la música] no tiene ni raíz, ni base ni nada sobre lo cual se pueda experimentar» (cp. Singer, 1983, p. 190).

dos. La secuencia se repite cíclicamente. Existe también una secuencia 2-3, mucho menos utilizada y a menudo considerada incorrecta. La secuencia 2-3 es llamada por los músicos expertos «cruzada». La falta de dominio de la clave puede originar una falta de armonía entre melodía y ritmo. Para los aficionados, el dominio de este esquema rítmico sostiene el placer físico del baile.

La reiteración rítmica de la técnica musical afrocubana y el acoplamiento del cuerpo a ese marco constituyen entonces el placer que la salsa procura. Y ese placer que la música ofrece al cuerpo ha sido objeto de consideraciones filosóficas por parte de tratadistas clásicos, lejanos temporal y espiritualmente de la sensibilidad de la salsa, tales como Kant, quien entiende el placer ante la percepción de las formas como un efecto inmediato que vivifica el cuerpo del sujeto y que se diferencia de la labor intelectual que juzga la obra y sus efectos:

> No es el juicio llevado sobre la armonía del sentido o sobre los hallazgos espirituales que, a pesar de su belleza, sólo desempeñan el papel de vehículo necesario, sino que es la actividad de la vida corporal, el afecto que estremece las entrañas y el diafragma, en fin, es el sentimiento de gozar de buena salud [...], el que constituye el placer que sentimos de tener bajo control el cuerpo por medio del alma, y que hace de ésta el medio de aquél (Kant, 1985, II, p. 1120; traducción nuestra).

En fin, la idea de contacto físico que la salsa exalta es el origen del goce corporal que ésta procura a través del peso crucial del ritmo y la percusión. Duany llega incluso a equiparar el soul afroamericano y la salsa afrolatina a partir de este elemento:

> La herencia africana se manifiesta en el hecho de que en los dos géneros musicales el ritmo es importante. El propio término «salsa» –más o menos equivalente al de «soul» para los afroamericanos– sugiere que la percusión, y particularmente el sonido de los tambores, es esencial (Duany, 1992, p. 82; traducción nuestra).

Sin embargo, en el ámbito de la música afrolatina, esta idea de contacto físico no es sólo profana. Ella es en realidad una vía de trascendencia. Recordemos que en las ceremonias religiosas yoruba-lucumí, los seres humanos se comunican con las divinidades a través del sonido de los tambores batá («el repertorio de los tambores de batá es la gran música clásica de África y una de las grandes músicas clásicas del mundo, tan digna de estudio como la música de Palestrina o de Bach», escribe Sublette [2004, p. 228]). Esta comunicación se llama «rumba» (conversación con los dioses) y se entabla a través de ritmos específicos que se dirigen directamente a una deidad.

Por analogía, en un contexto profano, «rumba» evoca simplemente «fiesta», una fiesta que se caracteriza por el sonido del tambor tocado con la mano desnuda y cuya pantalla de resonancia *afuera* es la piel del bailador.

Más allá de que la palabra congregue los atavismos de la sensibilidad caribeña hispana, ella tiene obvias virtudes comerciales: es breve y generalizante, no explica el porqué del modo de vida del barrio pero lo afirma y lo hace público y notorio, lo que ayuda a fijar un circuito musical (los barrios de Nueva York y los de las grandes ciudades del Caribe hispano) y a conceder a la música un valor de representación en función de los rasgos característicos de su modo de vida originario. Si bien la palabra no explica la génesis del barrio, hace un aporte nada despreciable: erige su mito.

Para Barthes, los elementos perceptibles del sistema mítico (la palabra «salsa», las anécdotas narradas en su repertorio, las fotografías impresas en las portadas de los discos, los rostros de sus estrellas principales) «postula[n] de por sí una lectura, yo lo[s] entiendo con los ojos, tiene[n] una realidad sensorial [...]» (1994, p. 202). No obstante, detrás de esa sensorialidad, se oculta una historia compleja, sobre la cual tratamos de aportar algunas nociones en el capítulo precedente. En suma, aun en medio de un vacío de explicaciones, en el mito de la salsa «el sentido está ya completo, postula un saber, un pasado, una memoria, un orden comparativo de hechos, de ideas, de decisiones» (Barthes, 1994, p. 202).

Así, la salsa, que a menudo se asocia con un movimiento de resistencia cultural de la comunidad puertorriqueña (y, por extensión, de todos los latinos) en Estados Unidos, no sería más que una incitación al consumo dirigida a un grupo humano unido por una historia y una cultura comunes. Valiéndose del poder de síntesis de la palabra, el grupo Fania validó un imaginario al tiempo que se declaró proveedor de la categoría de productos correspondiente a ese imaginario. «Salsa» afirmó una identidad dentro de la sociedad de consumo, para Ewen una de las funciones clásicas de la comunicación publicitaria:

> Una publicidad dada no sólo exige que un individuo compre el producto que promociona, sino que éste experimente que antes había sido negado social y físicamente (Ewen, 1977, p. 36; traducción nuestra).

La decisión simbólica de Fania le impuso un compromiso: «producir» la demanda de su categoría de productos. Siendo como es la salsa un caso de industrialización de la cultura, y siendo sus productos obras fonográficas repetidas técnicamente con el propósito de agotarse en una comunidad de aficionados-consumidores (Attali, 1977, p. 204), Fania, así como el resto de los sellos especializados, se dio a la tarea de diversificar los modos de representación de la realidad socioeconómica del barrio latino. Esta lógica ha sido descrita por el enfoque marxista de la producción cultural, según el cual el valor de uso de la mercancía cultural (de la obra de arte reproducida técnicamente) es desplazado por el fetichismo de la mercancía (Aguirre, 1981, p. 10). En el caso de una música popular como la salsa, la fetichización del bien cultural se inscribe en la inercia de una obsolescencia planificada en la cual un bien musical dado es remplazado por otro cuya producción ha sido desarrollada de manera «estandarizada» y apelando a formas redundantes (Aguirre, 1981, p. 10) que, no obstante, se formulan como una novedad.

En este sentido, el barrio puede implicar alegría festiva, incluir tendencias de moda, materializar la lucha sociopolítica y cultural de un gentilicio marginado, sublimar la violencia (social y doméstica) en frescos o parodias bailables o, aun, denunciar los abusos militares de Estados Unidos en países latinoamericanos (el caso de la llamada tendencia «consciente» de la salsa, cuyos exponentes principales fueron la pareja Willie Colón-Rubén Blades). Alternando temas y actitudes artísticas (encarnadas por los cantantes del género[24]), los sellos especia-

24. A este asunto en específico hemos consagrado el tercer capítulo de nuestro libro anterior: Tablante, Leopoldo (2005): *Los sabores de la salsa. De la rumba brava a la fiesta mansa; de Héctor Lavoe a Jennifer López*. Caracas: Ediciones del Museo Jacobo Borges.

lizados lograron comercializar su producción musical a lo largo de la década de los setenta y comienzos de los ochenta y trazaron el camino a seguir en empresas ulteriores llevadas a cabo por otros sellos especializados y, muy especialmente, por grandes firmas globales del negocio fonográfico. Justamente, la próxima parte está dedicada a observar la evolución comercial de la salsa desde sus canales de promoción hasta la activación del interés de los grandes sellos.

SEGUNDA PARTE

Cuatro perspectivas en la evolución comercial de la salsa

Esta segunda parte trata sobre la evolución de la industria fonográfica especializada y sobre las estrategias comerciales que ésta adoptó desde comienzos de los años setenta, inspirada en el concepto comercial «salsa». Esta sección del trabajo es en realidad la que describe la salsa como fenómeno comercial que, de haber sido forjado por un grupo independiente, fue transformándose en segmento específico dentro de la totalidad del mercado latino de la música popular. Nuestra tentativa busca levantar una historia comercial de la salsa, relato que, a diferencia del que refiere la retrospectiva de la música y de sus artistas, es prácticamente desconocido.

Esta historia comercial de la salsa fue escrita a menudo recurriendo a técnicas discursivas propias del relato periodístico, lo que implicó la incorporación de datos que, a pesar de su extemporaneidad o parcialidad, dan cuenta de un aspecto significativo en el marco de un proceso complejo. La fuente de información principal fue lo publicado sobre la salsa y la música latina en general en la revista de la industria musical, *Billboard*, entre el 2 de septiembre de 1972 y el 16 de octubre de 1999. No nos limitamos en nuestra empresa a los materiales estrictamente periodísticos de la publicación. De hecho, podemos discriminar y describir de la siguiente manera el cúmulo de materiales impresos considerados:

Tabla 2. Tipo de información publicada en la revista Billboard útil en la reconstrucción de la historia comercial de la salsa

Datos estadísticos	Ilustración aproximada de la evolución cuantitativa de la industria y del mercado de la salsa.
Testimonios de actores vinculados a la salsa	Evaluación cualitativa de los criterios de producción y de comercialización de los productos de salsa y de las expectativas de los empresarios en función de las decisiones estratégicas tomadas.
Crónicas sobre eventos y artistas de salsa	Precisiones sobre los artistas y lo momentos claves a lo largo de la historia comercial de la salsa.
Anuncios publicitarios	Caracterización de los contenidos y de los artistas de salsa, sobre todo en Estados Unidos.

En ocasiones, empleamos datos publicados por otras revistas e, incluso, otros proporcionados personalmente por informantes debidamente identificados.

El relato «prosaico» de la salsa permite conectar las estrategias, éxitos y fracasos de la industria especializada con el modo de vida y el gusto del que se considera el público prioritario de esta música popular. Así, los aspectos mercadotécnicos o económicos de la salsa deben ser entendidos como repercusión de la mayor o menor empatía que un sello disquero ha ofrecido a los aficionados de esta música popular, música estandarizada y reproducida técnicamente que, como tal, se repite y varía sólo en función de valores vigentes en su modo de vida prioritario. Al ser un bien industrial, la salsa depende de la producción de una demanda, es decir, de su renovación no tanto en función de su sensibilidad originaria sino de las modas mediante las cuales ésta se manifiesta. Tal como lo expresa Attali, en el marco de la industrialización de la cultura lo que cuenta es «la diferencia del grupo entero con respecto a lo que era la víspera, y no la diferencia en el grupo» (1977,

p. 238). Esta reflexión, que de alguna manera descalifica el carácter ómnibus de la cultura popular, caracteriza su lógica. Si la salsa reconoce y sistematiza una tradición musical, no lo hace sólo para afianzar la cultura de un gentilicio; lo hace, sobre todo, para adjudicar a esa cultura un valor de cambio.

Emprenderemos la historia comercial de la salsa ocupándonos de cuatro problemas diferentes:

- dedicaremos el capítulo 3 a explicar cómo el concepto comercial «salsa» se oficializó en los medios de comunicación y en las instituciones norteamericanas de la música popular. A nuestro juicio el reconocimiento por los medios de comunicación ha posibilitado que esta música se convierta en un producto comercial singular dirigido en prioridad a la audiencia latina de Estados Unidos, extensible a la audiencia urbana del Caribe hispano. Tras señalar las dificultades de promoción de la salsa en el cine, establecemos la función de la radio, la prensa y la televisión en la proyección y en la promoción de los contenidos derivados de este concepto comercial;
- la legitimidad adquirida por la salsa en las instituciones de la música y en los medios americanos nos lleva a estudiar la evolución de la salsa en el circuito de su audiencia principal (capítulo 4). Para ello, limitamos la información dedicada a la música latina y expuesta en las páginas de *Billboard* a los elementos que nos permitan reparar en las estrategias asociadas a la concepción y elaboración del producto de salsa así como a la fijación de precios. Incluimos en este capítulo las reacciones de la industria de la salsa con respecto a las estrategias seleccionadas y, en los límites de los datos disponibles, los comportamientos específicos de los mercados locales;
- seguidamente, en el capítulo 5, estudiamos las tres fases de producción independiente más importantes en la historia comercial de la salsa, encarnadas por los sellos Fania, TH/Rodven y RMM. Ponderamos la importancia de estas tres etapas de producción independiente según los acuerdos de distribución negociados por cada sello con empresas multinacionales;
- el último capítulo propone pistas a través de las cuales puede comprenderse la penetración de las grandes firmas globales de la música popular en el sector de la salsa, puesto en evidencia por la concentra-

ción de las divisiones latinas de los grandes sellos en la ciudad de Miami. Vemos en la explotación intensiva de la salsa por las *majors* una estrategia de comercialización en un marco general de acción en el mercado latino, donde coinciden géneros musicales comerciales diversos, correspondientes a las características particulares de las diversas comunidades hispanas.

Capítulo 3
Los medios de comunicación y la salsa

A comienzos de los años setenta, el sello Fania ya se había convertido en grupo fonográfico. En 1971 había absorbido la insignia especializada en boogaloo Cotique y había creado otras cuatro: Éxitos, Inca, Internacional y Vaya. Fania consiguió establecer la matriz de sensibilidad correspondiente a ese «modo de hacer música» sistematizando el cultivo de ciertos criterios estéticos (relativos a la producción musical y a la realización de una iconografía propia) y concretando relaciones con el parque mediático de Estados Unidos. Todo ello permitió a su audiencia principal «interpretar los sentidos de los mensajes no sólo apreciando el contenido sino también observando ciertos indicios sobre la manera de presentarlos» (Bateson y Ruesch, 1988, pp. 58-59). No obstante, el arranque de la salsa significó la asunción de un reto: superar el cambio de década, es decir, el cambio de modas. Pese a que los sesenta revelaron a los empresarios los elementos que permitían construir el mito del Nueva York latino, el agotamiento del boogaloo libró de nuevo la música afrolatina a la incertidumbre. ¿Qué podría seguir al rapto de asimilación *nuyorican* que había representado el *shing-a-ling*?

El retorno a la escena afrolatina de dos de los más importantes exponentes de la moda del boogaloo, el pianista Richie Ray y su cantante, Bobby Cruz, tuvo lugar el 21 de agosto de 1971 en el Cheetah Club –antiguo Palms Garden– de Joe Cavallero (calle 52 con 8.ª Avenida, en la isla de Manhattan) con una canción titulada «Ahora vengo yo». El tema ironizaba sobre el escepticismo existente a comienzos de los años setenta sobre la capacidad de *reciclaje* de la industria de música afrolatina. Aquel «Ahora vengo yo» se adelantaba al ímpetu de un estilo musical al que estaba a punto de bautizarse «salsa». De hecho, se concede que este concierto de la orquesta Fania All Stars fue la presentación oficial de este estilo.

El crecimiento de Fania se acompañó de una actividad de comercialización que, de segmentar una audiencia latino-caribeña en función de las claves del modo de vida del barrio, pretendió adherirse a la corriente principal del pop estadounidense. Si bien este último objetivo no se logró, fue útil al menos para guiar los esfuerzos ejecutivos: apostar por el concepto comercial «salsa», atribuírselo a todos los latinos y, en particular, desplegar una labor de cabildeo y relaciones públicas para que éste se legitimara institucional y mediáticamente al tiempo que se intensificaba la producción de un catálogo musical.

En este capítulo nos ocuparemos de hacerle seguimiento a todas las gestiones que el sector de la industria de la música popular especializada desplegó para mediatizar el concepto comercial «salsa». Comenzamos por observar los trámites que, desde comienzos de la década de los setenta, el grupo Fania llevó a cabo para integrar la salsa a los contenidos de la prensa especializada y para legitimar esta música ante la National Academy of Recording Arts and Sciences (NARAS). En despecho de que la salsa no es toda la música latina, los principales esfuerzos orientados hacia su reconocimiento dentro del conjunto de las músicas populares de Estados Unidos provinieron del sector de la salsa. Seguidamente nos acercamos a los movimientos de Fania para promover este concepto y los productos que le están asociados en la prensa, la radio y la televisión.

3.1. La salsa gana el premio Grammy

La creación de una categoría de música latina por la NARAS sucedió luego de que la prensa musical americana comenzara a interesarse por la popularidad que tenía una música que comenzaba a ser llamada «salsa» en la comunidad latina de Nueva York. Que la salsa obtuviera reconocimiento institucional era indispensable para su comercialización puesto que de alguna manera ello la integraría al resto de las músicas pop norteamericanas. La venia institucional haría posible que la salsa dejara de ser apenas una palabra connotada: alusión a un espíritu intangible, a pesar de estar inscrito en un soporte físico. Hennion (1981, p. 294) llama la atención sobre la paradójica naturaleza de las instituciones de la música. A pesar de ser siempre blanco de reproches debido a sus anacronismos técnicos y a sus rezagos burocráticos, sin su aprobación las obras artísticas tienden a desvanecerse.

Desde 1972, Fania figuró en la prensa de la industria musical norteamericana –la empresa apareció con regularidad en *Billboard* entre 1972 y 1979–, de modo que ya había conocimiento público del trabajo desplegado por la disquera de Pacheco y Masucci.

Antes de 1975, la NARAS consideraba la salsa música étnica, sin mayores posibilidades de convertirse en una música de interés comercial. No obstante, desde su edición del 2 de septiembre de 1972 (vol. 84, n° 47), *Billboard* comenzó a reseñar lo que sucedía en ese terreno. En el mencionado número se anunció la futura realización de una investigación periodística: «¿Qué pasa con la música latina?». La interrogante pretendía revelar un misterio: pese a la popularidad de la salsa en Nueva York, la única manera de saber qué sucede en ese circuito es formar parte de él. Y el circuito de la salsa no sólo era ignorado por el público en general, sino también por los ejecutivos de la industria de la música, los más importantes lectores de la publicación. El objetivo de *Billboard* era práctico: dar seña de las estaciones de radio y de las salas de espectáculo donde se presentaran músicos latinos y hacer el seguimiento de la manera en que la televisión promocionaba las músicas latinas.

Dos meses más tarde se publicó un primer reportaje, «Latin Explosion», en el que fue posible enterarse de quiénes eran los brazos fuertes de los más importantes sellos de Nueva York: Joe Cayre (presidente del sello Mericana y de Pronto); Jerry Masucci (presidente del grupo Fania, que incluía los sellos Cotique, Éxitos, Inca, Internacional y Vaya); Joe Cain (mánager de Tico y de Alegre); Roger López (presidente del grupo Parnaso, en el que se incluían Parnaso International, Zelesta, Pegassus, así como las compañías de edición Parnaso

Music Company –afiliada a BMI– y María Music Company –afiliada a ASCAP–); Mercedes Glass (presidente de Ansonia); y Fred Reiter (presidente de United Artists Latino). Se mencionaban también otras casas disqueras más modestas como Barmaso, Deca, West Side, Mary Lou, Borinquen, Rico, Sonia, Orada Rye Rodríguez, Disco Sperinken[1]... Casi todos estos sellos se especializaban en salsa o en algún otro género afrolatino.

Jerry Masucci no perdió la oportunidad de ejercer de vocero de este grupo. Sus declaraciones en el mencionado reportaje gozaron de un despliegue relativamente importante. El jefe de Fania, interesado en abrirse al público angloamericano, evitó a toda costa el chovinismo puertorriqueño de sus artistas más populares y optó por utilizar un eufemismo genérico para referirse a la producción musical de su grupo de sellos: «música latina».

> Jerry Masucci, presidente del sello Fania, piensa que el mercado está creciendo pero que es necesario esperar la llegada del producto correcto para penetrar en el mercado nacional.
>
> «Los músicos latinos», dice, «deben darse cuenta de que es necesario experimentar con la música americana y utilizarla para su propio desarrollo».
>
> Nota que el consumo creciente de música latina por compradores caucásicos, así como la difusión de esta música por estaciones de radio afroamericanas, son señales del éxito constante del producto musical latino en el mercado americano.
>
> Estas experiencias, según Masucci, generan ya sus efectos, por ejemplo la disminución cuantitativa del volumen de letras en el producto musical actual. El resultado de esto es que se puede escuchar y apreciar la música sin preocuparse por las letras. Los artistas están buscando nuevas direcciones de creatividad[2].

Las razones esgrimidas por Masucci sobre la maleabilidad de la música latina (maleabilidad que él mismo aconseja a sus músicos) y

1. «Labels See New Markets Opening» (1972): Dossier «Latin Explosion». *Billboard*, 84 (48), 25 de noviembre, p. L-10.
2. *Ibid.* Traducción nuestra.

sobre su éxito potencial en el mercado angloamericano nutrieron las expectativas de la prensa de la industria musical con respecto al desempeño de su grupo fonográfico. Por su parte, Fania encontró en el entusiasmo de *Billboard* el complemento a su motivación corporativa. En lugar de recluirse en el Spanish Harlem o en el South Bronx, la insignia se tomó en serio el propósito de cruzar fronteras. Una palabra inglesa se utilizó a todo lo largo de los años setenta para referirse a esta obsesión: *crossover* (cruzar hacia el otro lado).

Fania se empeñó en popularizar su catálogo nacional e internacionalmente, y *Billboard* tenía fe en sus posibilidades. Además, la revista atribuyó a Fania el rol de creadora de todo el movimiento de la salsa. El sello no desaprovechó esta circunstancia, sobre todo porque se encontraba en una fase industriosa que incluía la producción de una película documental, *Our Latin Thing*, dirigida por Leon Gast, que promocionaba la salsa como manifestación musical tradicional del barrio latino.

A raíz de aquel primer reportaje, la industria musical en pleno reparó en el poder evocador de la palabra «salsa», que para los latinos era sucedáneo de rock o de rhythm 'n' blues. No por casualidad el rock (manifestación musical que correspondía más bien a la sensibilidad anglosajona pero que supo extenderse a otros públicos) redujo su popularidad entre los latinos debido a la salsa. El periodista Jim Melanson afirmó en 1973 pérdidas entre el 10 y el 12% para el pop anglosajón en Puerto Rico debido a la comercialización intensiva de la salsa en la isla[3].

Entonces Fania daba señales de salud financiera: había aumentado sus ventas un 16% y, por volumen de producción, su éxito era representativo del éxito de lo latino en general. Las intensas actividades de promoción y producción del grupo Fania hicieron pensar a los periodistas especializados que toda la música latina debía sonar, más o menos, como salsa. Aquélla era razón suficiente para que la industria especializada negociara ante la NARAS la creación de una categoría «latina».

---

3. Melanson, Jim (1973): «Sales Bow in P.R. Cuts into U.S. Sales». *Billboard*, 85 (9), 3 de marzo, p. 100.

El 23 de febrero de 1974, *Billboard* anunció el primer seminario dedicado a la salsa como fenómeno popular. El seminario, organizado por el músico Larry Harlow, artista exclusivo del sello Fania, y por el director del capítulo neoyorquino de la NARAS, Jean Kaplow, comportaba participaciones tanto de músicos como de otros empresarios del medio como Ralph Lew, gerente de Mericana; Joe Cain, director de Tico y Alegre; Elliot Sachs, director de promoción de Fania; Charlie Palmieri, pianista y profesor de música; René López, historiador de la música afrolatina; Max Salazar, musicólogo; Paquito Navarro, *disc-jockey* de WHOM; Izzy Sanabria, editor de la revista *Latin New York*; y Ray Barreto, músico[4]. Este seminario no sólo mostró que la salsa era una interesante manifestación artística de la comunidad puertorriqueña neoyorquina, sino que sirvió como pretexto para reunir a los empresarios que se ocupaban de ella y a sus más notables intérpretes.

Seguidamente, el músico Larry Harlow ingresó al capítulo neoyorquino de la NARAS, donde comenzó a trabajar para que la salsa fuera recompensada con el premio Grammy[5]. Según el propio Harlow, 200 mil firmas fueron necesarias para crear la categoría «Latin Music» y así incorporar la salsa a las categorías admitidas por la NARAS. Harlow recomendaba entonces la unión de los empresarios de la salsa a fin de proporcionar al género una red de comercialización confiable[6]. Por su lado, el diseñador gráfico y periodista Izzy Sanabria aupaba a la industria a elaborar la imagen de la salsa separándola de todo criterio de naturaleza étnica.

Finalmente, la NARAS accedió y creó la categoría «Latin Music», pero este logro no llegó sin controversias entre los propios productores de salsa y la institución. El reconocimiento de la categoría «Latin Music» por la NARAS puso al desnudo el metabolismo latino de la industria de la salsa, que, en su conjunto, enfrentó problemas para proponer un talento constante y para mantener un nivel de motivación

4. Melanson, Jim (1974): «Latin Scene». *Billboard*, 86 (8), 23 de febrero, p. 26.
5. Terrace, Ray (1975): «Latin Music Ignored by Academy». *Billboard*, 87 (12), 22 de marzo, p. 33.
6. *Ibid.*

suficiente para competir por el Grammy. Se añadía otra carencia: la ausencia de autoridades críticas capaces de evaluar los productos musicales postulados.

Frente a la espontaneidad latina, los estadounidenses reaccionaron con desconcierto. George T. Simon, miembro de la sección neoyorquina de la NARAS, se quejó del pobre registro de sellos latinos del que la institución disponía a finales de febrero de 1976 así como de la ausencia de un jurado calificador capaz de sancionar el trabajo de los artistas[7]. Por su parte, el presidente del sello Rico, Rafi Cartagena, denunció la responsabilidad del grupo Fania en la restricción de la competencia para la obtención del premio Grammy: «Es descorazonador darse cuenta de que un solo sello domina completamente las postulaciones a los premios»[8]. Las quejas de la NARAS y de los empresarios ligados al negocio del disco se tornaron más severas en 1977. Entonces la NARAS se pronunció no sólo contra la inconstancia de la industria musical especializada sino también contra la enorme diferencia entre el volumen de obras propuestas por Fania y las presentadas por los sellos de la competencia[9]. En 1977, las cifras que ilustraban el control del mercado por Fania eran más que elocuentes: 37 de los 63 títulos en competencia pertenecían a Fania, grupo disquero calificado de «monopolio», puesto que había sido el único capaz de construir un catálogo consistente (aunque no siempre caracterizado por su calidad musical). Fania lanzaba en promedio tres títulos por mes y Masucci se ocupaba personalmente de producir 10 por año. Al cabo, la producción total del grupo Fania sumó más de mil obras fonográficas[10]. El sello fundador del mercado de la salsa era también su principal proveedor.

A efectos prácticos, Fania era casi toda la salsa. Y porque así era, el sello trabajó concienzudamente la creación de una categoría de música latina, que, además de legitimar una música tradicionalmente mar-

7. «Latin Category in Jeopardy at NARAS» (1976): *Billboard*, 88 (8), 21 de febrero, p. 4.
8. *Ibid.*, p. 56.
9. Gurza, Agustín (1977): «Latin Industry is Apathetic to Grammy Awards». *Billboard*, 89 (7), 19 de febrero, p. 56.
10. Paty, Jean-Marc (1998): «Coup de jeune pour la Fania». *L'Express*, 2477, 24 de diciembre, p. 81.

ginada, le abría su propio nicho. La creación de esta categoría no sólo fue un logro institucional para Fania (por extensión para toda la industria de la salsa); fue también un paso hacia la diversificación de las músicas latinas entre las músicas norteamericanas y hacia el desarrollo de una industria latina de la música popular en Estados Unidos.

3.1.1. *Lo latino se diversifica*

En suma, la admisión de la música latina en Estados Unidos comenzó por su filón más «auténtico» y beligerante. Aunque la salsa no era música de protesta, sí era en cambio una música que se pronunciaba desde las particularidades de un modo de vida latino. El movimiento de la salsa, capitaneado por Masucci, se transformó en un estandarte cultural. Por eso, ya en 1976 circulaban propósitos periodísticos que reivindicaban la salsa como símbolo político: «La salsa ha ayudado a dar una idea de identidad nacional a los latinos [*sic*] y una unidad política que nunca antes había sido vista en este país»[11]. El orgullo de los latinos de Estados Unidos y del Caribe con respecto a esta música era un valor seguro para Masucci, quien apostó en un primer momento por halagar a su público principal en el marco de una estrategia de mercadeo concentrado (Colbert, 1993, p. 125)

Hasta 1984, toda la música latina fue encasillada en la difusa categoría «Latin Music», que, a partir de ese año, se dividió en tres renglones: «pop latino», «tropical» (en el que entraba la salsa) y «mexicana/americana». Esta diversificación sucedió cuando la salsa se encontraba disminuida comercialmente por la fuerza del merengue dominicano[12]. Más tarde, la NARAS creó una categoría para recompensar las mejores grabaciones en el ámbito del latin jazz[13] (de reciente elimina-

11. Medina, David (1976): «Salsa is Also a Political Force». Dossier «Salsa Explosion». Billboard, 88 (24), 12 de junio, p. S-6.
12. Fernández, Enrique (1983): «NARAS Takes a Welcome Step». *Billboard*, 95 (24), 18 de junio, p. 59.
13. Fernández, Enrique (1985): «Latin Notas». *Billboard*, 97 (45), 9 de noviembre, p. 69.

ción en una controversial decisión anunciada por el director ejecutivo de la NARAS, Neil Portnoy, el 6 de abril de 2011).

Las decisiones de apertura de la institución anunciaban el giro latino que la industria fonográfica internacional en pleno comenzaba a tomar a mediados de los años ochenta, mientras que el *latin pop* de Gloria Estefan y Miami Sound Machine estaba en pleno apogeo.

Entre la creación de la categoría «Latin Music» y la elaboración de otra especialmente dedicada a la salsa transcurrieron veinte años. Y no fue sino durante los últimos diez años del siglo xx cuando la institución asumió su talante latino. Ella abrió incluso la Latin Academy of Recording Arts & Sciences (LARAS), capítulo de la NARAS ocupado de juzgar la calidad de la música latina comercializada en Estados Unidos. El interés de las compañías globales en los campos de la salsa y el merengue posibilitaron que, por fin, en 1999 se crearan las categorías salsa y merengue por la LARAS, «una iniciativa para establecer una competencia equitativa entre artistas que interpretan estilos musicales similares», según el presidente de la NARAS, Michael Greene[14]. El primer Grammy a la salsa fue otorgado a Marc Anthony por su título *Contra la corriente*, lanzado por el sello RMM.

Sin embargo, la importancia aparente que la NARAS concede hoy a las músicas latinas no impide que algunos artistas renombrados del campo de la salsa se muestren escépticos: «Un Grammy latino es un Lammy. Un Grammy es un Grammy», fue la frase dirigida por Willie Colón al productor Emilio Estefan durante la entrega de los premios Grammy Latino en septiembre de 2000. Entre los artistas producidos por Estefan –socio de Sony Music en la producción de artistas latinos– se hallaba la mayoría de los candidatos al Grammy 2000. Colón reprochaba a Estefan acaparar los premios y marginar a los artistas que no son producidos por su compañía, Crescent Moon[15], y distribuidos por la gran multinacional.

14. Lannert, John (1999): «Salsa, Merengue Grammy Added». *Billboard*, 111 (25), 19 de junio, p. 48.
15. Información recibida por correo electrónico, enviada por el periodista Izzy Sanabria, 22/09/2000.

En todo caso, el reto asumido por Fania a comienzos de los setenta para abrir una categoría «Latin Music» fue un espaldarazo hacia el desarrollo de una industria especializada así como hacia la transformación de la salsa en categoría legítima en el conjunto de la música popular estadounidense.

3.2. La salsa en el cine. El honor, la traición y una pizca de pop

El levantamiento de una iconografía cinematográfica para la tradición musical latinocaribeña no es un mérito que le corresponde sólo a la salsa ni al conjunto de películas que comentaremos a continuación. Desde los años treinta, el director de orquesta Xavier Cugat, junto con Carmen Miranda –quien, a pesar de simbolizar la tropicalidad brasileña, nació en Portugal–, fue representante en Hollywood de un exotismo de sensualidad caliente que caricaturizó en la pantalla grande los placeres turísticos del Caribe. En particular Cugat fue el artífice de una puesta en escena tropical que combinaba una teatralidad de vodevil, con uso del formato de la *big band* de la era del swing complementada con ritmos y percusión afrolatina, lo que actualizaba lo tropical dentro del registro espectacular del *show business*.

A mediados de los años cincuenta, el mambo y el chachachá habían instaurado en Estados Unidos modas que trascendían la matriz emocional latina para conquistar también la sensibilidad angloamericana. Sin embargo, justo por estos tiempos el rock 'n' roll había irrumpido como estilo musical que, proveniente de la tradición afroamericana (sobre todo del sur de Estados Unidos), comenzaba a representar las ansias de rebelión de los adolescentes y jóvenes blancos. Lo afrolatino y lo angloamericano libraron en esa coyuntura una breve lucha de la que el cine se hizo eco. En 1956, el productor Sam Katzman financió dos películas, *Rock Around the Clock* and *Cha Cha Cha Boom!*, con el propósito de crear dos marcos cinematográficos para dos sensibilidades musicales distintas. Una de ellas debía demostrar ser más capaz que la otra de absorber al vasto mercado joven. Ambas cintas fueron dirigidas por Fred F. Sears y tenían el mismo argumento: un ejecutivo de una compañía disquera busca la nueva tendencia musical para explotarla en el mercado de la música popular a lo largo y ancho de Estados Unidos. En *Rock Around the Clock* ese ejecutivo encuentra a Bill Haley and The Comets y decide convertirlos en estrella; en *Cha Cha Cha Boom!*, un cazador de talentos llamado Bill Haven viaja a Cuba acompañado por su libidinoso intérprete mexicano para encontrar el último grito de la música afrocubana, el chachachá tocado por Dámaso Pérez Prado y su orquesta (no es casualidad que muchas de las canciones más populares del rock de los años sesenta estén influenciadas por ritmos latinos; sin ir más lejos, la popular canción «Satisfaction», de los Rolling Stones, es literalmente un chachachá).

Ese mismo año, el director francés de cine Roger Vadim también le añadió música afrocubana a su película *Y Dios... creó a la mujer*, en la cual un joven percusionista cubano residenciado en Nueva York, Carlos «Patato» Valdés, enseñaba a la rubia Brigitte Bardot cómo bailar mambo. La escena debe haber anticipado el gusto por lo afrocubano, a comienzos de los años sesenta, de uno de los más importantes exponentes de la *chanson* francesa, Serge Gainsbourg, pareja fugaz de la Bardot una década más tarde.

No obstante, antes de la emergencia de la salsa, lo afrolatino en la pantalla grande quería hacer de esta dimensión sensual un viaje cinco estrellas a «la isla bonita», una experiencia de turismo exótico para turistas blancos capaz de pagarse la travesía. Por lo contrario, las formas de la salsa delinearon un sentimiento de comunidad que trascendía a los latinos de Estados Unidos y que llegaba a los barrios de las grandes ciudades del Caribe hispano. A todos esos barrios los caracterizaba el distanciamiento de la modernidad y el cultivo de una informalidad provinciana inserta en la urbe. A pesar de que Masucci deseaba *universalizar* lo latino declinándolo en clave de pop, comenzó por darle a la salsa una imagen cinematográfica con una película que develaba el modo de vida de los guetos latinos de Nueva York: el documental *Our Latin Thing (Nuestra cosa latina)*, dirigido por Leon Gast, director del film *When We Were Kings*, ganador, en 1996, del Oscar al mejor documental.

El protagonista de *Our Latin Thing* es, literalmente, *the spanish speaking people of New York City* («el pueblo hispanohablante de la ciudad de Nueva York»). Y, en efecto, ninguna gran personalidad figura en esta película: es la familia del barrio latino, alentada por la música de la orquesta emblema del sello Fania, Fania All Stars, la que allí se expresa. Imágenes del legendario concierto de la orquesta en el Cheetah Club alternan con escenas de la vida cotidiana del barrio puertorriqueño de Nueva York (fiestas callejeras, celebraciones folclóricas y personajes pintorescos). Si bien esta postal cinematográfica contextualizó la salsa, mostró un modo de vida que difícilmente despertaba el interés del gran público.

> La película se inicia con la patada que un niño le da a una lata vacía en un callejón solitario lleno de pipotes abarrotados de basura. Ya de arranque se nos dice que estamos en el barrio, que estamos en un mundo cerrado que, a pesar de estar en el propio corazón de La Capital del Mundo, escasamente participa de los beneficios del progreso y el desarrollo. Los barrios latinos de Nueva York, por lo tanto, son idénticos a los de Caracas o San Juan [...]. El niño corre saltando charcos y tropezando piragüeros (ese vendedor de hielo coloreado que en Venezuela llamamos «raspado») hasta llegar a un andamio donde un grupo de niños y adolescentes desatan, con más latas y peroles que tambores propiamente dichos, una rumba callejera. Y he aquí el elemento que habrá de ser repetido con no poca insistencia a todo lo largo del film: el mantener una tradición en un medio que la corroe y la destruye (Rondón, 1980, p. 63).

Our Latin Thing fue una eficaz pieza promocional de la salsa formulada dentro del marco de referencias del circuito tradicional de esta música. A pesar de sus connotaciones socioculturales, la película permitió concebir otra que diera a la música producida por Fania un relato retrospectivo. En este espíritu fue producida *Salsa*, una historia encomiástica de las fuentes musicales afrolatinas en el marco de evolución de la música popular norteamericana que, queriendo concretar la idea de *crossover*, incurrió en grandes errores conceptuales e históricos. De nuevo dirigida por Leon Gast, producida por Masucci y documentada por Max Salazar y John Storm Roberts, la cinta *Salsa* intentó difuminar la tradición musical a la cual la salsa estaba vinculada para declararla otro género musical, más pop este último. El eje del documental fue un célebre concierto de las Fania All Stars en el Yankee Stadium de Nueva York (suspendido a menos de la mitad por causa de disturbios). *Salsa* retomaba la versión idealizada del mundo latino elaborada por artistas americanos o por artistas latinos de Hollywood y así, de pronto, la salsa encontraba sus precursores entre Desi Arnaz, Al Jolson, Groucho Marx o Carmen Miranda.

> Y esa fue la historia que inventaron los productores [...]: la salsa viene del África, ahí nació el tambor (y en la pantalla aparec[en] unos negros aparentemente congoleños vestidos con batolas de colores hablando una lengua extraña mientras hac[en] un supuesto rito ancestral con que se bend[icen] los cueros y los tambores), ese tambor vino a América (y recuérdese que para los norteamericanos América es tan sólo la parte del continente comprendido entre Canadá y México, todo lo demás es otra cosa, algo así como un subcontinente, *South America* o Latinamérica) en los barcos de esclavos. Aquí ese tambor se liberó de la esclavitud y así en América nació la música africana (¡!). En otras partes también pasó lo mismo y así en el Caribe (esas islas que quedan al sur de la Florida...), surgió la misma música africana. Con los años esos negros caribeños emigraron al norte, a América, y así se hicieron americanos. La mayoría llegó a Nueva York y aquí hicieron su música. Y fue así como en el corazón de América nació la salsa que, según lo decía Rivera [el locutor que narraba los textos de la película] y lo pensaban Masucci y sus asesores, es americana, ni más ni menos (Rondón, 1980, p. 98).

La consternación antiyanqui de Rondón en el texto recién transcrito fue la misma de muchos cronistas de la salsa durante los años setenta y ochenta, para quienes este movimiento era un bastión de resistencia cultural. En fin, *Salsa* fue un malentendido que su público principal habría recibido como una afrenta.

Tanto *Our Latin Thing* como *Salsa* representaron inversiones económicas considerables del grupo Fania. Cada documental habría sobrepasado los 500 mil dólares en gastos[16]. Sin embargo, los dos no tuvieron el mismo impacto: mientras *Our Latin Thing* favoreció una visión del barrio como espacio social fiel a unas tradiciones asentadas en la historia, *Salsa* pareció un intento forzado por satisfacer las expec-

16. Lam, Rafael (1997): «Jerry Masucci, le roi de la salsa». En: *Hommage à Jerry Masucci. L'histoire de la Fania*. Sonido Inc., PM 635 8448162.

tativas del *establishment*. El viaje entre la sinceridad y la falsedad marcó a fuego la historia de la salsa en el cine, que durante largos años describió una trayectoria errática.

En 1982, Jerry Masucci escribió personalmente el guión de la última película promocional de la salsa producida por el grupo Fania, *The Last Fight* (*La última pelea*). Esta película, la primera en la que Rubén Blades se desempeñó como actor, hace de la salsa el contorno ambiental de una ficción dramática influenciada por el suspenso policial de los años setenta y particularmente por la tendencia del llamado *blaxploitation*, corriente del cine de acción estadounidense cuyo principal exponente fue el fotógrafo y director Gordon Parks, y que se propuso resaltar el modo de vida de la violencia urbana afroamericana. De hecho, el director de *The Last Fight* fue Fred Williamson, exjugador de fútbol americano y estrella de los equipos Oakland Raiders y Kansas City Chiefs que a principios de los años setenta encarnó roles emblemáticos dentro de esta corriente filmográfica.

The Last Fight fue un producto incidental dentro de la historia comercial de Fania cuyo propósito fue vender la banda sonora de la cinta. La película narra la historia de Andy «Kid» Clave (Rubén Blades), apostador empedernido, cantante y boxeador que contrae una importante deuda de juego en el casino de Joaquín Vargas (Willie Colón), mafioso y empresario de la noche y el vicio de Nueva York. A disgusto de su entrenador, Papa (Sal Carollo), Clave se ve en la obligación de firmar con Vargas un contrato para varias peleas. Papa confronta a Vargas, quien envía a dos de sus guardaespaldas con el propósito de intimidarlo. Por error, los guardaespaldas matan al entrenador. En la escena del crimen se encuentra la novia de Clave, Nancy (Nereida Mercado), a quien Vargas ordena asesinar para evitar que lo delate como responsable de la muerte de Papa. Mientras esto sucede, Clave prosigue una exitosa carrera como boxeador a las órdenes de Vargas. Herido accidentalmente en la cabeza durante una golpiza en un club nocturno, le es diagnosticado un coágulo cerebral justo cuando entrena para enfrentarse al púgil mexicano, campeón mundial de peso pluma en 1982, Salvador Sánchez. Antes de subir al cuadrilátero, Clave venga a Papa y a Nancy asesinando a Vargas y a sus secuaces, y libra su última pelea con Sánchez, ante quien sucumbe fatalmente al cabo de un dramático combate.

El éxito de este *suspense* salsero fue neutralizado por un libreto y una producción deficientes cuyas principales debilidades se concentran en la figura del protagonista. En su rol de Andy «Kid» Clave, Rubén Blades no sólo carece de la actitud y de la masa muscular necesarias para ser un boxeador creíble, sino que su fragilidad se resalta aún más al atribuírsele otras ocupaciones absorbentes y agotadoras: sonero de salsa, ludópata y vengador. Por lo demás, la película se desgasta en descuidos estéticos y de guión que la convierten en algo cercano a una parodia. Vitrina de exhibición de la «familia Fania» en tiempos en que la salsa perdía popularidad (Jerry Masucci aparece en una escena como productor musical del disco que «Kid» Clave graba en calidad de sonero; y el periodista Izzy Sanabria, director de la revista *Latin New York* –a la que nos referiremos en el apartado 3.3.1.– y quien sugirió a Masucci sistematizar el uso de la palabra «salsa», encarna al personaje de Slim, el sicario contratado por Joaquín Vargas para asesinar a la novia de «Kid» Clave.), la película tiene, no obstante, valor de referencia por dos razones: intenta hacer de la salsa un contenido estético representativo de una atmósfera urbana neoyorquina vinculada con la mafia y constituye una de las últimas apariciones públicas del boxeador mexicano Salvador Sánchez, quien falleció poco después de que la cinta fuera terminada.

Hasta este último ejemplo, la cinematografía consagrada a la promoción de la salsa discurrió entre la exhibición de los rasgos emblemáticos del modo de vida latino y la necesidad de que lo latino tuviera una imagen consensual. Ese deslizamiento fue la traducción más cercana del término *crossover*, que a mediados de los años ochenta inspiró otro producto cinematográfico: la cinta *Crossover Dreams*, dirigida por León Ichaso.

Crossover Dreams relata los intentos de un músico de salsa, Rudy Veloz –encarnado, de nuevo, por Rubén Blades– para llevar el sonido de la salsa más allá de su audiencia tradicional. En su empresa, Veloz descuida las reglas básicas de la música afrolatina –así como a sus amigos del barrio– para tocar una música que conquiste la sensibilidad del gran público. La canción, parodia de *crossover*, «Good for Baby» (que Veloz presenta en un concierto con estas palabras en inglés: «*Ladies and gentlemen, thank you for coming tonight. We gonna take you to a tropical paradise,* vía el barrio») es un ejemplo. Tras un éxito transitorio ante el público no latino, Veloz baja en popularidad y retorna fatalmente a su espacio social originario. «Si la música vive en el barrio hay que volver al barrio»[17], escribió en su momento Enrique Fernández, periodista responsable de la columna de música latina de la revista *Billboard* durante buena parte de los años ochenta, en el texto integrado al folleto de la banda sonora original de la película.

En el film existe un personaje que encarna la tradición musical afrolatina: Cheo Babalú, interpretado por el percusionista cubano Virgilio Martí. Babalú inculca a Veloz las reglas del guaguancó a través de la canción «Todos vuelven», testimonio de la necesidad ineludible de un músico afrolatino de volver a sus raíces para garantizar calidad y éxito:

> Todos vuelven a la tierra en que nacieron,
> al embrujo incomparable de su son.
> Todos vuelven al rincón en que vivieron,
> donde acaso floreció más de un amor.
>
> Bajo el árbol solitario del pasado
> ¿cuántas veces nos ponemos a soñar?
> Todos vuelven por la ruta del recuerdo
> pero el tiempo del amor no vuelve más[18].

A pesar de sus intenciones, la moraleja de la película vuelve a arrinconar la salsa en la esquina del viejo barrio. *Crossover Dreams,* película cuya realización fue ardua y que fue castigada por una taquilla irrisoria, sigue presentando la salsa como un objeto de resistencia y, llegado el caso, de confrontación cultural. No obstante, cumplió el cometido de anunciar los definitivos giros latinos que se operaban en la industria fonográfica global y la progresiva conversión de la salsa en categoría musical específica entre todos los géneros dirigidos al público latino. Por otra parte, la cinta insinuó la profesionalización paulatina de

---

17. Texto integrado en el folleto de la banda sonora de la película *Crossover Dreams* (1986). Elektra, 60470-2, p. 5.
18. Blades, Rubén (1986): *Crossover Dreams.* Elektra, 1986, 60470-2. «Todos vuelven».

los directores cinematográficos latinos de acuerdo con los criterios de la cinematografía comercial *hollywoodense*. León Ichaso fue uno de los directores contratados para realizar capítulos de la serie de televisión *Miami Vice* y, muchos años más tarde, en 2007, se ocupó de dirigir el drama biográfico sobre Héctor Lavoe *El cantante*, protagonizado por Jennifer López y Marc Anthony, cinta que, si bien se dirige en primera instancia a la audiencia latina, muestra la vida de Lavoe en una dimensión congruente con el brillo y los vicios del mundo del espectáculo neoyorquino.

En suma, a pesar de que en el cine la salsa se ha visto recluida a los límites de su modo de vida originario, su tendencia ha sido a presentarse como un producto indisociable de la realidad urbana neoyorquina, lo que anticiparía una internacionalización ajustada a los criterios del pop.

3.3. Prensa. De la voz del barrio a la crónica pop

3.3.1. Latin New York *y sus secuelas*

Como vimos en el capítulo anterior, la palabra «salsa» fue sugerida a Jerry Masucci por Izzy Sanabria, editor de la revista *Latin New York*, cuando Fania producía la mencionada película *Salsa*. Masucci depositó el vocablo como propiedad intelectual en 1973, con lo cual se apropió del concepto del que se inspiraba la mayor parte de su catálogo.

Durante los años setenta, la revista *Latin New York*, popular entre los latinos de los barrios neoyorquinos, se convirtió en el principal medio de difusión de los productos y de los artistas del mundo de la salsa, es decir, de los del grupo Fania. En realidad, *Latin New York* era un apéndice de Fania. Desde su primer comienzo, en 1967, cuando fue fundada por Peter Ríos, su vida estuvo signada por las actividades del grupo[19]. En 1967, Fania financió la impresión de una edición de *Latin New York* y, el 8 de noviembre de 1967, en el hotel Americana de Nueva York, la revista organizó un premio que recompensaba a las

19. Salazar, Max (1998): «Gerry Masucci, 1934-1997». *Latin Beat*, 8 (1), febrero, p. 33.

mejores grabaciones de la escena afrolatina. Debían concursar los músicos Ray Barreto –artista exclusivo de Fania y autor del éxito de boogaloo «The Soul Drummers» (*Acid*, 1967), en competencia– y Eddie Palmieri –quien acababa de lanzar el álbum de boogaloo *Champagne* con el sello Tico–. Ninguno de los dos fue recompensado en el certamen. El representante de los otros cuatro grupos participantes habría amenazado a los organizadores si uno de los suyos no era ganador[20]. La situación consternó a Masucci, quien enseguida retiró el apoyo financiero a la publicación.

Latin New York reapareció de nuevo en 1972 financiada, otra vez, por el grupo Fania y bajo la tutela de Izzy Sanabria. El primer número de esta segunda etapa estaba prácticamente consagrado a los productos musicales de Fania. Masucci no se conformó con reservarse la portada y la contraportada para promocionar su grupo de sellos sino que intervino para que aparecieran reportajes sobre artistas que formaban parte de su catálogo[21].

La revista vivió trece años, de 1972 a 1985, y, sobre todo en los años de la salsa brava, entre 1971 y 1975, se convirtió en la publicación emblemática de la comunidad hispana de Nueva York. En letra impresa, correspondía plenamente con la hibridez cultural de la segunda generación de puertorriqueños nacida en Estados Unidos tras la ola migratoria de los años cuarenta y cincuenta, de la cual Sanabria formaba parte: «como segunda generación de latino o puertorriqueño, nunca encontré una publicación que se refiriera a mi experiencia particular», declaraba el editor en 1976[22].

Impulsada por la corriente de la salsa, *Latin New York* estableció una equivalencia entre las connotaciones del concepto comercial salsa y las cualidades de su producto musical. Sus textos estaban escritos en inglés, lo que daba a pensar en una paradoja que, como hemos visto en los capítulos precedentes, en realidad, no era tal. La salsa había surgido

20. *Ibid.*
21. *Ibid.*
22. Cp. Alter, Stewart (1976): «Are Second Generation Hispanics Seeking New Media Experiences?». *Latin New York*, 39, junio-julio, p. 6.

de la experiencia de vida de una comunidad latina que hablaba inglés con acento afroamericano (como Jesús Ortiz, el asistente puertorriqueño de Sol Nazerman, en la película *The Pawnbroker*, de Sydney Lumet) y que, cuando se manifestaba en español, lo salpicaba de palabras inglesas. Sin embargo, a efecto de las agencias de publicidad, *Latin New York* sufría graves problemas de identidad. Para los anunciantes hispanos su debilidad residía, justamente, en su ambigüedad cultural: «Las agencias hispanas no invierten en nosotros porque salimos en inglés [...]. Para los hispanos somos angloamericanos y para los angloamericanos somos hispanos», señalaba Izzy Sanabria en 1976[23].

La reserva de los anunciantes se asociaba con el hecho de que, si bien era cierto que la revista estaba escrita en inglés, sus valores seguían apelando al modo de vida del barrio latino. La revista desarrolló en lengua inglesa un estilo periodístico de minoría étnica caracterizado ya fuera por un tono de revancha, ya fuera por un chovinismo latino (puertorriqueño) semejante al orgullo del sonero de la salsa brava frente a su audiencia. No sólo las estrellas de la salsa declaraban en sus términos, sino que las páginas de la publicación podían exhibir, por ejemplo, el recargamiento de los roles sexuales de la cultura latina. Artículos de opinión referentes al culto a la madre –y que pasaban por los epítetos de que son objeto las mujeres puertorriqueñas– podían estar redactados en un inglés sólo traducible a un castellano de muy bajo registro.

Fania dio la posibilidad a *Latin New York* de validar estéticamente un modo de vida marginado e incomprendido por la sociedad angloamericana y, así, apuntaló la producción musical de sus artistas. En esta lógica, la revista asumió desde el comienzo ser un promotor del movimiento de la salsa neoyorquina y por ello la redacción decidió organizar todos los años un concurso para premiar las mejores grabaciones de salsa.

Más allá de asentir y de celebrar la salsa, ¿qué hizo *Latin New York*? Si Fania se ocupó de acapararse la palabra, la revista se encargó de publicarla. Ello creó una redundancia que fomentó una corriente de opi-

---

23. *Ibid.*

nión que, al cabo, fue retomada por el periodismo angloamericano. Desde 1976, *Los Angeles Times* le cedió espacio a una columna dedicada a la música latina y, entre finales de 1975 y comienzos de 1976, las revistas *Times* y *Newsweek*, así como el periódico *The New York Times*, comenzaron a publicar artículos sobre una música popular denominada «salsa» que llamaba la atención del público angloamericano. La notoriedad periodística de la salsa, gracias al trabajo de difusión de *Latin New York*, fue un estímulo para la aparición de otras publicaciones periódicas latinas que hallaban en la salsa su fuente inspiradora, entre ellas *Sangre Nueva*, *Clave*[24], *La Gaceta* y *Social*[25].

Si por alguna razón la salsa intrigaba a los angloamericanos, los latinos de origen caribeño la exaltaban como patrimonio. Fue por ello que la mística de *Latin New York* fue copiada por otras publicaciones. Este reflejo no fue exclusivo de publicaciones editadas en ciudades que formaban parte del circuito natural de la salsa. La misma revista *Billboard* despejó espacio en sus páginas para publicar apasionados alegatos latinos. Uno de los periodistas especializados de la publicación, Pablo «Yoruba» Guzmán, había sido militante del grupo de resistencia puertorriqueño los Young Lords, había trabajado en el periódico del grupo, *Palante*, en *Latin New York* y animaba el programa radial *El barrio nuevo* (WQIV) (López y Petras, 1974, p. 331)[26]. Hasta mediados de los años ochenta, *Billboard* cultivó un tono editorial de fraternidad latina que contrastaba con el pragmatismo general de la publicación.

La retórica prolatina de *Latin New York*, que favorecía la identificación de cierta audiencia con los contenidos de la salsa, era complementada por una modestia gráfica que imitaba, en absorbente papel, las carátulas de los discos de salsa brava. No obstante, esta estética validó un imaginario que fue retomado por publicaciones homólogas de

---

24. Gurza, Agustín (1977): «Salsa. The Hot Latin Dance Music». Dossier «Salsa». *Billboard*, 89 (45), 12 de noviembre, p. 90. *Sangre nueva* y *Clave* son mencionadas por el periodista como publicaciones dirigidas a los aficionados de la salsa.
25. *Billboard*, 87 (15), 12 de abril de 1975, p. 54. *La Gaceta* y *Social* parecen abordar la cultura latina de Estados Unidos de un modo general.
26. También texto integrado a la carátula del disco de Rivera, Ismael (1975): *Eclipse total*. Tico series 0598, lps 88.606.

otras partes. En Venezuela, la revista *Swing Latino* celebraba también el valor de la salsa como símbolo de resistencia cultural de los barrios y prolongaba el estilo de la prosa socialmente comprometida. Sin embargo, estas publicaciones, aunque elevaron la salsa a símbolo político reivindicado por las clases populares latinocaribeñas, no ayudaron en su momento a promover comercialmente el género ni contribuyeron a ampliar su demanda a otros segmentos de mercado.

3.3.2. *La prensa hace del cantante de salsa un cantante de pop*

A pesar de la autoafirmación latina de las revistas auspiciadas por la salsa, éstas decayeron a comienzos de los años ochenta con la moda del merengue dominicano. Del orgullo del barrio, apenas quedaron los renglones de una *Billboard* formateada por un voluntarismo latino que no pudo detener el declive de la salsa. Sin embargo, este declive fue simultáneo a la ponderación de la salsa por las *majors*.

El importante crecimiento demográfico de las comunidades de origen latino en Estados Unidos sentó las bases para que, en los años noventa, apareciera un periodismo dirigido a la «generación Ñ». Por ejemplo, en Miami, Bill Tack, hijo de una cubana y de un estadounidense, creó, a finales de los años noventa, la revista *Generación Ñ* –título apócrifo de la mentada «generación X» anglosajona–, que proponía temas susceptibles de interesar en prioridad a los lectores de origen latino-caribeño de Estados Unidos y principalmente del estado de Florida. Así describía el perfil de su lector tipo:

> Si conoces la letra de [la canción de merengue] «Abusadora» así como de «Stairway to Heaven».... Si creciste bebiendo café, comiendo frijoles negros y mirando por televisión *Tres son multitud*... Si tienes entre tus planes pedirle prestadas las guayaberas a tu papá... Entonces tú formas parte de la generación Ñ[27].

27. Cp. Leland, John y Chambers, Veronica (1999): «Generation Ñ». *Newsweek*, CXXXIII (2), 12 de julio, p. 19 (traducción nuestra).

Los contenidos populares elaborados por o para esta generación Ñ, aparte de ser permeables, se han integrado gradualmente a la oferta de mercancías culturales de Estados Unidos y han rendido cuenta de la progresiva incorporación de lo latino a una sensibilidad angloamericana general. En este marco ha aparecido una salsa influenciada por los criterios de producción imperantes en el pop. Los artistas de esta salsa se han colado tanto en la prensa mundana americana dirigida al público latino como en la prensa estadounidense dedicada a la industria fonográfica. A sabiendas de que la población hispana es la más grande minoría de Estados Unidos y de que constituye un importante filón comercial, la revista *People en español* atraía así a sus nuevos anunciantes a través de un mensaje publicado el 26 de junio de 1999 en *Billboard*:

> Sin duda, las estrellas latinas baten todos los récords. Y la comunidad hispana no puede resistírseles, sobre todo cuando se habla de ellos en *People en español*, el más grande éxito de los quioscos del país. En sólo un año, *People es español* se ha convertido en el número *uno* de los latinos de Estados Unidos. Con un público lector mínimo de 250 mil personas y un público de consumidores de 2 millones de hispanos, *People en español* tiene un alcance comparable al de los programas de televisión en español más populares[28].

En este nuevo contexto, incluso el cantante de salsa se ha ido despojando de sus antiguos símbolos de connotación latina y se ha ido transformando en estrella latina de pop con opción de abrirse al pop global. En esta prensa a menudo se considera el paso por la salsa de estos artistas como etapa superada y de ellos se habla con los términos, generosos y halagadores, del *show business*. Eso sí: el estilo periodístico practicado por cada publicación deja espacios vacíos para una que otra suspicacia.

Tras la presentación de Marc Anthony en la entrega de los premios Grammy, en febrero de 1999 (cuando fue laureado en la categoría «salsa»), los periodistas de la música popular se refirieron a él en estos términos:

---

28. Anuncio publicitario, *Billboard*, 26 de junio de 1999 (traducción nuestra).

Anthony nos fascina con la fuerza de su voz, pura y asombrosa (*Elle US*)[29].

Su voz es un rayo de oro, que encandila y seduce por su pureza... Si usted *habla español* o no, el talento de Anthony está allí presente sin necesidad de traducción (*Time)*[30].

Hay una evidente profusión de talento; por todos los acentos, por ese canto teatral e impecable, da la impresión de que Anthony podría ser verdaderamente el artista que rivalice con las más grandes estrellas del siglo (*New York Times*)[31].

El único comentario sin reservas sobre el talento de Marc Anthony es el de *Billboard*: «[Este] cantante emotivo ya ha llevado la salsa a alturas críticas y comerciales sin precedentes»[32].

Citando de nuevo los comentarios de la prensa angloamericana sobre la figuración de Marc Anthony en el premio Grammy, Sony Music se presentó como el nuevo sello del artista en la edición de *Billboard* del 21 de agosto de 1999. Por medio de un anuncio publicitario, el sello informaba que Anthony era un artista de salsa que tenía tres títulos –los tres lanzados por el grupo RMM– y que había vendido más de tres millones de copias. Sony enumeraba igualmente las publicaciones anglosajonas que debían publicar reseñas sobre su nuevo artista: *Sunday New York Times* (portada), *Request* (portada), *People en español* (portada), *Time*, *Newsweek*, *USA Today*, *People*, *Teen People*, *Vibe*, *Elle US*, *Entertainment Weekly*, *Mademoiselle*, *New York Times Arts and Leisure*, *Los Angeles Times Calendar*, *Washington Post*, *New York Daily News*, *New York Post*... «y mucho más»[33].

En suma, si la prensa angloamericana habla de la salsa, lo hace consciente de la densidad demográfica del mercado latino de Estados

---

29. Anuncio publicitario del disco *I Need to Know*, lanzado por Sony Music el 28 de septiembre de 1999 (traducción nuestra). Las cursivas corresponden a las palabras resaltadas en el texto original en inglés.
30. Comentario inserto en un anuncio publicitario, *Billboard*, 111 (7), 13 de febrero de 1999 (traducción nuestra).
31. *Ibid* (traducción nuestra).
32. *Ibid.*
33. *Billboard*, 111 (34), 21 de agosto de 1999.

Unidos y desde la pretensión de atraer a los artistas más versátiles hacia el pop. En los comentarios periodísticos transcritos más arriba, no sólo la salsa no tiene mucho que ver con el barrio sino que la propia salsa apenas se lee. Anthony parece ser en este contexto de publicidad corporativamente financiada un misionero latino que libra una dura batalla en el hermético mundo del pop angloamericano, donde es recibido con diplomacia pero no sin reticencias. Por ejemplo, los elogios del *New York Times* se tropiezan de pronto con un verbo conjugado en condicional que atenúa la apología al cantante y que cuestiona de pronto su desbordante talento.

3.4. La radio: acosada por la salsa

Como vimos en el capítulo anterior, la radio ha sido el más poderoso medio de promoción de la música afrolatina desde los años cuarenta. Sin embargo, la relevancia de la radio es un rasgo común con el resto de las músicas populares. Manuel (cp. Aparicio, 1998, p. 94) menciona que el 98% de los hispanos de Estados Unidos escucha más de treinta horas semanales de radio. Y escuchar radio es una costumbre fuertemente arraigada en el modo de vida de las clases populares de las grandes ciudades del Caribe hispano. No por casualidad las emisoras de Caracas aún integran voces de transición entre canción y canción que se dirigen directamente a los usuarios del transporte público. Según un estimado que siempre se menciona en el medio de la radio venezolana, las estaciones de estilo popular «tropical» llegarían a más del 70% de la audiencia total de las grandes ciudades.

Esa realidad es un reflejo para los productores fonográficos. Al comienzo del capítulo que dedican a los medios de comunicación hertzianos, Wallis y Malm citan este testimonio de Neville Lee, dueño del sello independiente Sonic Sounds, en Kingston, Jamaica: «Éste es un negocio tremendo. Nunca paras. Comienzas el día temprano, con la radio prendida para ver si están poniendo tus discos, y te acuestas haciendo lo mismo» (Wallis y Malm, 1984, p. 241). Con esta obsesión, los sellos que pueden permitírselo han creado una estructura de «incitadores» para que la industria radiodifusora toque sus catálogos que, aparte de negociaciones estándar (compras de espacio al aire entre ellas), pueden incluir sobornos a los *disc-jockeys* (*payola*), obsequio de veladas con dama de compañía (lo que en la jerga de la radio se ha llamado *layola*) o generosas vacaciones o invitaciones a conciertos en el extranjero con todos los gastos pagados (o *flyola*). En tiempos de salsa brava, en que la divulgación de la música dependía de la venta de discos de acetato o de casetes, hasta un 60% de las ventas de material grabado tenía como origen la audición de una canción al aire (Wallis y Malm, 1984, pp. 242-244).

3.4.1. *Radio bemba*

El grupo Fania supo desde un primer momento que la promoción de su catálogo e, incluso, el concepto comercial salsa dependían de la creación de una demanda, sobre todo valiéndose del poder amplificador de la radio. Sus pasos en este sentido fueron al comienzo subrepticios y dispersos. Por ejemplo, en Chicago –estado de Illinois–, las primeras estrategias de promoción de los productos de Fania fueron llevadas a cabo por los empresarios Vic Parra y Fred Córdova, dueños de la compañía Latin Explosion Inc. y distribuidores del catálogo del grupo disquero. A su vez, Parra y Córdova mantenían relaciones con dos hombres de radio latinos, Chilo Pérez, de WOJO (FM), y Eduardo Vives, de WEDC (AM)[34]. En general, la red radiofónica especializada en salsa se limitaba a comienzos de los setenta a iniciativas aisladas de locutores hispanohablantes y melómanos que disponían de algunas horas de programación semanales.

A lo largo de los años setenta, buena parte de la promoción de la salsa dependía también del gusto o de la buena voluntad de algunos locutores enterados, algunos de ellos ni siquiera formados en la sensibilidad afrolatina de la salsa. Por ejemplo algunos *disc-jockeys* afroamericanos especializados en rhythm 'n' blues cedían tiempo de

---

34. Duston, Anne (1973): «Latin Talent. Promotion Firm Pushing Concerts in Chicago». *Billboard*, 85 (15), 14 de abril, p. 14.

sus espacios para difundir material de salsa. En Nueva York, Frankie «Hollywood» Rocker, de la estación WLIB, incluía salsa en sus programas, y él mismo podía ser también maestro de ceremonias en conciertos ofrecidos por estrellas latinas neoyorquinas como Tito Puente o Joe Cuba[35]. No obstante, todavía para 1976 –luego de un año 1975 particularmente intenso en términos de producción para Fania, que lanzó 24 *singles*[36]– el papel de la radio como vehículo de promoción de la salsa continuaba siendo aleatorio. *Billboard* limitaba toda la red radiofónica afrolatina a tres estaciones (WADO, WHOM y WBNX) y mencionaba la presencia clandestina de las ondas de una estación que emitía desde República Dominicana[37]. A pesar de que la salsa no interesaba a todas las frecuencias del espectro radiofónico, Fania estaba bien infiltrada en las pocas interesadas en su producto.

En noviembre de 1975, Fania compró 75 horas de programación a la United Broadcasting Co., una firma instalada en Maryland y que poseía estaciones en Nueva York (WBNX-AM), Los Ángeles (KALI-AM), Washington D.C. (WFAN-FM), El Paso (XFWG-AM) y Miami (WFAB-AM)[38]. La transacción entre Masucci y Richard Eaton, representante de la United Broadcasting Co., concedía a Fania el derecho de utilizar tres horas de programación durante cinco días de la semana en WBNX, KALI y WFAN, y dos horas y media en el resto de las estaciones mencionadas[39]. La operación dio al grupo espacios de promoción constantes y clausuró el período de difusión episódica y espontánea de la salsa[40]. Esta primera ofensiva de Masucci fue el ger-

---

35. William, Jean (1975): «Latin Tap Soul Four Salsa Sauce». *Billboard*, 87 (20), 17 de mayo, p. 20.
36. Virgin France (1997): «Fania Records. Les dix premières années». En: *Hommage à Jerry Masucci. L'histoire de la Fania*. Sonido Inc., PM 635 8448162.
37. García, Rudy (1976): «Latin Labels Chiefs Ask Radio Pow Pow». *Billboard*, 88 (1), 3 de enero, p. 4.
38. García, Rudy (1975): «FCC Flying New Fania-Paid Programs». *Billboard*, 87 (45), 8 de noviembre, p. 52.
39. *Ibid.*
40. Melanson, Jim (1973): «Fania to Romance Black Radio». *Billboard*, 85 (1), 6 de enero, p. 1.

men de la instalación de un circuito radiofónico especializado. Tras la compra de espacio de radio a la United Broadcasting Co., una de las estaciones del grupo, WBNX, reservaba el 75% de su programación a la difusión de los productos de Fania. Dentro de WBNX, Fania contaba con el programa de Polito Vega, que salía al aire de lunes a sábado de 3:00 a 6:00 p.m.[41].

El hecho de que la radio transmitiera salsa era una buena noticia que, por su parte, la prensa comenzó a reflejar en sus páginas. El sonido de esta música en la radio hacía que las revistas sobre música popular imprimieran con mayor frecuencia la palabra «salsa» y que ensalzaran a Fania como heredero latino del famoso sello Tamla Motown:

> [...] no hay duda de que Fania le dará un ímpetu enorme al rock latino en todo el país [Estados Unidos]. La salsa ha estado penetrando en estaciones de jazz tradicional y en formatos radiofónicos dedicados al rock americano y ha contribuido a incrementar la frecuencia del rock latino. Esta penetración se debe sobre todo al sello Fania[42].

La visibilidad del grupo Fania causaba incomodidad entre los directores de otros sellos disqueros e, incluso, levantaba dudas sobre el éxito de Pacheco y Masucci[43]. Los sellos de la competencia consideraban la agresividad de Fania como competencia desleal[44]. Esta idea podía por momentos convertirse en imputaciones de *payola*. En efecto, la moda de la salsa provocó que los sellos especializados –o que tenían en su catálogo producciones que pudieran asimilarse a la salsa– negociaran directamente con los animadores de los programas la difusión de sus productos. Según fuentes de la escena de la salsa en Nueva York, durante la década de los setenta, un sello especializado podía

---

41. Salazar, Max (1998): «Gerry Masucci. 1934-1997». *Latin Beat*, 8 (1), febrero, p. 33.
42. García, Rudy (1975): «FCC Flying New Fania-Paid Programs». *Billboard*, 87 (54), 8 de noviembre, p. 52 (traducción nuestra).
43. *Ibid.*
44. *Ibid.*

gastar alrededor de cinco mil dólares para garantizar la rotación de una canción en la programación diaria de una emisora a lo largo de una semana.

Por atrevidos que fueran, los esfuerzos de Fania para abrir vías de promoción a la salsa en la radio se truncaron en poco tiempo. En 1977, cuando el contrato negociado entre Masucci y la United Broadcasting Co. concluyó, el grupo quedó brusca, aunque transitoriamente, sin espacios de promoción fijos en la radio[45]. El 30 de abril, *Billboard* informó que Fania había negociado de nuevo sus espacios radiofónicos con la United Broadcasting Co. Sin embargo, la renegociación se había revelado conflictiva. El grupo Eaton había vetado a Fania de la estación KALI, Los Ángeles[46], y estos primeros síntomas daban cuenta de que la salsa no lograba conmover mayormente los ejecutivos radiofónicos.

En fin, incluso en medio de sus años más vigorosos, la salsa fue para la radio lo mismo que para la prensa: una estética y una intención extrañas ante la que los ejecutivos se volvían súbitamente conservadores. Ante esta prudencia, los promotores de Fania se mostraban decepcionados: «No sólo la calidad de la radio es limitada, sino que los problemas que uno enfrenta para promocionar a un artista son enormes»[47], declaraba, en 1977, Fabian Ross, director del sello International, del grupo Fania. Ross limitaba entonces el alcance de la radio latina a tres estaciones y dirigía sus peores reproches contra la emisora WADO (1280 AM), integrante del circuito Hispanic Broadcasting, hoy en día una estación periodística que transmite en español[48]: «su música tiene veinte años de retraso y su audiencia es de una

45. Gurza, Agustín (1977): «Latin Scene». *Billboard*, 89 (5), 5 de febrero, p. 60.
46. Gurza, Agustín (1977): «Latin Scene». *Billboard*, 89 (17), 30 de abril, p. 98.
47. Flores, Aurora (1977): «N.Y.'s Tight Playlists, "Archaic Programming Ink Label Bosses"». *Billboard*, 89 (26), 2 de julio, p. 72.
48. Kugel, Seth (2000): «Dial M for Mega (or A for Amor, or L for Latin Mix)». *New York Times*, 6 de febrero. Recuperado el 3 de diciembre de 2008 de <http://query.nytimes.com/gst/fullpage.html?res=9C02E5DA113FF935A35751C0A9669C8B63&sec=&spon=&pagewanted=all>.

generación mayor que no compra discos»[49]. Pese a las desaprobaciones de Fania, WADO nunca cambió su actitud con respecto a la salsa. Incluso ocho años más tarde, Nelson LaVerne, presidente de la emisora, contestó de esta manera las viejas quejas del grupo Fania, despreciativas del valor cultural de la salsa:

> Me niego a discutir las razones por las cuales no transmito salsa... hace años yo fui vetado en el medio de la salsa. La salsa es una música *nuyorican*... una música regional... un ruido que no atrae a mi audiencia, cuya herencia viene de toda América Latina. Nací en Puerto Rico pero pongo la buena música que los hispanos de Nueva York quieren escuchar [...]. Tengo un público muy amplio. Durante emisiones especiales puedo llegar a 150 mil nuevos oyentes [...]. No necesito salsa[50].

Las reacciones que la salsa suscitaba entre los ejecutivos de los *mass media* eran bastantes parecidas a las que causaba en el público: quienes se sentían aludidos por su sonido y su desenfado la celebraban; quienes se sentían lejos de su desparpajo y su caos, abominaban de ella.

A todo lo largo de los años setenta, Fania se ocupó de promover en la radio su producción musical. El 12 de noviembre de 1977 la periodista Aurora Flores citaba en *Billboard* los comentarios de un promotor independiente de música afrolatina de la costa oeste de Estados Unidos, Bill Marín, quien afirmaba que las únicas estaciones que transmitían salsa en sus programaciones eran las que habían adquirido compromisos comerciales con los sellos especializados. Entre éstas, Marín mencionaba a KALI, KWKW, KLVE, XPRS y Radio 95[51], y afirmaba con optimismo que cerca del 20% de emisoras de la costa oeste difundían salsa, optimismo que no sería el mismo ocho años más tarde.

---

49. Flores, Aurora (1977): «N.Y.'s Tight Playlists, "Archaic Programming Ink Label Bosses"». *Billboard*, 89 (26), 2 de julio, p. 72.
50. Salazar, Max (1985): «Salsa Losing Popularity to Ballads on City Airwaves». Dossier «Viva Latino». *Billboard*, 97 (4), 26 de enero, p. VL-57 (traducción nuestra).
51. Flores, Aurora (1977): «Radio Lags Behind Concerts in Salsa Exposure». *Billboard*, 89 (45), 12 de noviembre, p. 86.

3.4.1.1. Fuera de onda

Pese a la marcha favorable de los años setenta, la salsa acabó de salir de la radio, y, hasta cierto punto, era natural que así sucediera. La popularidad de esta música siempre dependió del trabajo de promoción de un solo grupo fonográfico. De hecho, la razón más importante del estancamiento comercial de la salsa –lo veremos con detalle en el próximo capítulo– fue la falta de competencia, lo que redundó en la falta de diversificación del producto y en el debilitamiento de las relaciones con los medios de comunicación.

Si en 1977 el promotor Bill Marín decía que al menos un 20% de las estaciones de radio de la costa oeste de Estados Unidos incluía salsa en su programación, seis años más tarde la contundencia de este dato dará paso al vacío. En 1983, este mismo empresario se pronunció sobre la indisposición de los medios de comunicación de masas de Estados Unidos de reclutar trabajadores y talento latino para diversificar tanto sus métodos de trabajo como las ofertas de su programación. La contratación de personal latino fue entonces interpretada por Marín como «la única manera en que los sellos [pueden] tener una mejor comprensión del mercado hispano»[52] (y las estaciones de radio promocionar el producto adecuado). Si bien estos comentarios son elusivos con respecto al caso específico de la salsa, ponen de manifiesto la vulnerabilidad de lo latino en general. Parte del debilitamiento del poder comercial de la salsa tuvo que ver con la ausencia de criterios de discriminación latinos en las estaciones de radio. Así, durante la primera mitad de los años ochenta, la salsa cayó en un abatimiento que la transformó en manifestación de resistencia cultural reivindicada de manera intermitente por algunas bienintencionadas estaciones del dial, entre ellas la estación WCKR, de la Universidad de Columbia[53].

No obstante, el agotamiento de la salsa no fue repentino. Ya en 1977 los comentarios periodísticos sobre su visibilidad mediática se

52. «Majors Fail to Tap Market» (1983): *Billboard*, 95 (45), 5 de noviembre, p. 62.
53. Flores, Aurora (1977): «N.Y.'s Tight Playlists, "Archaic Programming Ink Label Bosses"». *Billboard*, 89 (26), 2 de julio, p. 72.

habían tornado sospechosamente benévolos. Con desprendimiento, los periodistas acreditaban el potencial comercial de esta música mientras que una red de estaciones de corte «tropical» se encontraba apenas en estado embrionario. En Puerto Rico, que en 1976 disponía de un parque radiofónico de 100 estaciones[54], apenas Radio Voz (AM) se declaraba una emisora especializada en salsa[55].

Y es que incluso en Puerto Rico la salsa perdió fuerza a finales de los años setenta. Si a comienzos de la década la salsa había afectado el comportamiento comercial de la música pop en inglés, a inicios de los ochenta la situación había cambiado[56]. Al agotamiento de la salsa en las grandes ciudades del Caribe hispano siguió su agotamiento en Nueva York.

En 1985 habían transcurrido diez años desde la famosa «explosión de la salsa». Entonces Max Salazar, especialista en música afrolatina, redactó un artículo retrospectivo que pretendía ser un balance sobre el comportamiento comercial de la salsa. En ese documento Salazar atribuía la caída de las ventas de esta música a la falta de motivación de la red de emisoras de Estados Unidos:

> El interés por la salsa ha disminuido durante los últimos años. Las ventas han disminuido en cerca de 40%, principalmente por causa de la insuficiente difusión de esta música por la radio durante los últimos dos años, así como por la americanización de la juventud latina, que ha optado por el rock o la disco para llenar el vacío[57].

Como punto de partida de la desaparición progresiva de la salsa de la radio estadounidense, Salazar menciona la supresión del pro-

54. Blasor, Lorraine (1976): «Puerto Rico is a Big Contributor». Dossier «Salsa Explosion». *Billboard*, 88 (24), 12 de junio, p. S-10.
55. Blasor, Lorraine (1976): «Puerto Rican Radio Stations Formats Settling». *Billboard*, 88 (9), 28 de febrero, p. 58.
56. Mellado Romero, José Antonio (1981): «International Pop Enhances Crossculture Surge». Dossier «Latin América». *Billboard*, 93 (42), 24 de octubre, p. LA-10.
57. Salazar, Max (1985): «Salsa Losing Popularity to Ballads and City Airwaves». Dossier «Viva Latino». *Billboard*, 97 (4), 26 de enero, p. VL-11 (traducción nuestra).

grama *Sunday Salsa*, conducido por Roger Dawson[58] (según Izzy Sanabria, la desaparición de *Sunday Salsa* se produjo el 8 de septiembre de 1980[59]). El programa, considerado como uno de los más populares entre los latinos de Nueva York y al cual Sanabria atribuía un 20% de los ingresos publicitarios totales de la estación desde la que se transmitía, fue sustituido por un programa especializado en música *country*. Este cambio debilitó la comercialización de la salsa a mediados de los años ochenta y puso de manifiesto su necesidad de reciclarse según la «americanización» de las nuevas generaciones de latinos de raíz caribeña de Estados Unidos.

3.4.1.2. «Tropical/salsa»

Según el lingüista Ilan Stavans, la radio dirigida al público latino de Estados Unidos se componía, en 1999, de 275 emisoras que transmitían las veinticuatro horas del día[60]. Pero a pesar de las dimensiones de ese parque radiofónico, la salsa siempre se ha confrontado con la paradoja de que los ejecutivos dudan de ella. Por ejemplo, durante los años noventa, tres estaciones de radio latinas comerciales cesaron sus actividades en Nueva York: la estación X (WPAT 620 AM), perteneciente al grupo SRS Networks, de Raúl Alarcón, fue vendida al grupo angloamericano One on One[61]; KDM (1380 AM) cesó también sus actividades en 1994; y las transmisiones de Radio América WJIT (1480 AM) finalizaron en 1990[62]. Además, la radio latina ha tendido a concentrarse en fuertes grupos especializados que han fomentado la definición de un formato «tropical», a todas luces su salida más comercial. Este formato, que se ha generalizado en las grandes ciudades del Caribe hispano, trata el material musical según el estilo del *hit*

---

58. *Ibid.*, p. VL-57.
59. Sanabria, Izzy (1980): «Bring Back Salsa to WRVR». *Latin New York*, III (10), octubre, p. 6.
60. Stavans, Izzy (1999): «Los sonidos del spanglish». *El Nacional*, LVII (20.169), 24 de octubre, Papel literario, 1.
61. Aguilar, Wilson (1997): «Desde adentro». *Canales*, 414 (24), invierno, p. 49.
62. Cruz, Johnny (1997): «En la onda». *Canales*, 414 (24), invierno, p. 62.

parade del pop angloamericano, formato desarrollado desde mediados de los años sesenta por el *disc-jockey* de San Francisco Bill Drake y actualizado técnicamente al sonido estéreo de la frecuencia modulada (FM) por Tom Donahue, quien a través de la FM comenzó a promocionar el rock y el pop destacando el atractivo sónico de la estereofonía (v. Chapple y Garofalo, 1977, pp. 98-111). La presencia de esta radio no ha significado necesariamente que la salsa haya conquistado espacios de promoción propios en la radio, pero la programación de la radio tropical no ha podido darse el lujo de hacer caso omiso de los contenidos elaborados por la industria de la salsa.

Este punto merece una breve digresión. En las grandes ciudades del Caribe hispano, la salsa constituye uno de los géneros musicales más populares, y esta popularidad puede evidenciarse estadísticamente. Correa (1994) analizó la programación musical de 10 emisoras de radio venezolanas –cinco emisoras populares AM (YVKE Mundial, Radio Continente, Radio Rumbos, Radio Sensación y Radio Informativa 950) y cinco FM (Estrella 96, Imagen 88.1, Mundial 103.3, Fiesta 106 y Super Suave 89.7)– durante el mes de mayo de 1993. El autor se remitió a estadísticas emitidas por el Record Report de Venezuela para el primer trimestre de 1993 (Record Report es un informe semanal desarrollado a partir de la audición de 22 emisoras de radio del área metropolitana de Caracas y del centro del país en el horario comprendido entre las 8:00 a.m. y las 6:00 p.m.) y encontró que, para el mes de su estudio, hubo 258 canciones promocionales transmitidas por las estaciones de radio antes enumeradas, 96 de las cuales (37,20%) correspondían al género salsa. La salsa se ubicó en la primera posición entre otras músicas como el merengue (20,15%), la balada romántica (7,75%), el pop juvenil (18,21%) y la música anglosajona (16,66%). La salsa, que entre finales de los años ochenta y principios de los noventa vivía un segundo impulso, fue la música más transmitida por las emisoras populares de Caracas, que son, a su vez, las que más se pliegan a una programación de corte latino tropical (Correa, 1994, pp. 3-9).

Si bien el caso venezolano recién mencionado apenas da luces sobre un mercado puntual, la salsa ha ayudado a definir más claramente otros nichos del mercado latino. Esto es perceptible en la manera como el periodismo de la industria musical ha venido refiriéndose a ella desde los años ochenta. Desde 1987, la revista *Billboard* publica los *Hot Latin 50*, la lista semanal de las 50 canciones latinas más populares en la radio[63]. Más tarde, tomando en cuenta las diferencias de la música dirigida a los latinos transmitida por la radio, la revista ha diversificado sus categorías en «regional mexican», «pop» y «tropical/ salsa». El 6 de septiembre de 1997, *Billboard* contaba para la realización de sus *Hot Latin Tracks*, con 108 emisoras latinas en Estados Unidos, 69 de las cuales estaban especializadas en música mexicana (en marzo de 1997, un 55,7% de la población latina de Estados Unidos era de origen mexicano), 26 en música pop y 23 en música «tropical/ salsa», es decir, el 21,29% de la red radiofónica latina incluye salsa en su programación[64].

3.4.1.3. Radio en Nueva York, mucho después del *boom*

Para finales de los años noventa y comienzos de los 2000, dos grupos radiofónicos dominaban la radio latina en Estados Unidos: SBS (Spanish Broadcast System), de Raúl Alarcón, y el grupo Heftel Hispanic (o Heftel) Broadcasting Corp (HBC), este último el mayor de Estados Unidos. SBS poseía entonces 13 estaciones FM, entre ellas la estación «tropical» más popular de Nueva York, WSKQ, La Mega (97.9 FM) así como una estación especializada en canción romántica, WPAT, Amor (93.1 FM). El grupo HBC concentraba 65 estaciones de radio en Estados Unidos. En Nueva York, poseía la estación WCAA, llamada primero Caliente (105.9 FM) y, más tarde, Latino Mix, principal rival de La Mega. Latino Mix ha vuelto a cambiar de nombre y hoy en día sale al aire como La Kalle, 105.9. HBC es propietaria también de WADO (1280 AM), la estación contra la que más denigraron los productores de salsa en los años setenta, hoy convertida al periodismo y a los deportes.

---

63. Agudelo, Carlos (1987): «La radio latina». *Billboard*, 99 (41), 10 de octubre, p. 60.
64. «Billboard Bows New Data for Latin Tracks» (1997): *Billboard*, 109 (36), 6 de septiembre, pp. 5 y 113.

Examinemos la rivalidad existente al comienzo de la década entre las dos estaciones afrolatinas más arraigadas en el mercado neoyorquino: La Mega (WSKQ, 97.9 FM) y la rebautizada Latino Mix (WCAA, 105.9 FM), especializadas en merengue y en salsa.

La Mega se ha transformado en una referencia obligada de la cultura *nuyorican*. Su eslogan, «La Mega se pega», reconocido inmediatamente por los neoyorquinos de origen latino, sugiere un posicionamiento logrado con el tradicional discurso sexista de la salsa –discurso calificado por un productor de la estación, George Nenadich, como «sabor de tipo *nuyorican*» (*Nuyorican-type flavor*)[65]–. Su programación se compone casi exclusivamente de salsa, merengue y, hoy en día, del nuevo estilo latino de moda: el reggaetón. A finales de la década de los noventa sus programas más populares eran *El vacilón de la mañana* y, el de la noche, *Jacuzzi*, conducido por el DJ Rudy Rudísimo, ambos centrados en un sentido del humor sexual[66]. Rudy Rudísimo invitaba a las mujeres a entrar con él en su *jacuzzi* imaginario para hablar de sexo explícitamente.

En mayo de 1998, La Mega parecía haber encontrado competencia en otra estación, Caliente, del grupo HBC. La entrada de Caliente al parque radiofónico neoyorquino fue saludada por los ejecutivos de las *majors* como un estímulo para la promoción de la música «tropical». Declaraba el vicepresidente de WEA Latino, Al Zamora para el «Latin Music Quarterly» de *Billboard* del 11 de abril de 1998[67]:

> El comienzo de las operaciones de una nueva estación de radio en Nueva York va hacer que el mercado de la ciudad se vuelva más competitivo y eso es, ciertamente, una gran ayuda. La radio ha progresado hasta cierto punto, pero algunas estaciones tienen todavía reparos en difundir nueva música y

65. Kugel, Seth (2000): «Dial M for Mega (or A for Amor, or L for Latin Mix)». *New York Times*, 6 de febrero. Recuperado el 3 de diciembre de 2008 de <http://query.nytimes.com/gst/fullpage.html?res=9C02E5DA113FF935A35751C0A9669C8B63&sec=&spon=&pagewanted=all>.
66. *Ibid.*
67. «My Turn: Label Execs Sound Off» (1998): Dossier «Latin Music Quarterly». *Billboard*, 110 (15), 11 de abril, p. LMQ-27 (traducción nuestra).

> eso hace daño. Muchas estaciones se limitan a transmitir material viejo y no conceden importancia a la nueva música,

declaraba el vice-presidente de WEA Latino, Al Zamora para el «*Latin Music Quarterly*» de *Billboard* del 11 de abril de 1998.

Sin embargo, Caliente, doblegada por La Mega, debió en breve cambiar su formato mezclando en su programación contenidos de balada romántica con contenidos tropicales. Los nuevos criterios de imagen de la estación suscitaron la decisión de cambiar de nombre: de Caliente a Latino Mix. Para competir con el programa *El vacilón de la mañana*, Latino Mix ideó otro, *En la mañana*, llevado por un hombre, Danny Cruz, y una mujer, Liliana Marín. Para distanciarse de la línea sexista de *El vacilón de la mañana*, Marín, cuando levantaba el teléfono y se topaba con un interlocutor subido de tono, recordaba que había llamado a Latino Mix y no a La Mega. ¿Su audiencia principal? Mujeres de entre 25 y 34 años[68].

Caliente revisó su formato y cambió de nombre con el propósito de esquivar la categoría «tropical/salsa», es decir, en el calificativo *nuyorican*, que tanto poder comercial le había dado a La Mega. De este modo, Latino Mix trataba de imponer un concepto propio y tomaba en cuenta que el público latino no caribeño de Nueva York es numeroso también: en 1998 vivían en la ciudad cerca de 200 mil mexicanos, sin contar los que habitaban en los suburbios, aparte de los latinos de otras nacionalidades.

El éxito de La Mega y el éxito, más relativo, de Latino Mix, no han necesariamente facilitado a los empresarios de la salsa (sobre todo a los empresarios independientes) el proceso de popularizar sus producciones en la radio. La Mega ha sido la más grande iniciativa radiofónica neoyorquina, pero su éxito ha puesto en evidencia el mismo problema que enfrentó la salsa durante los años setenta: la falta de competencia, que en este caso dificulta la diversificación de vías de promoción. Las nue-

68. Kugel, Seth (2000): «Dial M for Mega (or A for Amor, or L for Latin Mix)». *New York Times*, 6 de febrero. Recuperado el 3 de diciembre de 2008 de <http://query.nytimes.com/gst/fullpage.html?res=9C02E5DA113FF935A35751C0A9669C8B63&sec=&spon=&pagewanted=all>.

vas estaciones emblemáticas de la salsa pertenecen a grandes conglomerados mediáticos (por ejemplo, HBC forma parte del grupo Univisión) y siguen la misma tendencia de los sellos globales: comercializar la salsa como un producto dirigido a un segmento específico dentro de la generalidad de la audiencia latina. La radio que incluye salsa en su programación llega hoy a más personas (en el intervalo invierno-otoño de 1999 la audiencia de la radio latina había pasado de 6,5 a 6,7 oyentes entre 10; de este total, el número de oyentes que formaban parte del grupo de edad de 18 a 34 años se había incrementado de 7,9 a 8,4 oyentes entre 10[69]), optimiza las tarifas de negociación de sus espacios promocionales, pero su mayor impacto demográfico no es sinónimo de mayor diversidad. Aun cuando la estación disponga de espacios de antología (por lo general asumidos por expertos: por ejemplo, en la actualidad el veterano locutor Polito Vega se ocupa de producir un extenso segmento durante el fin de semana, entre el mediodía y la noche, que incluye salsa reciente y clásica), sólo los artistas más pop de la salsa siguen teniendo mayor presencia radiofónica.

3.5. Televisión: el comodín es un videoclip

Si bien todos los medios han opuesto resistencia a la salsa, algunos han sido menos refractarios que otros. Por más que el comportamiento de la radio con respecto a la salsa haya sido manipulado deliberadamente por los empresarios interesados, lo cierto es que este medio ha ayudado a constituir un ambiente «salsa» que trasciende la música propiamente dicha y que se ha convertido en el espíritu de muchas ciudades.

La televisión, por contraste, no es tan «ambiental» como la radio. Y para salir en televisión, la salsa ha enfrentado serios obstáculos. La televisión hace de la música popular un espectáculo plano que homogeneiza la imagen del artista a criterios estandarizados que se vinculan con una «actitud», es decir, con la congregación de un discurso, una apariencia física particular y una intención que sobrepasan tanto a la

---

69. «The Power of Spanish Language Radio and Latino Purchasing Power» (1999): Dossier «Latin Music Pack». *Billboard*, 111 (41), 9 de octubre, p. LM-10.

música como al mismo artista para ser reivindicada como propia por un grupo social. La industria de la salsa no ha logrado crear una imagen televisiva que matice el espíritu festivo tradicional de esta música popular, connotativo del barrio latino. Hasta los años ochenta, la presencia de la salsa en televisión se limitó a intentos que muestran «a distancia» el ambiente de fiesta que esta música produce: un cantante afrolatino, detrás su orquesta y enfrente el público que lo aclama.

Que en un principio la salsa no haya sido televisiva nutrió otro escepticismo acerca de su potencial comercial. Sólo el pop ha suavizado la superficie rugosa de la salsa. En 1977, el periodista Agustín Gurza explicaba de esta manera las dificultades de difusión de los contenidos de la salsa en televisión: «El ritmo es demasiado africano, la melodía demasiado hispana y la imagen demasiado étnica»[70]. En efecto, la imagen televisiva de la salsa durante los años setenta se restringía a la actitud con la cual los intérpretes se conducían durante sus presentaciones en televisión, casi idénticas a sus presentaciones en vivo. Llevaban consigo las trazas de un modo de vida que seguía de cerca las tendencias de moda impuestas por la comunidad afroamericana en la industria del pop internacional, pero su discurso aún era idiosincrásico.

Incluso durante los años de la «explosión de la salsa» eran raros los programas especializados en salsa que se transmitían, y los pocos que había tenían graves problemas para encontrar anunciantes. En 1974, el programa de televisión *Salsa*, presentado por Izzy Sanabria y transmitido en Nueva York por el canal 47, UHF, desapareció por falta de anunciantes[71]. En la misma época, una iniciativa de promoción particular del grupo Caytronics, presidido por Joe Cayre, se transmitía también en frecuencia UHF: *Caytronics Presents*. Este programa salía en Nueva York, Miami, Nueva Orleans, Chicago, San Antonio y Los Ángeles[72]. La iniciativa del grupo, por medio de la cual la empresa daba prioridad

70. Gurza, Agustín (1977): «Salsa. The Latin Hot Music». *Billboard*, 89 (45), 12 de noviembre, p. 82.
71. Melanson, Jim (1974): «Latin Music». *Billboard*, 86 (4), 26 de enero, p. 28.
72. Melanson, Jim (1973): «Caytronics Sets TV...». *Billboard*, 85 (38), 22 de septiembre, p. 19.

a sus productos más comerciales (Caytronics distribuía los productos latinos de CBS, Epic y RCA, y estos productos consistían sobre todo en balada romántica), no bastaba para promover mínimamente la salsa. No sólo *Caytronics Presents* se prestaba a promocionar otros géneros de música popular, sino que se limitaba a una hora... ¡mensual!

Los criterios de programación de la televisión estadounidenses eran generalistas, y, aferrado este medio a lo «normal», repelía la carga étnica de la salsa: la salsa no era pop y, por alguna razón, siempre regresaba al barrio como el Rudy Veloz de *Crossover Dreams*.

Desde los primeros días, la prensa musical dudó de las posibilidades de la salsa en televisión. Sin embargo, esas dudas se manifestaban disfrazadas de entusiasmo mediático y de optimismo a la americana, y podían reflejar los mejores deseos de Jerry Masucci[73]. La presencia de Fania All Stars en el programa *Rock Concert* de Don Kirshner (08/03/75) suscitó estas reacciones del director ejecutivo de del grupo Fania: «La presencia progresiva de la salsa en televisión anuncia su paso hacia los campos del pop y del rock».

La prensa reaccionaba con ironía saludando la aparición de algún artista de salsa en un programa de variedades angloamericano como un gran logro hacia el establecimiento de la salsa como música popular. El carisma televisivo de la salsa no superaba la warholiana marca de los quince minutos de fama. Por ejemplo, la figuración de la orquesta Típica 73 en el programa de Mike Douglas motivó un comentario periodístico entusiasta por el hecho de que el programa alcanzaba una audiencia de 27 millones de personas[74]. Pasada la ocasión, la salsa volvía fatalmente a su condición de música étnica.

El 20 de abril, el periodista Jim Melanson mencionaba con prudencia el entusiasmo de los ejecutivos de la televisión angloamericana con respecto a los contenidos latinos. El comentario coincidía con la decisión de ABC TV de transmitir un especial de noventa minutos dedicado al Latino Music Festival:

---

73. Melanson, Jim (1975): «Salsa Gets Television Network Promotion». *Billboard*, 87 (10), 8 de marzo, p. 35.
74. «Salsa Jets A Break on Douglas Stanza» (1975): *Billboard*, 87 (24), 14 de junio, p. 32.

> Aunque satisfechos frente a la perspectiva de conceder más importancia a la música latina, estos ejecutivos piensan que será necesaria una representación más amplia para posibilitar un crecimiento importante. La mayoría de quienes toman las decisiones [en la industria de la televisión] constatan un aumento de la difusión de la salsa en las dos costas de Estados Unidos[75].

La novedad de la salsa y su importancia en la creación de la mencionada categoría «Latin Music» por la NARAS daba en ocasiones la impresión de que ella había encontrado por fin su puesto en la pantalla chica. De este modo, en plena moda de la salsa, el «renacimiento» de artistas legendarios de la escena afrolatina, como el de Tito Puente (quien denigraba sin reservas de la salsa, como lo había hecho con el boogaloo), fue atribuido al interés que la televisión otorgaba a la producción musical del grupo Fania, interés que, en la mayoría de los casos, Masucci pagaba de su propio bolsillo:

> En 1976, la orquesta de Tito Puente estaba baja en popularidad y Puente no había grabado desde hacía dos años. Masucci relanzó la carrera de Puente comprando un espacio en el programa de televisión popular de Dinah Shore. El viernes 30 de julio de 1976 pudo verse la orquesta de Tito Puente tocando «Fiesta a la King» a las cuatro de la tarde de costa a costa en Estados Unidos. Se trataba del regreso triunfal de Puente. Su espectáculo en el show de Dinah Shore le costó 15 mil dólares. Algunos meses más tarde, la orquesta fue vista en la emisión de variedades de Marie Osmond[76].

En la televisión debía hallarse la fórmula del éxito. Sin embargo, la manera en que los ejecutivos de la salsa la abordaban estuvo marcada por una idealización obsesiva: si la salsa era tocada por el encanto de la televisión, el éxito vendría después. Que la salsa no contara con una imagen comercial era poca cosa. El propio dispositivo se ocuparía de universalizar a sus estrellas.

---

75. Melanson, Jim (1974): «ABC-TV Says "Bueno" to Latin Music». *Billboard*, 86 (16), 20 de abril, pp. 1 y 24 (traducción nuestra).
76. Salazar, Max (1998): «Gerry Masucci. 1934-1997». *Latin Beat*, 8 (1), febrero, p. 33.

No sucedió. Si acaso a finales de los años ochenta –al final del revuelo de la salsa erótica, que hizo resurgir la salsa tradicional– comenzaron a manifestarse cambios, y estos cambios perfilaron tendencias a lo largo de los años noventa. Las salsas «romántica» y «pop» –que se distanciaban de la aparatosa misoginia de la salsa brava de los años Fania y que, influidas por la balada romántica hispana y el pop, propusieron un cantante dispuesto a contemporizar tibiamente con un público más numeroso y dispuesto a comprar– suscitaron el interés de la televisión. Estas salsas adoptaron cantantes de «menos carácter», abiertos a la representación de modos de vida urbanos menos fieles al orgullo del barrio, más flexibles con respecto al optimismo normativo del consumismo a la americana y, si no, preocupados de universalizar (es decir, de americanizar) lo afrolatino.

Por ejemplo, el videoclip de la canción «Date un chance», de Luis Enrique (Sony Music, 1991), despoja a la salsa de la carga visual constituida por elementos relativos al modo de vida del barrio y resalta su carácter urbano y de actualidad. A pesar de que trata sobre un tema de salud pública que afecta particularmente a la comunidad latina de Estados Unidos (la adicción a la heroína, durante los años ochenta, como vimos en el apartado 1.8.3.2. del primer capítulo, principal medio de transmisión del sida entre los jóvenes puertorriqueños de la ciudad de Nueva York), en este video la salsa se percibe como una música que se vale de un muy angloamericano vigor coreográfico (que recuerda a algunas secuencias de la película *Fame*) y refleja un desprendimiento massmediático conveniente a su incorporación a los contenidos de una televisión ligera y promocional.

Otro sello, RMM, también fue pionero, a finales de los ochenta y comienzos de los noventa, en la producción de videoclips temáticos, algunas veces apelando a la parodia como recurso expresivo. El relanzamiento del sonido de la salsa brava en 1990 fue marcado en Venezuela por la emisión del videoclip de la canción «Bailar contigo», del cantante José Alberto «El Canario». El video –parodia de una fiesta afrolatina en un salón de baile donde asistentes y decorado se remitían a los cánones estéticos tropicales de los años cuarenta y cincuenta– se transmitía en horario estelar, entre las ocho y las nueve de la noche, por el canal 2, Radio Caracas Televisión, perteneciente al grupo 1BC, del cual formaba parte el sello Sonográfica, que garantizaba entonces la distribución del producto de RMM en Venezuela.

El financiamiento de videoclips por los sellos especializados en salsa fue la respuesta a las críticas pronunciadas a lo largo de los años ochenta por varios ejecutivos latinos, entre ellos David Maldonado, presidente de la compañía DMM y promotor para el sello RMM, quien impugnaba en 1987 el olvido del segmento joven[77]. Sin estética visual, la salsa no tenía imagen que mostrar, y no fue sino hasta el comienzo de las operaciones de MTV Latino –marquesina satelital de los artistas pop latinoamericanos– que las casas disqueras especializadas entendieron que el videoclip, más que una veleidad, era un compromiso a asumir.

A pesar de las experiencias «pioneras» mencionadas arriba, antes de la existencia de MTV Latino las casas disqueras especializadas no tenían ninguna motivación para financiar la producción de videoclips de calidad, y por ello se daban el lujo de hacer videos de factura descuidada. No obstante, el inicio de las actividades de MTV, en 1993, fue saludado como un paso hacia la optimización de la comercialización de la salsa. El canal musical movilizó a una industria fonográfica que, masivamente instalada en Miami desde mediadios de los ochenta, estaba obligada a subir el nivel estético-visual de sus producciones afrolatinas.

En 1994, el presidente de Sony Music Internacional para América Latina, Frank Welzer, evaluaba en términos positivos la transmisión por MTV Latino del videoclip de la canción de Jerry Rivera «No hieras mi vida»:

> Que MTV haya aprobado recientemente la transmisión del video clip [...] es un paso en la dirección correcta [...]. Pensamos que hay productos que pueden alcanzar al público latino en muchos otros géneros aparte del rock[78].

---

77. Sabournin, Tony (1987): «Latin Notas». *Billboard*, 99 (16), 18 de abril, p. 64.
78. Lannert, John (1994): «Labels Assess Impact of MTV Latino». *Billboard*, 106 (27), 2 de julio, pp. 6 y 94.

Buen reflejo que, sin embargo, no se consumó. La vida de la salsa ha sido voluble. A inicios de los noventa esta música se encontraba en alta, pero ella no acabó de confundirse entonces con el *mainstream* del pop, pese a que Marc Anthony haya podido seducir intermitentemente al público angloamericano.

Este caso es digno de atención. Anthony ha generado en la televisión norteamericana el mismo impacto que entre los periodistas de la prensa del espectáculo. El 23 de julio de 1999, el artista apareció en el programa del canal ABC *Good Morning America* y la revista *Billboard* se valió de este acontecimiento para anunciar, en su edición del 17 de julio de 1999, la presencia de dos canciones de su primer título con Sony Music en la banda sonora original de la película *Runaway Bride (Novia fugitiva/Novia a la fuga)*, protagonizada por Julia Roberts y Richard Gere, así como su participación como actor en la película de Martin Scorsese *Bringing Out the Dead (Al límite).*

Ahora bien, ¿Marc Anthony es considerado en este contexto un artista de salsa o, más bien, un artista de pop cuyos primeros éxitos tuvieron lugar en el predio de la salsa? La incursión de Anthony en el terreno del pop no es representativa de la entrada de esta música en el mercado angloamericano: ella constituye para este artista latino la «gran oportunidad» concedida por un gran sello, Sony Music. No obstante, el bilingüismo sin trabas de Marc Anthony y su versatilidad *nuyorican* connotan todavía un arraigo latino del que, por ejemplo, Jennifer López (aun cuando se haya aventurado a cantar una que otra balada de salsa, pero quien apenas habla español) ha evitado invirtiendo su talento en el planetario código pop de la balada, el rhythm 'n' blues y el pop.

En suma, la salsa ha seguido atomizándose en programas transmitidos por los grandes canales generalistas latinos de Estados Unidos –Telemundo y Univisión–, por canales de cable orientados al público latino, por otros de alcance estatal, en televisoras del circuito tradicional aparte de, actualmente, en Internet. Las expresiones de frustración de los latinos vinculados a los medios de comunicación social de Estados Unidos han dado cuenta de que la salsa no acaba de seducir a los angloamericanos y de que el talento latino sigue penetrando a cuentagotas en el *star system* del norte. Christy Haubegger, directora de la revista *Latina* se expresaba sobre este asunto en la revista *Newsweek* del 12 de julio de 1999:

> [...] actualmente nosotros [los latinos] estamos en vías de extinción. Entre las veintiséis nuevas comedias y series que aparecerán este otoño ningún latino tendrá el papel de protagonista. Las estadísticas de 1998 del sindicato de actores de televisión revelan que el porcentaje de papeles atribuidos a actores latinos había descendido con respecto al año precedente[79].

Aunque Haubegger se refiere a lo latino en general, en esa generalidad la salsa constituye una poderosa parcela cuyo público sigue siendo fiel pero estacionario. Sin embargo, esa parcela ya no es asunto de sellos independientes especializados y concentrados en lo latino, sino que anima las gestiones de secciones constituidas por los grandes sellos de la música popular. Justamente, en el próximo capítulo observaremos con detalle la evolución comercial de la salsa desde que era un género impulsado por sellos independientes hasta que fue asumido como segmento por los grandes sellos dentro de la totalidad del mercado latino de la música popular.

---

79. Haubegger, Christy (1999): «The Legacy of Generation Ñ». *Newsweek*, CXXXIII, 12 de julio, p. 25.

Capítulo 4
La industria de la salsa: del grupo Fania a Sony Music

El éxito «en general» de la salsa ha sido producto de una serie de trámites y éxitos comerciales de pequeña y mediana escala. Hemos visto algunos a través del paso accidentado de la salsa por los medios de comunicación, pero todavía no nos hemos referido a los movimientos concretos de los empresarios para rentabilizar este producto musical. En este capítulo nos ocuparemos de la producción propiamente dicha y de los criterios a través de los cuales los sellos disqueros comercializaron e internacionalizaron la salsa entre 1972 y 1999.

A pesar de que, según Negus (1999, p. 141), los datos concernientes al mercado de la salsa publicados por la revista *Billboard* –calculados por la empresa SoundScan– apenas corresponderían al 20% de las ventas totales, ellos nos son útiles puesto que permiten –tomando como punto de comparación otros datos históricos– apreciar la evolución de la salsa y la expansión de su alcance. Así, la sistematización de la información recabada entre 1972 y 1999 permite observar el crecimiento comercial de la salsa y del grupo Fania, su declinación entre finales de los setenta y comienzos de los ochenta, el resurgimiento de la salsa durante la segunda mitad de los años ochenta mediante las actividades de dos sellos independientes, TH/Rodven y RMM, y el interés paulatino por la salsa de los grandes sellos globales que, interpretándola como un segmento específico dentro de la totalidad del mercado fonográfico latino, se convirtieron, a finales de los noventa, en sus principales productores, promotores y proveedores.

4.1. ¿Cuánto cuesta una canción de salsa?

En su descripción sobre la repartición de los porcentajes derivados de la venta de un disco de larga duración, Chapple y Garofalo (1977) presentan el siguiente cuadro.

1.	Pago al administrador de repertorio (*Publisher*)	0,24
2.	Tarifa al fondo mutual de músicos	0,08
3.	Costos de fabricación	0,35
4.	Carátula y sobre interno	0,15
5.	Regalías al artista (incluyendo tarifa por sesión de grabación)	0,60
6.	Fletes y distribución	0,03
7.	Publicidad	0,10

Business Week, 7/27/1974; investigación independiente de Chapple y Garofalo, 1977, p. 173.

Aun cuando el cuadro contenga datos que no se ajustan ni a los costos ni a los márgenes de ganancia de épocas recientes, ayuda, sin embargo, a tener una idea de cómo se distribuyen los ingresos por venta de una obra fonográfica entre los diferentes procesos de producción, promoción y comercialización. El cuadro permite también comprender el fonograma como producto de una estructura de trabajo divididas por objetivos y responsabilidades específicas.

A finales de los años noventa, un surco industrialmente prensado y grabado de un CD de salsa costaba un dólar, y ese dólar contiene otras inversiones más onerosas. Según Víctor Gallo, tesorero de la empresa Música Latina International –que desde comienzos de los ochenta manejó los derechos otorgados internacionalmente al catálogo de los sellos del grupo Fania, hoy bajo control de la empresa, con sede en Miami, Código Music Group–, una canción de salsa es el resultado de una serie de inversiones mínimas necesarias que podrían desglosarse, a título indicativo, así: 25 mil dólares distribuidos entre los músicos (cada músico recibe 75 dólares por su participación en una canción grabada en estudio y 300 dólares en un concierto[1]) y 50 mil dólares para la estrella[2]. Por supuesto, los honorarios que reciben las estrellas varían según su prestigio.

Washburne señala gastos adicionales, como el costo del estudio de grabación: entre 75 y 450 dólares por hora, dependiendo de si se trata de un estudio pequeño o de un gran estudio comercial. Los productores musicales son pagados por producción y sus tarifas fluctúan entre uno o dos mil dólares hasta más de 20 mil dólares. Según su prestigio, pueden exigir un porcentaje de las ganancias por ventas. Los arreglistas son pagados por arreglo y sus honorarios oscilan entre 250 y 750 dólares. Como en el caso de los productores musicales, su tarifa será directamente proporcional a su prestigio. Los copistas (las personas que desglosan la partitura escrita por el arreglista y transcriben las partes a ser ejecutadas por cada músico) pueden cobrar entre 50 y 250 dólares por copia de un arreglo. Los músicos de estudio son pagados por sus ejecuciones por canción y sus tarifas oscilan entre 50 y 200 dólares (Washburne, 2008, p. 50).

A principios de los años noventa, Ralph Mercado, presidente del sello RMM, era socio de una compañía de producción de espectáculos latinos y de latin jazz radicada en Madrid, MCM Management S.A. Esta empresa organizaba conciertos de salsa en España y en otros países europeos. Los artistas mejor pagados por la empresa eran Celia Cruz con Tito Puente y su orquesta (entre 25 mil y 30 mil dólares, con veinte fechas), Óscar D'León (15 mil dólares, con veinte fechas), Cheo Feliciano, Eddie Palmieri, Papo Lucca, José Alberto «El Canario», Johnny Pacheco y La Orquesta de la Luz (entre 10 mil y 12 mil dólares, con cerca de veinte fechas).

En fin, una obra fonográfica de salsa es el producto de una serie de inversiones ineludibles. Más tarde, al producto de esas inversiones in-

1. Jimmy Bosch, trombonista de la Spanish Harlem Orchestra y trombonista contratado para el concierto de la Fania All Stars en París el 16/01/1998; comunicación personal, París, hotel Beverly Hills, 15/01/1998.
2. Víctor Gallo, tesorero de la empresa Música Latina Internacional, comunicación personal, París, hotel Beverly Hills, 15/01/1998.

tentará sacársele el mayor provecho por medio de diversas estrategias. La del grupo Fania fue optar por un «mercadeo concentrado», es decir, dirigir sistemáticamente su producción musical al público masculino del barrio latino.

4.2. El emporio Fania

En 1973, el grupo Fania agrupaba a otros cinco sellos aparte del fundador, Fania: Cotique, Éxitos, Inca, Internacional y Vaya[3]. International fue fundado por Masucci en 1969 y su artista más importante era Roberto Roena, director de la orquesta Apollo Sound. En 1971, el hombre fuerte de Fania creó la insignia Vaya y compró también Cotique e Inca[4].

Aunque indudablemente Fania era el grupo más motivado del segmento de la salsa, no fue el único. En 1972, se contaban 10 sellos especializados en Nueva York: los del grupo Fania (Cotique, Éxitos, Fania, International, Vaya e Inca) y otros sellos independientes: Mericana (perteneciente al grupo Caytronics, presidido por Joe Cayre); Tico y Alegre (sellos presididos por Joe Cayre y filiales del grupo Roulette[5], propiedad de Morris Levy, del que también formaba parte el sello Sabor) y United Artists Latino (UA Latino, dirigido por Fred Reiter[6]).

Paralelamente, otros sellos latinos, cuyo catálogo podía incluir grabaciones de artistas de salsa, operaban desde Nueva York. En las ciudades del Caribe hispano había sellos de menor alcance que producían artistas locales.

---

3. «Labels See New Markets Opening» (1975): Dossier «Latin Explosion». *Billboard*, 84 (48), 25 de noviembre, p. L-10.
4. Datos extraídos del texto integrado al folleto del CD doble: *Hommage à Jerry Masucci. Histoire de la Fania*, Sonido Inc., 1997, PM 635 8448162, Virgin France S.A.
5. Melanson, Jim (1972): «Emi, Roulette in Latin Deal». *Billboard*, 84 (40), 23 de septiembre, p. 62.
6. «Labels See New Markets Opening» (1975): Dossier «Latin Explosion». *Billboard*, 84 (48), 25 de noviembre, p. L-10.

Las primeras cifras de ventas generadas por la salsa eran modestas: entre 30 mil y 40 mil copias para un título exitoso. Más allá de las comunidades latinas de raíz caribeña de Estados Unidos, en 1973 las más importantes ventas de salsa se registraban en Puerto Rico. El grupo Fania afirmaba que Puerto Rico generaba un 50% de sus ventas totales[7]. Entonces la salsa era una ola impulsada por latinos de raíz caribeña –al tanto de las novedades lanzadas al mercado por el grupo Fania– y por aficionados de la música afrolatina. En 1973, el precio de venta al público de un fonograma era 4,98 dólares[8].

Por más que el sonero de la salsa brava no pudiera contener su prepotencia vociferando su rabioso «yo» caribeño e improvisando los más variopintos desplantes contra las mujeres, el comportamiento comercial de la salsa era más bien modesto. Y fue Masucci quien impulsó ese producto. La salsa, cuya popularidad había crecido desde el famoso concierto en la sala de espectáculos Cheetah, de Joe Cavallero, en 1971, debía desembarazarse de aquellos prejuicios que la relegaban a música de segunda clase, manifestación de una minoría étnica en Estados Unidos. En este sentido, Masucci ordenó el aumento de los precios de los discos lanzados en sus insignias de 4,98 dólares a 5,98 dólares[9]. Estos aumentos no deben ser considerados anecdóticos: la industria de la música afrolatina había sido, hasta el éxito de Fania, muy conservadora en materia de precios. La mayoría de los empresarios pensaba que los aficionados no estaban preparados para pagar un precio superior. El barrio latino congregaba compradores a menudo desempleados o trabajadores de baja calificación y, por lo tanto, con un poder adquisitivo limitado. Sin embargo, ordenando el aumento de sus precios, Masucci trató de *subirle la moral* a la producción. Esa decisión contribuyó a inscribir la música en una corriente de moda digna de ser apreciada y pagada como cualquier otra derivada del pop internacional.

7. Melanson, Jim (1973): «Fania to Romance Black Radio». *Billboard*, 85 (1), 6 de enero, p. 1.
8. Kirsch, Bob (1973): «Música Latina Into Own Distrib; LP's to be Geared Geographically». *Billboard*, 85 (6), 10 de febrero, p. 10.
9. «Latin Scene» (1973): *Billboard*, 85 (50), 15 de diciembre, p. 19.

¿Cómo el grupo Fania logró concebir una equivalencia entre sus productos de salsa y los de pop angloamericanos? En primer lugar imprimiéndole a su producción un ritmo industrial y, en segundo lugar, dándose una apariencia corporativa. Fania logró absorber algunas insignias afrolatinas que, de lo contrario, habrían desaparecido y que engrosaron tanto su catálogo como el talento del que podía disponer. Por ejemplo, el sello Cotique, fuerte durante la moda del boogaloo pero débil cuando ésta pasó, fue absorbido por Fania en 1971 de manos de Stan Lewis y de George Goldner (fundador del sello Tico, vendido en 1957 a Joe Kolsky y a Morris Levy, y también absorbido por Fania en 1975).

En 1975, la popularidad de la salsa en los mercados cautivos de la comunidad afrolatina de Estados Unidos y de las grandes ciudades del Caribe hispano llevó a Masucci a tomar la decisión de aumentar por segunda vez el precio de sus productos, esta vez de 5,98 dólares a 6,98 dólares. Masucci no temía reveses para sus sellos[10]: «La gente compra lo que le gusta. Si no tenemos un producto de segunda clase, no deberíamos tener un precio de segunda clase»[11]. Entonces Fania dominaba el 70% del mercado de la salsa, un mercado que, en total, equivalía a 8 millones de dólares.

La medida adoptada por Fania fue al principio vista como una imprudencia, pero, más tarde, acicateó a toda la industria especializada a seguir su ejemplo. El sello competidor de Fania, Coco, aumentó sus precios en junio de 1977 y la insignia de la orquesta El Gran Combo de Puerto Rico, EGC, hizo lo mismo, aunque sus productos solían costar un dólar menos que los del resto de los sellos neoyorquinos[12].

---

10. García, Rudy (1976): «Fania Hike Stays As Is». *Billboard*, 88 (10), 6 de marzo, pp. 6 y 61.
11. García, Rudy (1975): «Fania L.P. Hike: No Others Takers». *Billboard*, 87 (48), 29 de noviembre, p. 56.
12. Gurza, Agustín (1977): «EGC Rises LP Price to $5.98». *Billboard*, 89 (19), 14 de mayo, p. 66.

4.2.1. *Mercadeo a la americana*

El logro, y la gran paradoja, del fenómeno Fania residía en la promoción «a la americana» del conjunto de sus productos, elaborados según códigos culturales afrolatinos. No obstante, la motivación al logro de Masucci se bloqueaba con frecuencia en los valores festivos del ambiente inspirador de la salsa. Alex Masucci, hermano de Jerry y alto ejecutivo de Fania a mediados de los años setenta, ha descrito en estos términos las reuniones con el talento de Fania:

> Todo era muy relajado. No había ninguna estructura. Un artista comenzaba a discutir con alguien y, después, porque no le gustaba lo que había oído, se iba a hablar con otro sin que éste tuviera ni idea de lo que se acababa de decir en otra parte. Algunos llamaban mucho más la atención que otros. El dinero circulaba. «Oye, somos familia», sólo que esta familia sobrepasaba a papá, mamá y los muchachos. Había que tomar en cuenta a las sobrinas, los tíos, los primos[13].

A pesar de la informalidad latina, Fania tuvo éxito capitalizándola. La falta de protocolos le permitió a Masucci un gran margen de maniobra discrecional. Muchas transacciones se llevaban a cabo sin contrato y con pagos en efectivo, práctica que Washburne (2008, p. 30) considera típica de fases más recientes de la salsa. Jerry Masucci, por cierto, no era un ejecutivo discreto: al lado del talento de su grupo de sellos (con el que a menudo se dejaba fotografiar) cultivó su imagen de «jefe» de las Fania All Stars. Esa misma imagen nutrió anécdotas sobre su presunta falta de escrúpulos a la hora de, por ejemplo, cancelar los derechos de autor al talento más comercial de Fania o, incluso, de apropiarse del grupo fonográfico por completo sin incluir a Johnny Pacheco, su socio principal. Fania habría sido vendida en 1979 a la firma uruguaya Valsyn. Esta venta habría sido el paso previo a la recompra por parte de Masucci del catálogo sin

13. Guzmán, Pablo (1978): «Fania Facelifts Promo, A&R in NY & Puerto Rico Movement». *Billboard*, 90 (20), 20 de mayo, p. 80.

proponerle a Pacheco incorporarse de nuevo al grupo[14]. Pese a ese estilo de trabajo «en familia», Fania creó una demanda apoyándose en la elaboración de un catálogo representativo del barrio y en una estrategia de producción y de promoción intensivas.

Aunque la salsa haya alcanzado una notoriedad significativa entre 1973 y 1978, y aunque esa notoriedad ocultara sus vicios, la información relativa a su éxito comercial no fue siempre exhaustiva. Aparte de su falta de rigor, en esa información se mezclaba la salsa con otros géneros de música latina. *Billboard* dio algunas pistas sobre el comportamiento comercial de la salsa en 1977. Durante el mes de julio, la revista publicó que, entre los diez grupos fonográficos que detentaban los catálogos más populares del mercado latino de Estados Unidos, el grupo Fania poseía una participación de apenas un 3%. Su principal competencia era el grupo Caytronics, que no sólo comercializaba salsa sino que se ocupaba de la distribución del producto latino de CBS/Epic y RCA, y controlaba el 28,8% de todo el mercado latino de Estados Unidos.

La falta de seguimiento periodístico del mercado de la salsa podía por momentos dar la impresión de que Fania se debilitaba frente a sus competidores en su mismo segmento. Durante el primer semestre de 1977, el primer lugar entre todos los sellos latinos lo ocupaba Alhambra, que no era una casa disquera especializada en música afrolatina sino en balada romántica (Alhambra grababa entonces al cantante español Julio Iglesias). En segunda posición se encontraba el grupo Caytronics. En el ámbito específico de la salsa, el sello Coco, considerado entonces la principal competencia de Fania, se ubicó por encima de Fania, con el 4,2% de participación en el mercado latino de Estados Unidos y cinco títulos entre los más populares. En Nueva York, Coco tuvo una participación del 12,1%, con cinco títulos entre los más populares, mientras que el grupo de Jerry Masucci tuvo una participación del 5,4%.

---

14. Ortiz Marín, Mimi (2007): «La clave del rey. En casa de Johnny Pacheco, patriarca de la música latina». *La Revista (El Nuevo Día)*, 15 de abril, pp. 18-21, § 64. Recuperado el 4 de diciembre de 2008 de <http://www.herencialatina.com/Pacheco_Salsa/Pacheco_Salsa.htm>.

La subordinación, transitoria, de Fania con respecto al desempeño de otro sello puede explicarse de esta manera: el lanzamiento de un título de un artista importante exclusivo de un sello menos poderoso que Fania –como Eddie Palmieri para el sello Coco– podía coincidir con un «espacio vacío» en el programa de lanzamientos de uno o varios artistas importantes de Fania. Por lo tanto, la superioridad de otro sello disquero con respecto a Fania era meramente circunstancial.

El mercado latino de Miami seguía la tendencia del mercado neoyorquino durante el mismo intervalo: los sellos más poderosos eran los que se especializaban en balada romántica (en Miami, Cayre se hallaba en primera posición y Alhambra en segunda). En lo que atañe a la salsa, el grupo Fania se encontraba en primera posición con cuatro discos, mientras que los grupos Borinquen y Coco lo seguían con tres respectivamente[15].

La presencia de sellos de salsa era mucho menos evidente en otras ciudades de Estados Unidos con fuerte concentración de latinos: en Los Ángeles y San Antonio, los sellos de salsa eran pocos frente a la fuerte presencia de compañías especializadas en música mexicana.

Aunque en la actualidad se hable del intervalo 1971-1975 como el de la «explosión de la salsa», ese revuelo no tiene hoy en día mayor respaldo estadístico. Los datos anteriormente mencionados fueron los primeros que publicó *Billboard* sobre el comportamiento comercial de la salsa. Y aquellos datos fueron tan generales que la revista se propuso ser más exhaustiva en una próxima ocasión.

La información sobre el comportamiento comercial de la salsa durante el segundo semestre de 1977 fue considerablemente más específica. Considerando el comportamiento individual de los sellos –no de los grupos de sellos– en el segmento de la salsa, la revista publicó que Fania ocupaba la primera posición con una participación del 34,1% (15 discos). La lista sigue así: Vaya (15,2%; 14 títulos), Coco (8,4%; cinco), Tico (5,8%; cuatro), TR (5,5%; cuatro, Inca (5,5%; cuatro),

15. «1st. Latin Chart Action Recap. For 1977» (1977): *Billboard*, 89 (27), 12 de julio, p. 103.

Columbia (4,6%; uno), Top Hits –TH– (4,2%; tres), Karen (3,7%; tres, que, suponemos, corresponden al género merengue; Karen es un sello especializado en ese estilo de música) y EGC (3%; dos).

Conviene recordar que los sellos Fania, Tico, Vaya e Inca formaban parte del grupo Fania. La presencia de Columbia entre los sellos especializados en salsa responde a la asociación que esta gran firma global mantuvo con el grupo Fania desde 1975. En suma, para finales de 1977, el grupo Fania era el más poderoso: sus sellos controlaban el 68,6% del mercado total de la salsa, con los 46 títulos más populares. En Nueva York, los emblemas del grupo acaparaban un 66,8% de ese mercado local, el único considerado por *Billboard* como lugar prioritario de la salsa. El 33,2% restante se repartía entre los grupos TR, Coco, Rico, Cayre (Caytronics), CBS, Borinquen y Top Hits[16].

Figura 1. Porcentaje de participación de los principales sellos independientes en el mercado de la salsa en el segundo semestre de 1977

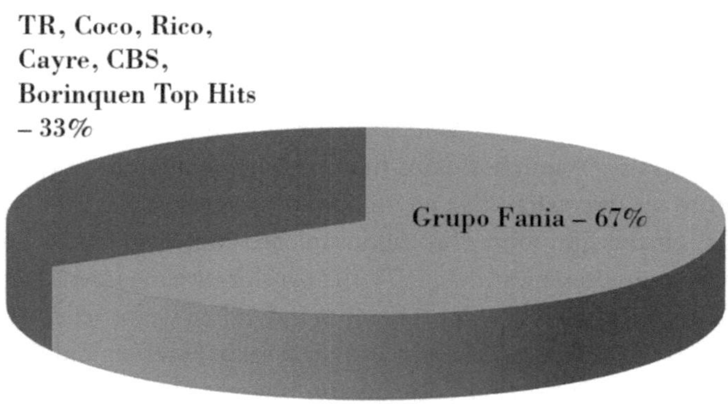

Fuente: *Billboard*, 14/01/1978.

16. «Latin Chart Action Recap. For 2nd Half of 1977» (1978): *Billboard*, 90 (2), 14 de enero, p. 45.

4.2.2. *Fania compra su propio estudio de grabación: LaTierra Sound*

Fania fue la única empresa especializada en salsa que pudo darse el lujo de intentar su independencia en términos de producción. En 1978, adquirió su propio estudio de grabación, LaTierra Sound (1733 Broadway, Nueva York[17]) y, entre 1977 y 1978, planificó su mudanza de Nueva York a Puerto Rico a fin de centralizar sus operaciones administrativas y de producción. Paradójicamente, estos gestos de independencia tenían lugar mientras la salsa perdía popularidad. Sus ventas descendieron sensiblemente en 1978 con respecto a años anteriores. Este descenso sucedió al mayor éxito comercial de Fania: el disco *Siembra*, de Rubén Blades y Willie Colón, en el que figuraba la canción «Pedro Navaja». Los 500 mil ejemplares vendidos de *Siembra* (del que se especulan ventas superiores al millón de copias) no fueron superados por otro título de salsa sino hasta 1992.

Estos datos dan luces de las características del mercado de la salsa, un ámbito en el que circulaban cinco millones de dólares, la mayor parte controlada por el grupo Fania, el precio de venta al público de un larga duración siendo 6,98 dólares. Fania debía entonces mover un volumen superior a las 700 mil unidades de material grabado entre sus mercados principales. El mercado de la salsa era por lo tanto parecido al del jazz: allí se encontraba un grupo de consumidores fieles y, por lo general, las ventas de un título razonablemente exitoso fluctuaban entre 50 mil y 100 mil copias[18]. Un mercado en miniatura si se lo compara con el de la música disco, que movía ocho mil millones de dólares anuales. Los sellos RSO y Casablanca, cuyo catálogo estaba nutrido por importantes producciones de disco –absorbidos por PolyGram en 1977– vendieron 300 millones de dólares sólo en Estados Unidos (PolyGram fue la primera gran empresa en

17. Flores, Aurora (1978): «Latin Sound N.Y. Facility on Broadway Roll After Renovation, 24 Track-Now». *Billboard*, 90 (6), 11 de febrero, p. 60.
18. Terrace, Ray (1975): «Fania's 1st. 10 N.Y. Label is Broadening the Base for its Music». *Billboard*, 87 (43), 25 de octubre, p. 57.

superar el billón de dólares en ventas) (Aguirre, 1981, p. 18). La sola banda sonora original de la película *Saturday Night Fever* vendió 25 millones de ejemplares.

Si bien es cierto que en el ámbito de la salsa ningún sello podía desafiar ni el ritmo ni la estructura de producción del grupo de Jerry Masucci y Johnny Pacheco, lo paradójico es que la misma superioridad comercial del grupo Fania fue motivo de su desgaste comercial, y ese desgaste arrastró consigo al resto de la salsa. La moda instaurada por Fania se diluyó por causa de la saturación de sus propios productos, aunque, desde luego, esto no se concedía entonces. Las razones que se esgrimían para explicar las fallas de comercialización o distribución de los productos de Fania solían ser de carácter técnico. Por ejemplo, el tesorero del grupo Fania, Víctor Gallo, reconocía, en 1978, una baja del 20% del volumen de ventas de la firma en Estados Unidos debido a problemas con la antigua empresa con la que Fania prensaba sus discos. Entonces, la firma de un contrato entre Fania y la compañía Bestway debía permitir al grupo ordenar entregas inmediatas de 30 mil discos[19]. Estas explicaciones, que presentaban las debilidades económicas de Fania como parte de un proceso de crecimiento industrial, alcanzó pretensiones más ambiciosas: la mudanza entera de Fania a Puerto Rico.

4.2.3. *El grupo Fania en las entrañas de la Operación Manos a la Obra*

Hemos visto que la entrada intensiva en la isla de empresarios e industriales de Estados Unidos, fomentada por los principales líderes del PPD puertorriqueño, liderado por Luis Muñoz Marín, discurrió paralela a la saturación del mercado de trabajo insular y a la intensiva emigración de boricuas hacia Nueva York. Ahora bien, este mismo proceso –conocido como Operación Manos a la Obra o *Operation Bootstrap*– protocolizó la relación económica de Puerto Rico con Estados Unidos y dio a las empresas norteamericanas ven-

19. Gurza, Agustín (1978): «Latin Scene». *Billboard*, 90 (5), 4 de febrero, p. 81.

tajas que Fania intentó aprovechar para desplazar sus operaciones de Nueva York a San Juan.

En calidad de empresa estadounidense, Fania podía gozar de exoneración de impuestos internos. Adicionalmente, el desplazamiento de las operaciones de la empresa a Puerto Rico le permitía disminuir sus gastos de renta de locales administrativos y de mano de obra, y suprimir el impuesto del 6,6% aplicado desde 1976 por la administración insular a la mercancía importada (todo producto elaborado en Estados Unidos era considerado entonces bien de importación, a pesar de la condición de la isla de Estado Libre Asociado[20]). Esto habría permitido al grupo fonográfico aumentar sus ganancias en el más importante mercado de salsa del Caribe hispano. En 1975, Fania colocaba en Puerto Rico el 50% de toda su producción, cifra que bajó hasta sólo el 30% en 1978[21]; una caída debida a la aplicación del mencionado impuesto.

Sin embargo, el proyecto de instalación de Fania en Puerto Rico fue abortado[22]. En 1977, Jerry Masucci negoció la compra de una prensa de discos de larga duración, de una imprenta para carátulas y folletos de discos y casetes y de un estudio de grabación de 16 pistas ante el Ministerio de Fomento a la Industria de Puerto Rico. Estas instalaciones, que habrían sido vendidas a Fania al precio de 350 mil dólares, habían pertenecido a un sello puertorriqueño en bancarrota, Montilla, desmantelado por el FBI en marzo de 1977 luego de una investigación de piratería de mercancía grabada[23].

Las ventajas fiscales y los posibles ahorros que hubieran podido resultar de este movimiento iban en la dirección de optimizar la producción de la empresa que, en 1978, trabajaba a un ritmo semanal de 20 mil discos de larga duración, 50 mil discos de 45 revoluciones y 50

---

20. García, Rudy (1976): «Puerto Rico Tax Brakes Music Sales». *Billboard*, 88 (6), 7 de febrero, pp. 3 y 48.
21. Guzmán, Pablo (1978): «Fania Facelifts Promo, A&R in NY & Puerto Rico Movement». *Billboard*, 90 (20), 20 de mayo, p. 80.
22. Salazar, Max (1998): «Gerry Masucci. 1934-1997». *Latin Beat*, 8 (1), febrero, p. 33.
23. Gurza, Agustín (1977): «Puerto Rican Factory Purchased by Fania». *Billboard*, 89 (39), 1 de octubre, pp. 1 y 86.

mil casetes de ocho canciones[24]. Las actividades del grupo Fania en San Juan se habrían añadido a las de Nueva York, donde permanecía el estudio de grabación del sello, LaTierra Sound, así como la mayoría de su talento artístico.

A priori, la idea de mudanza daba a pensar que Fania podía permitirse concretar su independencia corporativa. No obstante, el movimiento insinuaba también una política de ahorro en tiempos en que la salsa comenzaba a menguar. En suma, por razones pragmáticas, Fania tornó a su razón cultural, social e histórica de ser: Puerto Rico.

Hacia 1978, el conjunto de los mercados de la primera gran fase comercial de la salsa reunía fundamentalmente las comunidades latinas de Estados Unidos, Puerto Rico y Venezuela. La prosperidad económica de Venezuela durante los años setenta, la densidad de los barrios de sus más importantes aglomeraciones urbanas y su cultura latina hicieron de este país el más importante mercado de la salsa de América del Sur y un punto de venta clave durante los años en que la salsa comenzó a perder popularidad. A esto nos referiremos con detalle en el apartado 4.4.

4.3. Otros sellos especializados

El sentido del gusto instaurado por Fania posibilitó el nacimiento, o rehabilitación, de otros sellos afrolatinos independientes. Muchos de estos sellos fueron repercusión de los métodos de trabajo del grupo de Jerry Masucci y en ocasiones fueron tratados por la prensa especializada como la «esperanza» de la necesaria competencia que requería la salsa. Los más importantes habrían sido las insignias TR y Coco.

El sello TR fue fundado en 1965 por el director de orquesta Tito Rodríguez y, tras su deceso, en 1973, administrado por su yerno, Phil de Carlo. Llamó la atención de la prensa de la industria musical porque sus contratos de distribución y sus aventuras en otros géneros de música popular –la disco, por ejemplo– lo hacían ver como una em-

24. *Ibid.*

presa estimulada por la misma motivación comercial de Fania[25]. Uno de los productores musicales más importantes del grupo Fania, Louie Ramírez, fue contratado por TR en 1975. Sin embargo, los comentarios que suscitó este sello no superaron el nivel del entusiasmo periodístico momentáneo.

En cuanto a Coco, este sello era propiedad de un músico y productor musical que había trabajado para Fania, Harvey Averne, conocido a finales de los sesenta y principios de los setenta por sus grupos, el Harvey Averne Barrio Band y el Harvey Averne Dozen, aparte de por grabaciones hechas para el sello Atlantic. Ambos grupos cultivaron una estética funk que integraba cadencias latinas y un sesgo contestatario heredado de la lucha por los derechos civiles de los años sesenta y de la era del boogaloo. Este mismo formato musical, desarrollado por Eddie Palmieri al deshacer su orquesta La Perfecta –después de la salida del célebre título *Champagne*, al que nos referimos en el segundo capítulo, apartado 2.5.3.), habría acercado a Averne y al pianista, quien, a diferencia de la mayoría de los músicos afrolatinos célebres, no formaba parte del catálogo de Fania. El prestigio de Eddie Palmieri y de su hermano Charlie, quien también grababa para Coco, alimentaron el del sello disquero. A pesar de su modestia, Coco recibió, en 1976, un paradójico premio Grammy otorgado a la recién creada categoría de música latina por el disco de Eddie Palmieri *Unfinished Masterpiece*, obra de arte inconclusa que, debido a una desavenencia entre productor y músico, implicó la salida de Palmieri del sello y la finalización de la obra en estudio por Averne, con el concurso de instrumentistas contratados.

La trayectoria de los dos sellos mencionados da cuenta de que, a pesar del revuelo de la salsa durante los años setenta, este movimiento se sostenía sobre Fania. No obstante, a todo lo largo de la historia co-

25. «TR Records in Distrib. Deals» (1974): *Billboard*, 86 (13), 30 de marzo, p. 54; «Latin Music» (1974): *Billboard*, 86 (23), 8 de junio, p. 34; Terrace, Ray (1975): «Latin Scene». *Billboard*, 87 (6), 8 de febrero, p. 33; «TR Breaks Quasi Disco Label» (1976): *Billboard*, 88 (45), 6 de noviembre, p. 64; Guzmán, Pablo (1978): «TR Challenges Fania's Salsa». *Billboard*, 90 (16), 22 de abril, p. 80; «TR Bows New Latin Pop Label» (1977): *Billboard*, 89 (31), 6 de agosto, p. 66.

mercial de la salsa, la prensa especializada ha mencionado otros sellos especializados cuyos productos musicales –entre los que podía haber a menudo otros productos de raíz afrolatina– aparecían en el mercado de la salsa. La mención de estas casas fonográficas podía deberse a su impacto puntual en el mercado general de la música afrolatina. Estos sellos son:

Tabla 3. Otros sellos especializados en música afrolatina desde la década de los setenta

Sello	Informaciones complementarias
Música Latina International[26]	
Kubaney[27]	Entre 700 mil y un millón de dólares anuales.
Musicalia[28]	
Latin Percussion Ventures[29]	Martin Cohen
Salsa[30]	
Sar/Guajiro[31]	Sergio Bofill, Adriano García, Roberto Torres. SAR era una asociación entre (S)ergio Bofill, (A)driano García y (R)oberto Torres. Creado en 1984.

26. Kirsch, Bob (1973): «Música Latina Int'l Own Distrib.; LP Geared Geographically». *Billboard*, 85 (6), 10 de febrero, p. 10.
27. Kapper, Art (1973): «PVC, Paper Shortage is "Serious" in Latin Mart». *Billboard*, 85 (44), 3 de noviembre, p. 54; Agudelo, Carlos (1988): «Latin Notas». *Billboard*, 100 (16), 16 de abril, p. 60.
28. Lew, Ralph (1975): «Latin Scene». *Billboard*, 87 (7), 15 de febrero, p. 29.
29. «Revive Latin Label in NJ» (1976): *Billboard*, 88 (37), 11 de septiembre, p. 59.
30. Flores, Aurora (1977): «Latin Crossovers: Restricted by "Sound Purists" Disk Acts?». *Billboard*, 89 (17), 30 de abril, p. 98.
31. Agudelo, Carlos (1983): «New Colombian Sounds Coming to U.S. Market». Billboard, 95 (2), 15 de abril, p. 43; Salazar, Max (1985, enero 26). «Salsa Losing Popularity to Ballads on City Airwaves». Dossier «¡Viva Latino!». Billboard, 97 (4), 26 de enero, p. VL-48.

Caimán[32]	Sergio Bofill y Adriano García clausuraron SAR y crearon, en 1984, Caimán.
Kim[33]	
Antilla[34]	
Rico[35]	Ralfi Cartagena. Este sello produjo por primera vez al músico Gilberto Santarrosa, hoy artista de Sony Music.
Budda[36]	Este sello habría sido una de las empresas de Morris Levy, antiguo jefe de la casa Tico (que pasó a formar parte del grupo Fania en 1975) y una de las más importantes personalidades del negocio afrolatino de Nueva York desde los años cuarenta.
Bronco[37]	Bobby Valentín, antiguo bajista de las Fania All Stars. Un millón de dólares anuales.
Top Ten Hits[38]	Aníbal Torres. Este sello era propiedad del mencionado grupo TR.
RL[39]	Ralphy Leavitt, director de la orquesta La Selecta.
Vedisco[40]	Asociación del grupo colombiano Fuentes y el grupo venezolano Velvet.

32. Salazar, Max (1985): «Salsa Losing Popularity to Ballads on City Airwaves». Dossier «¡Viva Latino!». *Billboard*, 97 (4), 26 de enero, p. VL-48.
33. *Ibid.*
34. *Ibid.*
35. *Ibid.*
36. Fernández, Enrique (1985): «Latin Notas». *Billboard*, 97 (12), 23 de marzo, p. 3; Goodman, Fred (1986): «Morris Levy Severing Music Industry Ties». *Billboard*, 98 (51), 20 de diciembre, p. 71.
37. Agudelo, Carlos (1988): «Latin Notas». *Billboard*, 100 (21), 21 de mayo, p. 49.
38. Agudelo, Carlos (1988): «Latin Notas». *Billboard*, 100 (30), 23 de julio, p. 47.
39. Agudelo, Carlos (1990): «Latin Notas». *Billboard*, 102 (17), 28 de abril, p. 27.
40. Lannert, John (1993): «Latin Notas». *Billboard*, 105 (48), 27 de noviembre, p. 73.

Caliente Entertainment[41]	Presidido por María Zenoz. Se trata de un sello latino que forma parte de un grupo de empresas de comunicación que posee once estaciones de radio en el noreste de Tampa, en el estado de Florida Estados Unidos, y que se dirige principalmente a las primera y segunda generaciones de latinos de este sector (a la ya mencionada generación Ñ). Caliente se asoció con Atlantic Records Corp. (Atco) para garantizar la distribución de su producto, música «tropical» interpretada por talento de origen cubano. La división de Atlantic que trabaja con Caliente ha tenido relación con los sellos World Circuit y Nonesuch, responsables del lanzamiento del disco *Buena Vista Social Club*.
Miami[42]	Sello creado por el grupo colombiano Fuentes. Miami reemplaza a Vedisco.

Naturalmente, esta enumeración está lejos de incluir todos los sellos de la salsa y, aún menos, todos los de la música afrolatina, pero da una idea de cómo la salsa impulsó la apertura de nuevos sellos especializados.

4.4. La importancia del mercado venezolano

El éxito de la salsa en la Venezuela de los años setenta fue muy particular. El pesimismo que la crisis económica despertó en las sociedades del norte tomó un cariz diferente en Venezuela, país sudamericano en el que el grupo Fania, así como los otros sellos especializados, halló su mercado más ávido. Como consecuencia del embargo petrolero que los países árabes miembros de la OPEP decretaron contra los aliados

41. «Caliente Enters Latin Music Arena» (1988) : *Billboard*, 110 (27), 4 de julio, p. 41; Lannert, John (1999): «Atlantic Enters Latino Via Caliente». *Billboard*, 111 (9), 27 de febrero, pp. 1 y 86.
42. Lannert, John (1999): «Latin Notas». *Billboard*, 111 (18), 1 de mayo, p. 39.

de Israel en tiempos de la guerra del Yom Kippur, Venezuela vio sus ingresos por concepto de exportación petrolera aumentar en una proporción sin precedentes, situación que imprimió al país una atmósfera de prosperidad que se manifestó en la forma de un impulso de consumo que abarcó a todos los sectores sociales. En medio de este aturdimiento entusiasta, los sellos especializados en salsa encontraron un mercado providencial.

El debilitamiento del mercado puertorriqueño, ocasionado por el ya mencionado ajuste fiscal de 1976, fue relativamente compensado por el comportamiento del mercado venezolano. En Venezuela, los productos del grupo Fania eran fabricados y distribuidos por firmas venezolanas. Los discos y casetes fabricados en Venezuela eran incluso importados por comerciantes puertorriqueños puesto que eran más económicos que los que provenían de Estados Unidos. En 1985, el presidente de la firma Caytronics, Joe Cayre, comentaba con estas palabras la crisis de la salsa en Puerto Rico a finales de los años setenta y la importación de productos fabricados en Venezuela:

> Puerto Rico, país que siempre fue un buen mercado para nosotros, se saturó con grabaciones fabricadas en Venezuela y en República Dominicana, que costaban tres dólares menos[43].

Entre 1973 y 1977 el mercado fonográfico venezolano había crecido en una proporción cercana al 40%. Durante el último año del intervalo mencionado las ventas globales de música en el país sumaron 40 millones de dólares (Aguirre, 1981, p. 6). El precio de venta al público de los discos lanzados al mercado local era ligeramente superior al precio cobrado en Estados Unidos. En esta época, un disco de Fania costaba 6,98 dólares en Estados Unidos aunque los productos de sellos más pequeños –como el de la orquesta el Gran Combo de Puerto Rico, EGC–pudieran costar un dólar menos. En Venezuela, entre 1976 y 1981, el precio promedio de un disco de larga duración

43. Salazar, Max (1985): « Salsa Losing Popularity on City Airwaves». Dossier «¡Viva Latino!». *Billboard*, 97 (4), 26 de enero, p. VL-11 (traducción nuestra).

fluctuó entre 28 y 36 bolívares (entre 6,50 dólares y 8,37 dólares de la época), y entonces no existía restricciones de control de cambio o de flujos de capitales hacia el extranjero.

Según el presidente del sello venezolano Velvet, José Page, la vida media de un disco de música popular en Venezuela no superaba los sesenta días[44]. Este paraíso del consumo compulsivo, en el que el comercio discográfico se había incrementado de nuevo, entre 1977 y 1979, de 40 a 100 millones de dólares[45] (los comentaristas llegaban a hablar de 200 millones de dólares), pasó a ser una fuente esencial para los sellos especializados en salsa[46].

Por ejemplo, el mercado fonográfico venezolano de los años setenta superaba con creces al mercado colombiano. En Colombia, el precio promedio de un disco era, en 1977, 2,50 dólares. Incluso aún se comercializaban discos de 78 revoluciones a 0,80 dólares[47]. Los géneros musicales más populares en Colombia en 1977 se concentraban casi todos en ritmos tropicales o folclóricos locales y el mercado contaba tres zonas geográficas importantes: Medellín, dominado por los sellos de dos familias competidoras, Díez, dueña del sello Codisco, y Fuentes, dueña de los sellos Fuentes y Sonolux; Barranquilla, donde estaba instalado el sello Discos Tropical, propiedad de Emilio Fortou[48]; y Bogotá, donde estaban instalados las compañías Orbe y las multinacionales CBS y Philips, esta última distribuidora de Fania. CBS y Philips eran los únicos sellos que vendían sus productos al equivalente local de cuatro dólares. Dos empresas venezolanas, Disco-

---

44. «Venezuela. The Biggest Little Country of Them All» (1977): Dossier «Latin America». *Billboard*, 89 (31), 6 de agosto, p. LA-66.
45. Fisher, Marv (1979): «Caribbean. Spanning a Vast Panorama of Music». Dossier «Latin America». *Billboard*, 91 (44), 3 de noviembre, p. LA-99.
46. No obstante, Aguirre señala que, según el entonces Secretario General de la Cámara Venezolana de Productores Fonográficos, Carlos Esparragoza, el crecimiento de las ventas de discos se había ralentizado en una proporción de 25% en 1979 (Aguirre, 1981, p. 6).
47. «Colombia. A Complex Market of Five Trade Areas Looks to Local Acts» (1977): Dossier «Latin America». *Billboard*, 89 (31), 6 de agosto, p. LA-46.
48. *Ibid.*

moda y El Palacio de la Música, también tenían operaciones en Colombia[49]. Para esta época, la música en inglés representaba apenas entre un 5 y un 10% del mercado interno[50].

La relación del mercado venezolano frente al mercado colombiano será diametralmente opuesta veinte años más tarde: en 1996, el mercado colombiano representaba alrededor de 130 millones de dólares en negocios y había experimentado un crecimiento de 37 millones de dólares con respecto a 1995[51]. La salud de la salsa en Colombia podía notarse a través de hechos que tenían que ver tanto con la producción de espectáculos como con la instalación de oficinas de sellos globales que administraban importantes catálogos de salsa. En diciembre de 1997, algunos conciertos de las Fania All Stars habían sido programados en varias ciudades colombianas, MCA/Universal –responsable de la distribución del producto de RMM en territorio colombiano– planificaba la instalación de una sede en Bogotá[52] y, el 19 de septiembre de 1997, la primera tienda de discos de la cadena estadounidense Tower Records abría en la capital colombiana[53]. Gestos de entusiasmo comercial que Venezuela no ha suscitado, ni suscitará, en algunos años.

Sin embargo, durante los años setenta, y a diferencia de Colombia durante la misma década, nada era moderado en la sociedad de consumo venezolana, donde el frenesí del sonero de la salsa brava no se daba abasto ante la motivación de los bailadores. A pesar de la intensa circulación de productos del grupo Fania en el mercado venezolano (Fania se reservaba el 30% de las operaciones de El Palacio de la Música,

49. «A Market Mix of 78s and Newest Formats» (1977): Dossier «Latin America». *Billboard*, 89 (31), 6 de agosto, p. LA-37.
50. *Ibid.*, p. LA-24.
51. Lannert, John (1996): «The Year in Music». Dossier «The Year in Music». *Billboard*, 108 (52), 28 de diciembre, p. YE-20.
52. Lannert, John (1997): «Colombia Record Industry Rises Above It». Dossier «Latin Music Quarterly». *Billboard*, 109 (48), 29 de noviembre, p. LMQ-1.
53. Lannert, John (1997): «Bogotá Eagerly Welcomes Tower». *Billboard*, 109 (42), 12 de octubre, p. 40.

la compañía de distribución del grupo en Venezuela)[54], había todavía espacio para otras iniciativas discográficas especializadas, entre ellas el sello Top Hits (TH), de Wilhelm Ricken, el más fuerte competidor de Fania. TH dominaba 35% del mercado discográfico interno[55]. Desde comienzos de los años setenta, TH comenzó a grabar a la orquesta La Dimensión Latina, fundada por el cantante y bajista Óscar D'León y el trombonista César «Albóndiga» Monje. Con el éxito (relativo frente a los artistas de Fania) de La Dimensión Latina en los mercados más importantes de la salsa, así como de su catálgo de balada romántica, TH instaló oficinas en Puerto Rico y Miami e incluyó en su catálogo artistas que habían integrado con anterioridad el catálogo de Fania (Willie Rosario y Tommy Olivencia, por ejemplo, artistas del sello Inca). Luego de la separación, en 1976, de D'León de la orquesta por él fundada, TH sacó provecho de la imagen del cantante para llegar a los mercados mayoritarios de la salsa hasta la segunda mitad de los años ochenta.

En suma, la salsa prosperó en Venezuela en el ambiente de la fiesta latina más entusiasta. En 1977 había en Caracas ciento cincuenta locales nocturnos donde se podía bailar y escuchar música, grabada o en vivo[56]. En los años setenta, Caracas poseía el centro comercial más grande de América Latina –durante esta década solía decirse que Venezuela poseía las más grandes obras civiles de toda América Latina–: el Centro Ciudad Comercial Tamanaco (CCCT), dentro del cual fue abierta, en 1979, la versión venezolana del legendario club neoyorquino Studio 54, de Steve Rubell, City Hall, una discoteca que podía recibir mil seiscientas personas y que sobrepasaba los 190 mil dólares mensuales en movimientos de caja. Como el Studio 54, la City Hall lanzaba discos mezclados editados por el sello CLR (Corporación Los Ruices) del grupo Ricken.

---

54. Según declaraciones del presidente de El Palacio de la Música, Ernesto Aue. Fisher, Marv (1979): «Caribbean. Spanning a Vast Panorama of Music». Dossier «Latin America». *Billboard*, 91 (44), 3 de noviembre, p. LA-18.
55. «Venezuela. The Biggest Little Country of Them All» (1977): Dossier «Latin America». *Billboard*, 89 (31), 6 de agosto, p. LA-66.
56. Fisher, Marv (1979): «Caribbean. Spanning a Vast Panorama of Music». Dossier «Latin America». *Billboard*, 91 (4), 3 de noviembre, p. LA-80.

Quienes estaban demasiado ocupados haciendo bailar a los compradores de discos de las grandes ciudades venezolanas («no hay restricciones para mejorar la calidad de nuestros productos», decía entonces Carlos Vidal, gerente del grupo Ricken[57]), miraban bailar o bailaban en otra parte («no hay restricciones generales para sacar el dinero del país», declaraba Harry Alex, director de la filial local de Polydor, quien consideraba el liberalismo a la venezolana como un estimulante para continuar haciendo negocios).

Remitiéndose a las cifras de ventas de dos discos de salsa de éxito, *Mata siguaraya*, de Óscar D'León (TH), y *Siembra*, de Rubén Blades y Willie Colón (Fania), Díaz (1981, p. 29) comparaba su comportamiento comercial tomando como base un precio promedio por disco de 34 bolívares (la tasa de cambio de entonces siendo de 4,30 bolívares por dólar). Las 96 mil copias vendidas del disco *Mata siguaraya* generaron 759 069 dólares de ganancias y 424.186 de ganancias netas para TH; *Siembra*, por su parte, vendió 94 mil, produjo 743.255 dólares de ganancias y 415.248 dólares de ganancias netas para la casa editora (Fania, representada en Venezuela por su compañía de distribución, El Palacio de la Música). Los dos conciertos ofrecidos por las Fania All Stars y Rubén Blades en 1979 en El Poliedro de Caracas reportaron a los organizadores 149 488 dólares libres de impuestos y gastos pagados.

Con todo, la salsa comenzó a dar signos de debilitamiento, incluso en Venezuela, hacia 1981. La compulsión al consumo de finales de los años setenta se atenuó sensiblemente debido al agotamiento de la maquinaria de producción de la salsa y a la falta de competencia. Aunque entonces Rubén Blades y Willie Colón eran los herederos exitosos de la salsa con la tendencia consciente (una salsa que denunciaba el intervencionismo norteamericano en América Central y que celebraba la dignidad del pueblo latino), los dos artistas no pudieron hacer que el movimiento volviera a cobrar vigor.

---

57. «...And They Do Mean Business» (1977): Dossier «Latin America». *Billboard*, 89 (31), 6 de agosto, p. LA-72.

4.5. El no de las niñas

El éxito comercial que el grupo Fania logró conquistar con la salsa brava terminó diluyéndose. Por asombroso e importante que haya sido su crecimiento, la salsa desbordó su capacidad de producción. Fania cargaba consigo todos los vicios y las virtudes de la música y del concepto que había impuesto. Sobre este asunto, Calvo Ospina ha señalado lo siguiente:

> El principal punto débil que el *boom* [de la salsa] develó fue la falta de buenos compositores y de arreglistas que pudieran mantener los niveles de ventas sin atentar contra la calidad de la música. Entre 1977 y 1978, el éxito de la salsa era tal que los músicos se limitaban a componer una salsa repetitiva y poco exigente que, al cabo, no dio la talla [...]. Su música se convertía poco a poco en [bienes producidos por] una cadena de producción que respondía a un consumo inmediato. Algunas orquestas aceptaban las reglas impuestas por los productores; otros artistas estaban obligados a aceptarlas para cumplir con sus contratos; algunos músicos decidieron separarse de Fania sin pensar en las consecuencias. El resultado final fue la venida a menos progresiva de Fania, de Fania All Stars y del sello disquero (Calvo Ospina, 1995, p. 84).

El control casi absoluto de la salsa por el grupo Fania y las señales de agotamiento que el género comenzaba a mostrar desde 1977 acarrearon la disminución del ritmo de producción de los sellos más pequeños. La salsa brava se frustró ante la presencia de un mercado aún activo pero demasiado amplio para ser abastecido con las ideas y con los criterios de comercialización de un solo grupo discográfico.

Fania tuvo problemas para cuestionar la manera como representaba el modo de vida del barrio y la idea de hacer que la salsa volara hacia las alturas del pop nunca se concretó. Pese a que Masucci siempre se refirió a la salsa como a un género que no sólo se nutría de contenidos derivados del pop y del rock sino que era susceptible de complacer la sensibilidad del público angloamericano, su catálogo contradecía de manera flagrante sus propósitos. Otros empresarios menos influyentes del medio, tal vez por la libertad que les concedía su posición de inferioridad comercial, hablaban con sinceridad de las dificultades reales que tenía la salsa para llegar al gran público. Declaraba Harvey Averne, presidente del sello Coco, en 1977:

> Francamente, a pesar de la actual explosión de la salsa, no creemos que esta música, en su estado actual, pueda alcanzar un mercado nacional o internacional más amplio[58].

En efecto, la salsa no pasó de ofrecer una estética creíble de la vida que se cultivaba en los barrios latinos de Nueva York y, por extensión, de las grandes ciudades del Caribe hispano.

Luego de algunos años, aquellas canciones de vientos metales estridentes, de filosofía inmediatista y misógina, que celebraban la alegría familiar a pesar de la adversidad, o incluso el repertorio que, al tanto de esa corriente tradicional, trató de actualizar la estética de la música y proponer otro discurso, se convirtieron en mensajes predecibles y hasta demagógicos. La salsa se redujo a ser una música para hombres latinos que las mujeres podían bailar. Pensemos, por ejemplo, en la importante carga sexista de la salsa brava: no sólo ella no logró interpelar la jerarquía sexual tradicional de las sociedades del Caribe hispano, sino que, además, esquivaba al público femenino. Puede decirse que los valores sexuales y sociales preconizados por la salsa la recluyeron en la visión del hombre del barrio latino, lo que le impidió renovarse en otras sensibilidades, sociales y de género.

Una de las ideas recurrentes de los empresarios de la música afrolatina a lo largo de los años ochenta era que esta música dividía al público mientras que el pop y la canción romántica lo unificaban (por paradójico que parezca, esta opinión fue manifestada por el propio tesorero del grupo Fania, Víctor Gallo[59]). Y, en efecto, la visceral lucha de sexos que la salsa brava refrendó activó el sutil rechazo de las mujeres. Este rechazo benefició a la balada romántica y al pop, dos géneros musicales que definieron los contenidos de la salsa desde la primera mitad de los años ochenta.

---

58. Gurza, Agustín (1977): «Salsa. The Hot Latin Dance Music». Dossier «Salsa». *Billboard*, 89 (45), 12 de noviembre, p. 82 (traducción nuestra).
59. Fernández, Enrique (1984): «Fania's Gallo Sees Changing Salsa Market». *Billboard*, 96 (9), 3 de marzo, p. 49.

4.6. El fin de la salsa brava

Desde 1980, estrellas de la balada romántica, como el venezolano José Luis Rodríguez, «El Puma» (TH) o el español Julio Iglesias (CBS), vendían en Puerto Rico 50 mil copias de un disco mientras que un éxito en este mercado equivalía a 10 mil[60]. La popularidad de la balada romántica coincidió con la desaparición de la información sobre salsa en la revista *Billboard*, que reapareció, fugazmente, el 3 de noviembre de 1979. En esta ocasión la revista mencionó la salsa en el marco de un reportaje sobre los mercados discográficos colombiano, puertorriqueño y venezolano[61], ya no como fenómeno comercial sino como movimiento en decadencia.

Cuando la canción romántica comenzó a llevarle la delantera a la salsa, Jerry Masucci admitió tácitamente que era el momento de separarse del concepto comercial y de la música que tanto éxito le habían reportado. Entonces se aventuró a crear un híbrido de salsa y samba con el objeto de penetrar en el mercado discográfico brasileño, el más grande de América Latina pero el más hermético también[62], e incluso probó suerte abriendo una agencia de modelos[63]. Nada se supo más tarde de estas dos iniciativas.

El desvanecimiento progresivo del sonido de la salsa en las más importantes ciudades del Caribe hispano, la superación de la salsa por la balada romántica y el merengue dominicano y la tendencia de los principales empresarios de salsa a distanciarse de esta música sucedió mientras la industria fonográfica latinoamericana experimentaba un proceso de concentración de capitales. Por ejemplo, el mercado colombiano se transformó en un mercado de «grandes sellos», en el que firmas multinacionales o locales poderosas absorbían pequeñas com-

60. Mellado Romero, José Antonio (1981): «International Pop Enhances Cross Culture Surge». Dossier «Latin America». *Billboard*, 93 (42), 24 de octubre, p. LA-10.
61. Fisher, Marv (1979): «Caribbean. Spanning a Vast Panorama of Music». Dossier «Latin America. A New Musical Giant». *Billboard*, 91 (44), 3 de noviembre.
62. *Ibid.*, p. LA-19.
63. Saxon, Anne (1980): «Fania King Jerry Masucci New Fame Game». *Latin New York*, III (9), septiembre, p. 33.

pañías regionales y la inflación se ubicaba alrededor del 30% anual[64]. En 1981 CBS, RCA-Sonolux, FM Discos e Incolve manejaban cifras de ventas de entre un 15 y un 30% superiores a las de 1980. El 90% del mercado local estaba bajo la égida de Fuentes, Philips, RCA-Sonolux, Codiscos, FM Discos, CBS e Incolve. La participación de estos siete sellos en 1977 era de 75% y el precio de un disco había progresado desde 1977, situándose entre 5,31 y 5,66 dólares.

Venezuela imitó esta tendencia, sobre todo cuando los síntomas del endeudamiento externo comenzaron a manifestarse a comienzos de los años ochenta. En Venezuela, la concentración de capitales dividió en dos grandes grupos la industria discográfica local: SonoRodven, propiedad de Rodolfo Rodríguez Miranda y la Organización Diego Cisneros (ya en 1979 circulaban noticias sobre la fundación de SonoRodven, que acababa de obtener licencia para construir su prensa de discos de 33 revoluciones[65]), y Sonográfica, propiedad del grupo de empresas 1BC.

Estos grupos se hicieron con la distribución de los más importantes sellos sin sede en Venezuela y los métodos de comercialización que privilegiaron fueron, en líneas generales, conservadores. Ambas empresas colocaban un producto musical de carácter neutro, que no se comprometía con grupos sociales o modos de vida específicos, y, por lo tanto, esquivaban los alegatos masculinos de orgullo e identidad que habían sido la tónica de la salsa. Hacia 1982, estos sellos comenzaron a producir nuevos talentos venezolanos debido a la política de apoyo al artista nacional puesta en práctica al final del gobierno del presidente Luis Herrera Campins y que se popularizó con el nombre de «uno por uno». El «uno por uno» obligaba a la industria de la radiodifusión a transmitir una canción de un artista nacional por una canción de un artista extranjero, lo cual implicaba la construcción de un catálogo venezolano consistente. Para ser comercializable tanto

64. Fisher, Marv (1979): «Caribbean. Spanning a Vast Panorama of Music». Dossier «Latin America. A New Musical Giant». *Billboard*, 91 (44), 3 de noviembre, p. LA-14.
65. *Ibid.*, p. LA-94.

en Venezuela como, eventualmente, en el mercado latino de Estados Unidos, este catálogo debía componerse principalmente por artistas de pop y de balada romántica.

La necesidad corporativa de orientarse hacia la canción romántica o el pop fue la estocada para la salsa y, sobre todo, para el grupo Fania. Los empresarios dudaban de las posibilidades comerciales del concepto y de la estética musical desarrollados por el grupo de Jerry Masucci y Johnny Pacheco. Esta duda se añadía a cada una de las situaciones económicas de los mercados de salsa más importantes: la caída de los precios de exportación en el área del Caribe –calculada en 500 millones (Phillips, 1988, p. 273)– y la supresión de las ayudas del gobierno federal estadounidense a Puerto Rico en 1982 provocaron que el mercado discográfico de la isla se restringiera en 30%; la ya mencionada recesión venezolana –perceptible a finales de 1982 pero que se manifestó verdaderamente durante el Viernes Negro del 18 de febrero de 1983, fecha en que se devaluó el bolívar– abandonó el precio de la mercancía grabada a la tasa de inflación; incluso en Miami los encargados de las tiendas de discos especializadas en música latina declaraban en 1983 una caída que, según el comerciante, fluctuaba entre el 15 y el 50%[66].

En un momento de depresión generalizada en los principales mercados de la salsa, el cierre de operaciones del grupo Fania parecía inminente. De hecho, hubo movimientos que hicieron pensar en la desaparición de la firma. La mudanza de las oficinas del grupo –llamado desde 1982 Música Latina International– a la sede del estudio de grabación LaTierra Sound –cuya apertura había sido celebrada en otro tiempo como un importante gesto de independencia– hizo pensar a los periodistas de la prensa musical que Fania cerraba sus operaciones. Se trataba en realidad de una medida económica por medio de la cual la empresa debía ahorrarse 200 mil dólares anuales en gastos[67]. El cambio de nombre del gru-

---

66. Hinclán, Hilda (1983): «Miami Dealers Report Sales Drop». *Billboard*, 95 (17), 23 de abril, p. 54.
67. Fernández, Enrique (1982): «Execs Deny Música Latina is Closing». *Billboard*, 94 (39), 2 de octubre, p. 57.

po Fania a Música Latina International marcó la transición hacia una nueva fase del conglomerado fundado por Jerry Masucci y Johnny Pacheco en 1964. En esta nueva fase, la producción artística perdía fuerza frente a la gestión y seguimiento administrativo de los derechos concedidos a otras empresas sobre productos del catálogo Fania[68].

El único síntoma de los tiempos difíciles que vivía la salsa no fue la transformación del antiguo grupo Fania en una oficina de gestión de un catálogo de la nostalgia, lo fue también el enfriamiento de todo el espectáculo afrolatino en Nueva York. Hasta 1982, la compañía de producción de espectáculos afrolatinos Ralph Mercado Management (RMM) –que dará pie al más importante sello de salsa de la escena neoyorquina desde 1987– organizaba cuatro grandes conciertos de salsa y de merengue en el Madison Square Garden de Nueva York. Cada concierto atraía cerca de 18 mil personas. En 1985, Ralph Mercado apenas producía dos espectáculos por año, especialmente de merengue dominicano[69].

El debilitamiento de la salsa y la mencionada concentración de capitales en los mercados nacionales anticiparon la concentración de las grandes empresas globales en el mercado discográfico latino. En esta nueva etapa, la salsa pasó a ser un estilo musical que aprovechaba una sensibilidad específica presente en el mercado latino y no tanto una forma de representación del viejo barrio.

4.7. Salsa, un segmento más dentro de la totalidad del mercado discográfico latino

Los cambios técnicos que se llevaron a cabo en la industria de la producción musical y del sonido grabado entre 1983 y 1986 hicieron posible que la tradición musical afrolatina fuera rehabilitada a través de un enfoque retrospectivo.

---

68. «Fania Bankruptcy Rumors Untrue!» (1982): *Latin New York*, V (10), octubre, p. 10.
69. Salazar, Max (1985): «Salsa Losing Popularity to Ballads on City Airwaves». Dossier «¡Viva Latino!». *Billboard*, 97 (4), 26 de enero, p. VL-57; Fernández, Enrique (1985): «Latin notas». *Billboard*, 97 (20), 18 de mayo, p. 51.

El cambio del formato de disco de larga duración a disco compacto no sólo generó la caída transitoria de las ventas de mercancía grabada sino que generó que varios sellos de música afrolatina –que desde hacía tiempo se creían desaparecidos– revivieran. Estos sellos podían volver como insignias independientes distribuidas por una firma más fuerte. Por ejemplo, el sello venezolano TH/Rodven –fusión de los grupos TH USA y Rodven, a la que nos referiremos con detalle en el apartado 4.8.– incursionó en el mercado de la nostalgia «tropical» comprando los derechos de los catálogos de los sellos Seeco, Musicor y el cubano Panart. El sello Seeco, tal vez el primer sello neoyorquino especializado en música afrolatina (ver segundo capítulo, apartado 2.3.2.), llevó una vida discreta luego de la muerte de su primer dueño, Sidney Siegel, en 1969[70]. Seeco fue comprado por David Cast y su distribución en Estados Unidos, Canadá y Puerto Rico fue asegurada por la firma West Side Latino, de Arturo Saíz. West Side Latino concedió, en 1987, los derechos de distribución de los productos de Seeco a TH/Rodven por un período de tres años[71].

Antiguos sellos de música afrolatina podían también ser adquiridos por alguna gran insignia. Jaime Hernández, representante del Bertelsmann Music Group (BMG) en Venezuela, precisaba en 1999 que el cambio del formato 33 revoluciones a CD comenzó a operarse en el país en 1986. Durante los primeros días, el CD se vendía como una joya dirigida a compradores con alto poder adquisitivo. En ese tiempo, las grandes multinacionales se ocuparon de editar y fijar sobre el nuevo soporte su catálogo *vintage*, incluyendo el de música tropical. Así, el disco compacto sentó las bases para la instauración de un mercado de la nostalgia[72] que no sólo tenía un público cautivo entre las viejas generaciones sino que cumplía la función de inscribir la salsa en una secuencia editorial.

---

70. Salazar, Max (1985): «Salsa Losing Popularity on City Airwaves». Dossier «¡Viva Latino!». *Billboard*, 97 (4), 4 de enero, p. VL-11.
71. Sabournin, Tony (1987): «Latin Notas». *Billboard*, 99 (43), 24 de octubre, p. 68.
72. Bujanda, Héctor (1999): «El negocio de rescatar el pasado». *El Nacional*, LVI (20.042), 19 de junio, p. C1.

La reedición de un catálogo antológico permitía incorporar al mercado latino un producto musical más barato que, además, daba a la salsa un asidero histórico. La salsa era una contraseña para esta tradición grabada.

Mientras la digitalización del catálogo afrolatino se llevaba a cabo, los criterios de comercialización de las músicas populares latinas experimentaban cambios. Las *majors* se hicieron más acuciosas en este sector y esa acuciosidad fue reflejada por la prensa del negocio discográfico. La vaguedad informativa que había caracterizado al periodismo de la industria musical latina a comienzos de los años setenta fue sustituida por reflejos precisos con pretensiones fácticas. Según un estudio realizado por San Marino Entertainment, empresa instalada en California, el mercado potencial de la música dirigida a la audiencia latina equivalía, en 1985 y en términos aproximados, a 345.700.000 dólares (algunos se atrevían a hablar de 500 millones de dólares). En el rango de edad de 10 a 34 años se encontraba el 49% de los compradores de discos, es decir, 10 millones de consumidores potenciales[73]. Estos datos se acercan a los que, seis meses más tarde, fueran proporcionados por el director de mercadeo de EMI-Odeon España, Rafael Gil, quien calculaba en 400 millones de dólares el conjunto entero del mercado latino[74].

La salsa empezó a sacar provecho de este ancho mercado entre 1986 y 1987. La información que tenía que ver con el comportamiento de la música afrolatina (que *Billboard* llamaba «tropical») se volvió relativamente detallada a finales de 1986 e, incluso, se diversificó. En octubre de este año la revista anunciaba la expansión del espacio redaccional dedicado a la música latina debido al crecimiento de este sector[75]. Este crecimiento comprendía la publicación semanal de una lista de los discos más populares del mercado latino y de un reporte sobre la rotación de las canciones más demandadas en la radio latina. *Billboard* comenzó a rendir cuenta de los sellos más com-

73. «Latin Notas» (1985): *Billboard*, 97 (2), 12 de enero, p. 55.
74. Henessey, Mike (1985 13): «Emi Banks on Growing Latin Audience». *Billboard*, 97 (28), 13 de julio, p. 9.
75. *Billboard*, 98 (40), p. 70.

petitivos según su presencia en la lista de los 50 discos más populares. Las posiciones de los sellos de salsa eran elocuentes sobre la situación del mercado: TH/Rodven, fusión ya mencionada de los sellos venezolanos TH y Rodven, ocupaba, a finales de 1986, la primera posición en el mercado de la música afrolatina con 13 discos en lista; le seguían Combo (siete discos), RCA (ocho discos), Karen (nueve discos), Bronco (siete discos), Vaya (un disco), Elektra (un disco), Kubaney (cuatro discos), Fania (cuatro discos) y Ringo (un disco)[76]. La más fuerte competencia de TH/Rodven no residía en Fania o en Vaya, sellos de Música Latina International, sino en un sello pequeño, Bronco, cuyo dueño era el antiguo bajista de las Fania All Stars, Bobby Valentín.

4.8. El resurgimiento de la salsa gracias a la tendencia «erótica»

Inspirada por la compilación de baladas románticas en ritmo de salsa *Noche caliente*, lanzada en 1982 por el sello K-Tel –especializado en la producción y venta de discos promocionados por medio de insistentes campañas televisivas «de atracción»–, la casa TH/Rodven ideó la salsa «erótica» y se apoderó del segmento de la salsa desde finales de 1986. *Noche caliente* contenía canciones románticas popularizadas por baladistas españoles y latinoamericanos como Raphael, Julio Iglesias, Emmanuel o Camilo Sesto, y en su elaboración habían participado el productor Louie Ramírez y Joni Figueras y los arreglistas Marty Sheller, Isidro Infante, José Madera y el propio Ramírez[77]. La mezcla de letras sentimentales y/o eróticamente explícitas con el sonido suavizado de la orquesta provocó la resurrección de este género musical y marcó el comienzo de una nueva etapa comercial.

---

76. «1986. The Year in Music» (1986): Dossier «The Year in Music». *Billboard*, 98 (50), 27 de diciembre, p. Y-42.
77. «K-Tel Plans Dual Thrust for "Romantic" Salsa LP» (1982): *Billboard*, 94 (33), 21 de agosto, p. 58.

TH/Rodven se impuso en los mercados que Fania había perdido. Como lo había sido para el grupo Fania en su momento, Puerto Rico se transformó en un punto clave para el sello venezolano, en particular porque el consumo de los puertorriqueños no implicaba conversión a divisas sino que se expresaba directamente en dólares[78]. En 1988, Puerto Rico concentraba el 30% de las cifras de venta del mercado latino del disco y los puertorriqueños de Estados Unidos engrosaban el 10% de toda la comunidad latina del país[79]. La presencia de un público local cautivo y de una experticia en la fabricación de salsa hizo que, desde la década posterior al *boom* neoyorquino de los años setenta, la producción de fonogramas de este estilo musical se desplazara gradualmente a Puerto Rico. Mientras que durante el *boom* un 93% de la producción salsera era hecha en Nueva York, en 2000 esa productividad había retrocedido al 53% y Puerto Rico producía más del 34% de todos los fonogramas vendidos bajo la etiqueta «salsa». Esta última cifra acusa un aumento de más del 20% desde el año 1971, a la que se le agregan un porcentaje remanente (alrededor del 13%) de obras fonográficas producidas entre Colombia, República Dominicana y Venezuela (v. Quintero Rivera, 2009, pp. 342-347). No es casual que desde finales de los años noventa *Billboard* encuentre en Puerto Rico el barómetro del comportamiento de todos los géneros afrolatinos, tomando en cuenta la rotación de la música en el circuito radiofónico de la isla. Tampoco es casualidad que el departamento de producción de salsa erótica de TH/Rodven se hubiera establecido en Puerto Rico.

La salsa erótica de TH/Rodven aumentó el horizonte de ventas totales de salsa a 200 mil copias, cifra excepcional en los años Fania, con la excepción del disco *Siembra*, de Rubén Blades y Willie Colón. En julio de 1988, el disco *Sigue atrevido*, de Eddie Santiago, uno de los más famosos intérpretes de esta tendencia, había vendido 135.513 copias entre las comunidades latino-caribeñas de Estados Unidos y Puerto Rico, y, en junio del mismo año, el disco precedente del artista

78. Santiago, Javier (1988): «La gran fiesta». Dossier «¡Viva Puerto Rico!» *Billboard*, 100 (24), 4 de junio, p. V-1.

79. *Ibid.*

había vendido 147 mil[80]. Otros artistas de la tendencia erótica como Frankie Ruiz y Lalo Rodríguez –ambos del reparto artístico de TH/ Rodven– habían generado ventas de 129 mil y 72 mil copias respectivamente de sus discos más recientes en los mismos territorios. En diciembre de 1987, TH/Rodven ocupó de nuevo la primera posición entre todos los sellos de música afrolatina con 15 títulos seguido de los sellos Combo (seis títulos) y RCA (cuatro títulos)[81].

En 1988, TH/Rodven alcanzó de nuevo la primera posición entre todos los sellos de la categoría «tropical/salsa», seguido por un manojo de sellos tradicionales de salsa, entre ellos Fania, que, como en 1986, estaba lejos de ser el más fuerte competidor para la insignia venezolana. En cambio, el competidor más vigoroso era otro grupo venezolano, Sonotone, firma estadounidense perteneciente al conglomerado de comunicación 1BC.

En 1989, la tendencia erótica de TH/Rodven hallaba su competencia en el merengue propuesto por Sonotone y por el sello dominicano Karen. También, en 1989, fue notoria la subida en popularidad del sello RMM, principal compañía independiente especializada en salsa y en otros géneros afrolatinos en los años noventa.

Contrariamente a las pretensiones de Jerry Masucci de igualar la salsa al pop angloamericano en términos de precio, TH/Rodven retomó la antigua idea de que la salsa debía ser vendida a un precio inferior al de productos de mayor alcance global. En la época de la salsa erótica, mientras que el sello estadounidense Elektra –para el cual grababa Rubén Blades desde 1983– se permitía lanzar discos de salsa en su categoría de productos de 9,98 dólares, los precios de los sellos afrolatinos tradicionales fluctuaban entre 5,25 y 5,75 dólares, ¡un dólar menos del precio fijado por Jerry Masucci a sus productos en 1976! En los grandes mercados latinos de Estados Unidos, sólo la cadena de tiendas Tower Records vendía discos de salsa a 6,98 dólares[82].

80. Agudelo, Carlos (1988): «Latin Notas». *Billboard*, 100 (31), 30 de julio, p. 57.
81. «1987. The Year in Music» (1987): *Billboard*, 99 (52), 26 de diciembre, p. Y-44.
82. Agudelo, Carlos (1988): «Latin Notas». *Billboard*, 100 (44), 29 de octubre, p. 43.

Por otra parte, el éxito de TH/Rodven fue el resultado de la saturación del mercado por el merengue dominicano, la misma razón que había provocado a finales de los años setenta y comienzo de los ochenta el descenso de la salsa. Sin embargo, la prosperidad de TH/Rodven durante el intervalo 1987-1991 no fue más allá de la «necesidad» de renovación de los productos dirigidos a la audiencia afrolatina. El sello frustró su prosperidad comercial limitando de nuevo su producción musical al sexismo tradicional de la salsa. También, TH/Rodven regresó implícitamente a la idea de que los precios de salsa debían ser calculados con respecto al poder adquisitivo de su público principal. Este criterio reforzó de nuevo la convicción de que la música afrolatina era en realidad un producto de segunda categoría.

4.9. La «salsa mundo» de Ralph Mercado

En reacción a los contenidos de la salsa erótica, el sello independiente RMM, de Ralph Mercado, emprendió una campaña de comercialización de la salsa que partía del propósito de recuperar el espíritu de la verdadera «salsa» (es decir, de la salsa brava formulada por el grupo Fania durante los años setenta). La estrategia fue, no obstante, menos categórica que la adoptada en su momento por el grupo Fania e incluso que la de TH/Rodven. La salsa brava pasó a ser para RMM la base para hallar un estilo musical flexible y compatible con el pop. El interés circunstancial que la tradición de la salsa brava había despertado en músicos reputados de rock desde finales de los años ochenta fue interpretado por Mercado como su oportunidad para deslizar la salsa hacia la arena del pop.

Desde finales de los años ochenta, la nomenclatura comercial «World Music» hizo tomar conciencia a los empresarios de la salsa de la existencia de un clima *global* de aceptación de los contenidos de la música afrolatina y de los de la salsa propiamente dicha. Estrellas de rock de expresión inglesa, como Peter Gabriel –fundador, en 1989, del sello Real World– y Paul Simon, habían tratado de incorporar músicas folclóricas árabes, africanas y latinoamericanas a sus producciones con el propósito de difundirlas entre las audiencias de los países del norte. Por otra parte, el exguitarrista y cantante del grupo estadounidense Talking Heads, David Byrne, grabó en 1989 el disco *Rei Momo*, en el que retomaba sobre todo estilos musicales afrolatinos[83]. Habiendo gozado de un éxito comercial más bien limitado, *Rei Momo* ofrecía una visión retrospectiva de la trayectoria de las músicas afrolatinas en Estados Unidos. El disco apareció en un momento en que toda la industria fonográfica latina hacía su balance sobre la importancia comercial de la salsa. En este disco figuraban estrellas como la cantante Celia Cruz, el percusionista Tito Puente y el cuatrista de las Fania All Stars, Yomo Toro. A pesar de las críticas negativas que recibió, *Rei Momo*, sigue siendo un punto de referencia importante porque promocionó en la audiencia del pop el nombre de varios artistas afrolatinos célebres.

El interés explícito de una estrella angloamericana por la tradición musical a la que la salsa pertenecía, conveniente desde el punto de vista de su promoción, fue interpretada con escepticismo por salseros connotados. Para algunos de ellos, la fortuna de la salsa cantada en inglés, en lugar de ayudar a darle su justo valor, evidenciaba la marginalidad que esta música popular había siempre sufrido en la industria de la música grabada. Esta marginalidad era notable en la condescendencia mostrada por algunos músicos de habla inglesa y por el oportunismo de las *majors*. Sobre este punto, Willie Colón se expresó en estos términos en 1989:

> Los sellos están reuniendo grupos en los cuales participan grandes estrellas como Tito Puente, Celia Cruz, Eddie Palmieri y muchos otros –entre ellos yo–, estrellas que, tal vez, tengan buenas razones para no trabajar juntos. Sin embargo, estos talentos se comportan obedientemente como músicos contratados de estas orquestas, dando de buen grado su «jugo» a una música pálida, irregular e insípida. ¿A cuenta de qué todo esto? ¿Se supone que debemos estar contentos porque «ellos nos ayudan a promocionar nuestra cultura»? A mí no me parece. ¿Por qué no vienen a nuestras comunidades con el propósito de producir algunos de nuestros talentos? ¿Por qué no nos ayudan a llegar a *Arsenio Hall*, a *Johnny Carson* o, incluso, a *Saturday Night Live*, de modo

83. Agudelo, Carlos (1989): «Latin Notas». *Billboard*, 101 (38), 23 de septiembre, p. 69.

que otros anglosajones puedan juzgar y apreciar esta música del tercer mundo que aman y respetan tanto? Y cuando las «nuevas creaciones» amasan esas enormes cifras en dólares, ¿cuánto de ese dinero llega a nuestra comunidad?[84].

A pesar de la molestia de algunas estrellas latinas, el sello RMM se afanó en producir una «nueva salsa» a partir de la sonoridad canónica de la salsa brava y a firmar nuevos talentos –desconocidos o poco célebres– despojados de prejuicios con respecto a la posibilidad de cantar en inglés, llegada la ocasión[85]. Ya que la salsa era, a priori, objeto de interés para los anglosajones, ella podría convertirse también en objeto de interés incluso en audiencias de otras sensibilidades.

La apertura comercial de la salsa no salvó a los nuevos artistas del género de cumplir los mismos ritos de iniciación superados por sus predecesores de la salsa brava: como las antiguas estrellas, debían hacer su propio periplo entre los locales nocturnos latinos de Nueva York. Ralph Mercado, veterano ejecutivo y promotor, podía hacerles el itinerario menos engorroso: en 1990, Mercado se responsabilizaba de la producción de los espectáculos de los miércoles en el club Palladium –homónimo de la legendaria sala de baile neoyorquina de los años cincuenta– así como del show *Salsa Meets Jazz* en el Village Gate, propiedad de Art D'Lugoff. Mercado era también el dueño de club Broadway[86], y más tarde pasó a poseer el club Latin Quarter, de Manhattan.

La flexibilidad bilingüe de los nuevos intérpretes de salsa se había convertido en un plus precisamente en el momento en que la industria multinacional del disco se regocijaba de los avances del mercado discográfico latino: según George Zamora, gerente de CBS Discos en 1990, los negocios en este mercado fluctuaban entre 80 millones y 100 millones de dólares[87], y el crecimiento del mercado discográfico latino se había convertido, a finales de los años ochenta, en una obsesión.

---

84. *Ibid.* Traducción nuestra.
85. Agudelo, Carlos (1990): «Latin Notas». *Billboard*, 102 (2), 13 de enero, p. 56.
86. *Ibid.*
87. George Zamora, gerente de CBS discos cp. Agudelo, Carlos (1990): «Industry Leaders Meet at 1st. Latin Music Seminar». *Billboard*, 102 (23), 9 de junio, p. 5.

En este contexto, la realidad de que las *majors* estaban dejando de percibir dinero debido a la carencia de una estrategia de promoción coherente comenzó a sacudir a los grandes sellos. En 1988, la Recording Industry Association of America (RIAA) afirmaba que los latinos de Estados Unidos eran responsables del 30% de las ventas totales del producto grabado en el país (con un volumen de casetes importados de América Latina de 4.400.000 unidades, el equivalente a cinco millones de dólares[88]). En 1991, el poder adquisitivo global de la comunidad latina rozaba los 175 millones de dólares[89]. Con el objetivo de acelerar el gasto de los hispanos en la oferta discográfica interna, los más importantes empresarios especializados crearon un comité de comercialización: la American Latin Music Association (ALMA, 29/05/1991), que perseguía

> el mejoramiento de las comunicaciones, las certificaciones y registros de las ventas, la creación de una fundación de beneficencia, la incorporación de un grupo de asesores jurídicos y la apertura de un museo de celebridades, de una biblioteca y de archivos de la música latina[90].

El espíritu de los nuevos artistas de salsa, forjado entre dos culturas, la intensificación de las actividades de los empresarios discográficos y el ingreso de las multinacionales en el mercado latino hicieron que la salsa adquiriera una posición más clara en el conjunto de las músicas latinas y que, por su lado, el mercado latino cobrara una proporción más clara entre el resto de los otros mercados discográficos. En 1992, el mercado latino estaba definitivamente dominado por la balada romántica (75%), seguida por la música mexicana (13%). Los ritmos tropicales se situaban en última posición (12%)[91].

---

88. Agudelo, Carlos (1989): «Latin Notas». *Billboard*, 101 (6), 11 de febrero, p. 51.
89. Vélez, William (1991): «Latin Music Biz Needs Trade Groups». *Billboard*, 103 (22), 1 de junio, p. 12.
90. Agudelo, Carlos (1991): «Latin Music Pros. Decide to Form Own Trade Group». *Billboard*, 103 (23), 8 de junio, p. 1 (traducción nuestra).
91. Lannert, John (1992): «Latin Notas». *Billboard*, 104 (36), 5 de septiembre, p. 36.

Figura 2. Porcentaje de distribución en el mercado latino de las tres categorías musicales principales (1992)

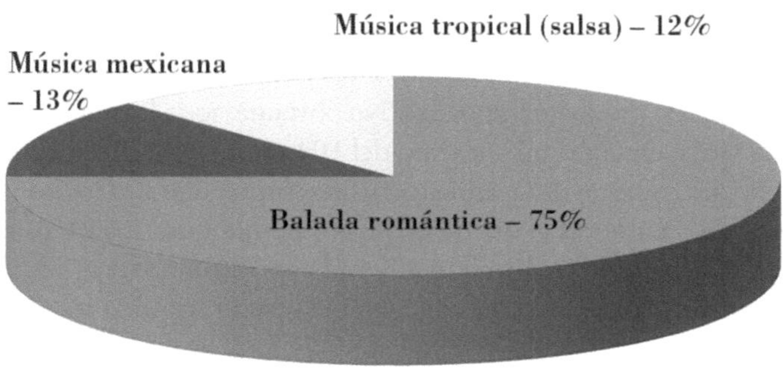

Fuente: *Billboard*, 05/09/1992.

Aunque la presión de las firmas globales y la intensificación de actividades comerciales en el mercado latino fijaran el alcance de la salsa, la creación de tendencias era todavía asunto de sellos especializados. El propósito del sello RMM de renovar el sonido de la salsa incitó a Ralph Mercado a unir numerosos estrellas del género en un grupo emblemático de su sello. En este espíritu surgió la «Combinación perfecta» en junio de 1993 (José Alberto «El Canario», Marc Anthony, Celia Cruz, Óscar D'León, Cheo Feliciano, Giovanni Hidalgo, La India, Van Lester, Tito Nieves, Luis Perico Ortiz, Quiñones, Ray de la Paz, Tito Puente, Humberto Ramírez, Johnny Rivera, Pete «Conde» Rodríguez, Ray Sepúlveda y Tony Vega, además del productor del sello, Sergio George). RMM presentaba a este grupo de músicos como «la familia RMM». Esta *nueva* familia –que tomó su impulso remitiéndose al viejo tono filial explotado por los artistas del grupo Fania– posibilitó al sello de Mercado alcanzar el éxito en la audiencia tradicional de la salsa. Apoyado en esta base tradicional, RMM afinó sus nuevos artistas bilingües: Marc Anthony y La India.

La esperanza de flexibilidad bicultural que RMM veía en Anthony y La India seguía la tendencia de aumentar las cifras de negocio en el mercado fonográfico latino, acicateado por la actividad multinacional. El vicepresidente y gerente general de Sony Discos, George Zamora, afirmó, en 1993, que el mercado del disco latino de Estados Unidos había crecido a 150 millones en 1992[92]. Esta misma cifra fue mencionada por *Billboard* en su edición del 21 de mayo de 1994, precisando que el mercado del disco latino representaba apenas un 2% del mercado estadounidense de productos grabados. No obstante, toda la industria de la música latina esperaba un aumento del 10% en 1994[93]. Efectivamente, en 1993, las compras de la audiencia latina sorprendieron a los hombres de negocios. Entonces el disco del músico dominicano Juan Luis Guerra se había vendido en 1 millón 300 mil copias. Ahora bien, ¿qué medidas tomaron los productores discográficos para catapultar las ventas?

4.10. Sony Music se pone las guaracheras

En 1992, el lanzamiento de un cantante de salsa influenciado por el pop estremeció las pretensiones económicas de la industria especializada. Sin embargo, el sello especializado que dio pie a este estremecimiento no fue una casa independiente sino la filial de una *major*: Sony Tropical.

El disco *Cuenta conmigo*, del cantante Jerry Rivera, hizo ascender las expectativas de ventas de salsa a 700 mil copias. *Cuenta conmigo* fue seguido por *Cara de niño*, el cuarto disco del artista en Sony Tropical, que hizo realidad los más optimistas vaticinios de los ejecutivos de Sony. En noviembre de 1993 el disco había vendido 500 mil copias[94]. La salsa y el pop mezclados en la persona de Rivera hicieron pensar al presidente de Sony Music International, Frank Welzer, en cifras superiores al millón de copias[95]. El ascenso de las expectativas de ven-

92. Lannert, John (1993): «Billboard Latin Meet Celebrates Prospering Genre». *Billboard*, 105 (21), 22 de mayo, p. 10.
93. Lannert, John (1994): «Golden Age». Dossier «The Billboard Latin Music Conference». *Billboard*, 106 (21), 21 de mayo, p. LM-4.
94. Lannert, John (1993): «Latin Notas». *Billboard*, 105 (48), 27 de noviembre, p. 73.
95. Lannert, John (1993): «Latin Music Crosses Boarders». *Billboard*, 105 (44), 30 de octubre, pp. 1 y 17.

tas precedió la salida, el 22 de junio de 1993, del disco afrocubano de Gloria Estefan, *Mi tierra* (Epic/Sony Music), que dos meses después de su lanzamiento, había vendido 500 mil unidades[96].

El pop daba vida a la salsa, y este nuevo aliento ocurría mientras la prensa musical citaba cifras alentadoras sobre el comportamiento del mercado discográfico latino: en 1995, *Billboard* señalaba que en Estados Unidos éste fluctuaba entre 200 y 250 millones de dólares[97] y, en 1997, la RIAA afirmaba que equivalía a 392 millones de dólares –entre un 5 y un 6% del mercado nacional–, con una tasa de crecimiento anual del 20% (la tasa de crecimiento del mercado americano en su conjunto era de cinco puntos porcentuales). Estos 392 millones de dólares no incluían las cifras de los sellos independientes, que debían incrementar entre un 10 y un 15% ese total[98]. Estas cifras de la RIAA sobre el crecimiento del mercado latino fueron, no obstante, muy cuestionadas por el periodista John Lannert: en primer lugar, consideraba imposible aprehender el verdadero alcance comercial del mercado latino empleando las cifras de ventas al mayor de los sellos en lugar de las cifras al detal (Lannert tomaba en cuenta que cada comerciante discográfico ofrece tarifas distintas a las sugeridas por los distribuidores); en segundo lugar, estimaba que esos números no daban cuenta del comportamiento particular de una compañía de discos. Lannert citó, el 27 de diciembre de 1997, otras cifras de la RIAA: 213.200.000 dólares en negocios que equivalían a 19.500.000 unidades de material grabado, un 25% más que en 1996.

Aunque todas estas cifras se presten a objeción, lo que sí es cierto es que el mercado discográfico latino de Estados Unidos era entonces el segundo en importancia entre todos los mercados nacionales latinos, así como el de más alto crecimiento interanual. El primero era Brasil, que, en

96. Lannert, John (1993): «Latin Notas. Golden Moments for Gloria's "Tierra"; Sesac Debuts Spanish Rights Group». *Billboard*, 105 (35), 28 de agosto, p. 52.
97. Lannert, John (1995): «Latin Highs and Lows. Labels Execs Agree Business is Good, Differ in Areas for Improvement». Dossier «Billboard's Internatonal Latin Music Conference». *Billboard*, 107 (23), 10 de junio, p. L-9.
98. Lannert, John (1997): «RIAA's 1st. Latin Figs Hold Surprises». *Billboard*, 109 (35), 30 de agosto, p. 32.

1998, concentraba el 60% de las ventas del mercado latino (aunque el 26 de diciembre de 1998 *Billboard* hablara del 46%[99]). En 1997, el mercado latino de Estados Unidos equivalía a 347 875 000 dólares –Yúdice (1999, p. 208) afirma, sin embargo, que el mercado latino del disco había movido en 1997 490 millones de dólares–. La suma de todos los mercados discográficos latinos equivalía a 2 mil 500 millones de dólares con una tasa de crecimiento interanual de entre el 5 y el 7%[100]. Los dos sellos más poderosos de este mercado fueron el mexicano Fonovisa y Sony, seguidos de Sony Tropical, Columbia, EMI Latin, PolyGram Latino, Sonolux, Ariola, Nonesuch, Sony Latin, WEA Caribe y WEA Latina[101].

Figura 3. Crecimiento del mercado discográfico latino de Estados Unidos entre 1990 y 1997

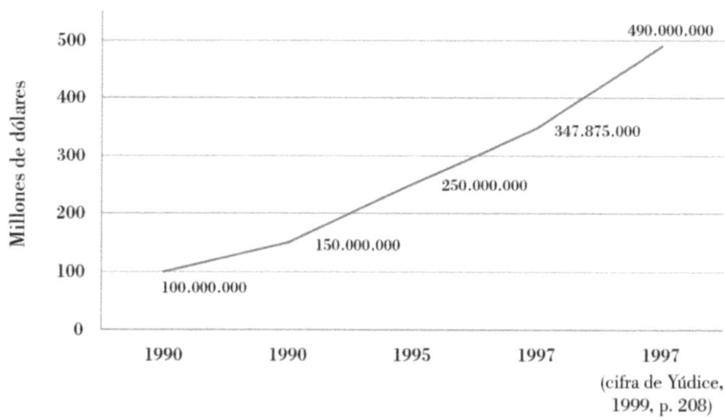

Fuente: *Billboard*, 09/06/1990; 22/05/1993; 16/06/1995; 30/08/1997; y 27/12/1997. Yúdice, 1999, p. 208.

99. «The Year in Latin Music» (1998): Dossier «The Year 1998 Music». *Billboard*, 110 (52), 26 de diciembre, p. YE-26.
100. Lannert, John (1997): «The Year in Latin Music». Dossier «The Year in Latin Music». *Billboard*, 109 (52), 27 de diciembre, p. YE-20.
101. Lannert, John (1997): «Latin Notas. Fonovisa Captures Easy Lead in 1997». *Billboard*, 109 (52), 27 de diciembre,p. 52.

Figura 4. Evolución de las ventas del producto grabado de salsa en función de sus hitos hisóricos entre 1975 y 1998

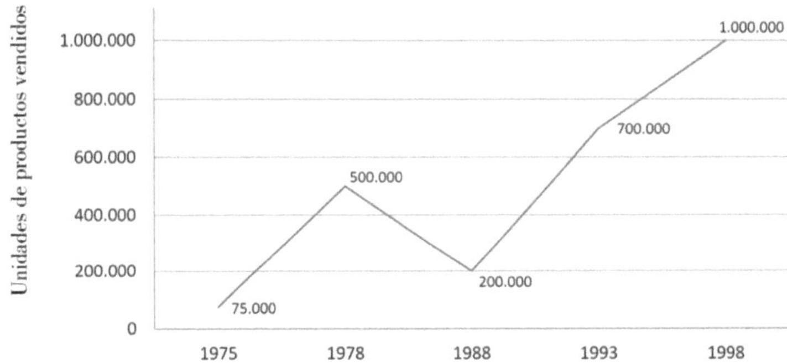

Fuente: *Billboard,* 25/10/1975; 30/07/1988; 30/10/1993.
La cifra de 1988 fue mencionada por Mercado (comunicación personal, Studio Ornano, París, 15/01/1998).

En medio de la actividad global, la salsa, asumida como un género dirigido a un tipo particular de sensibilidad, se dispuso a asimilar las lecciones del pop. Por ejemplo, Ralph Mercado declaró que, desde el comienzo de las operaciones de su grupo discográfico, RMM, su mejor año de ventas fue 1994[102] (en 1993, su artista exclusivo, Marc Anthony, había lanzado su disco *Otra nota*, bajo el emblema SoHo Latino). El desarrollo del mercado del disco latino y el crecimiento del mercado de la salsa explican que un disco de salsa pudiera alimentar la esperanza de vender un millón de ejemplares. En este sentido, podría decirse que, a pesar de las caídas en popularidad de la salsa entre 1979 y 1986, esta música ha tendido a crecer.

En los años setenta, un disco exitoso de salsa vendía entre 50 mil y 100 mil ejemplares. El éxito, excepcional, del álbum *Siembra*, de Rubén Blades y Willie Colón, llevó esa cifra a 500 mil copias. Sin embargo, el comportamiento de *Siembra* fue un caso aislado. Durante

102. *Ibid.*

la segunda mitad de los años ochenta, la salsa erótica de TH/Rodven elevó las ventas de un disco de salsa a 200 mil ejemplares y la tendencia romántica-pop de comienzo de los noventa, a 700 mil copias. La consolidación de la salsa pop, a través de los artistas bilingües del sello RMM, permitió a la salsa ambicionar ventas de un millón de copias de un título exitoso y a los artistas bilingües de salsa considerar el salto definitivo hacia el pop.

4.11. Lo que indica el problema de la piratería

Con el impulso de los grandes sellos, las ventas de salsa han aumentado y, también, la piratería. Esta tendencia ha desencadenado las críticas y las ofensivas de las *majors* que, buscando controlar el flagelo, han dirigido sus críticas contra las legislaciones puntuales en materia de derechos de autor de los países consumidores de salsa. El periodismo de la industria musical ha reproducido las motivaciones de las *majors* en el campo de los derechos de autor.

Afirmando que la piratería de material grabado es una tendencia típicamente latinoamericana, el periodista John Lannert saludó, el 12 de junio de 1993, las iniciativas de varios países latinos de mejorar las legislaciones sobre derechos de autor y propiedad intelectual al tiempo que denunciaba la lasitud en la materia del parlamento venezolano[103].

Así como los conglomerados cobraron conciencia de los beneficios que dejaban de recibir por causa de la carencia de estrategias de producción y distribución eficientes, las *majors* también cayeron en cuenta del dinero que se les escurría de las manos debido a graves fallas en la aplicación de normas sobre propiedad intelectual. La proliferación de denuncias contra la piratería de mercancía grabada coincidió con la intensificación de sus actividades en el mercado discográfico latino. El caso venezolano es un ejemplo: en 1993, se calculaba que la piratería de productos culturales equivalía a 82 millones de dólares y la si-

103. Lannert, John (1993): «Latin Notas. Venezuela Piracy Watch; Emi's Classics; RMM's All Stars». *Billboard*, 105 (4), 12 de junio, p. 37.

tuación era atribuida, sobre todo, a un vacío jurídico. Las denuncias más severas provinieron de Frank Rittman, gerente de la International Intellectual Property Alliance (IIPA), quien hizo hincapié en la inexistencia en Venezuela de derechos para la propiedad intelectual del producto grabado; y de Ed Murphy, presidente de la National Music Publishers Association, quien señaló la ausencia de un corpus de leyes y de un grupo de asesores que explicara la importancia de estas leyes así como su aplicación[104]. Murphy abrigaba la esperanza de que la Federación Latinoamericana de Autores de Música (FLAM) cooperara al respecto. Dieciocho meses antes de la aparición de esta información, una ley de protección a la propiedad intelectual había sido introducida en el entonces Congreso Nacional venezolano, pero ella nunca fue tratada como prioridad (y quizás la presente no sea la mejor circunstancia política para retomar esa discusión).

En Colombia, el escenario de la piratería parece ser del mismo cariz (aunque carezcamos de información sobre si se trata de una falla en los mecanismos de control de la propiedad intelectual). En 1996, la piratería socavó entre el 40 y el 50% de las ventas de producto discográfico latino, una pérdida equivalente a 205 millones de dólares.

Naturalmente, la corrección de la piratería ha sido más sencilla en lugares sujetos a las reglas federales que amparan el capitalismo estadounidense. Por ejemplo, la condición jurídica de Puerto Rico frente a Estados Unidos posibilitó que un grupo conformado por varias firmas globales ganara, en 1995, un juicio contra una red puertorriqueña de piratería. Tras las denuncias introducidas en septiembre de 1993 por Sony Music International, Sony Discos Inc., Capitol, BMG Music Inc., Fonovisa Inc. y Musical Productions Inc., un juez de la corte estadounidense establecida en territorio puertorriqueño emitió un fallo según el cual los responsables debían cancelar 2 millones 100 mil de dólares al grupo antes citado[105]. Este juicio dio pie

104. Lannert, John (1993): «Latin Notas. Venezuela Piracy Watch; Emi's Classics; RMM's All Stars». *Billboard*, 105 (4), 12 de junio, p. 37.

105. Lannert, John (1995): «Latin Notas. U.S. Record Companies Win Suit Against Puerto Rican Pirates». *Billboard*, 107 (40), 7 de octubre, p. 60.

al desmantelamiento de las instalaciones de Pérez Printing, local de producción de 25 mil casetes de piratería y de 100 mil folletos para esos casetes.

A pesar de la importancia que revistió en su momento este caso, la piratería de material grabado en el mercado latino ha progresado y se ha convertido en un delicado asunto de fronteras que, como el terrorismo, puede penetrar episódicamente en territorio de la unión. En junio de 1995, debido a denuncias de la asociación de productores discográficos latinoamericanos, la policía detuvo a un comerciante en Tucson, Arizona, quien poseía un inventario de 12 mil casetes piratas que equivalía a 118 mil dólares[106].

Si bien la piratería de material sonoro –agudizada en los últimos tiempos debido a los repertorios descargables por internet– es, indudablemente, un problema para garantizar a los artistas sus derechos de autor, también es cierto que su recrudecimiento delata un mercado activo, del que la salsa forma parte esencial: 60% de los productos de piratería tomados en cuenta en 1996 para la elaboración de las estadísticas de la RIAA se relacionaban directamente con producto latino[107]. La necesidad de un mayor control de las actividades ligadas con la piratería es el indicio de que la salsa ya no es un asunto reservado a los sellos independientes especializados: ella se ha convertido en una importante categoría comercial del mercado latino, cuya morfología ha sido definida por los sellos globales.

4.12. Sonydo: los números de una salsa que le pisa los talones al pop

La salsa ha motivado un interés cauteloso por parte de las grandes corporaciones de grabación, promoción y distribución de fonogramas. Como en los casos de todos los segmentos musicales que no sean pop

106. Lannert, John (1995) : «Latin Notas». *Billboard*, 107 (23), 10 de junio, p. 34.
107. Lannert, John (1996): «Fonovisa Decries RIAA in Piracy Fight». *Billboard*, 108 (8), 24 de febrero, p. 36.

o rock –o, incluso, que no sean música clásica o jazz, repertorios más o menos protegidos por razones que oscilan entre el resguardo de catálogos que marcan el prestigio de tradición sinfónica occidental o, en el caso del jazz, de repertorios que resaltan uno de los más importantes acervos musicales estadounidenses–, la salsa ha desempeñado un rol marginal. A pesar del incremento de sus cifras de venta, la salsa se ha limitado a sus mercados tradicionales, dejando el resto de su promoción ya sea en manos de conocedores y aficionados o en estrategias coyunturales aplicadas en mercados específicos.

No obstante, es necesario volver a recalcar el carácter panlatino y «diaspórico» de la salsa a la hora de estudiar los criterios con que las *majors* comenzaron a comercializarla intensivamente. Así como la salsa es un estilo renuente a dejarse definir categóricamente, es también un producto que se rehúsa a ser reducido a símbolo de un Estado-nación o de un gentilicio. Hemos visto en el primer capítulo que la particularidad de la identidad puertorriqueña y *nuyorican* consiste en que ellas cabalgan entre la herencia hispana antillana y el choque con el marco de valores angloamericano. Y puesto que la salsa encontró sus principales cultores y su primera audiencia en el Nueva York latino de comienzos de los setenta, ella posee un marcado sello puertorriqueño y *nuyorican*. Con todo, la salsa es una música incluyente animada por un espíritu de éxodo y mudanza, y que, incluso, ha encontrado otros puntos de producción importantes en Puerto Rico, República Dominicana y países centro y sudamericanos con salida al Caribe, entre ellos Colombia, Panamá y Venezuela.

Este fenómeno pone de manifiesto la disgregación del bloque productor neoyorquino y, dentro de los destinos de la industria fonográfica global, refrenda la naturaleza itinerante de una música popular que nunca se ha molestado en declarar domicilio fijo.

Las proporciones comerciales de la salsa podrían acercarse a la dinámica de ciertos repertorios musicales de «países pequeños», de acuerdo con la categoría acuñada por Wallis y Malm (1984). En éstos, las subculturas musicales perciben y comparten sus sonidos como recursos de comunicación ritual. Sin embargo, esto sólo parcialmente concuerda con el caso de la salsa, porque, más allá de ser música ritual que cohesiona culturalmente a la familia del barrio latino, ésta ha sido la actualización de tendencias comerciales de la música afrolatina en Estados Unidos y una categoría estilística y comercial reconocible.

Uno de los principales retos de la salsa ha sido la necesidad de hacer rentable sus producciones musicales, condición para protegerse contra la homogeneización que promueven los grandes conglomerados fonográficos (Wallis y Malm, 1984, p. 11). Si bien la idea de música popular de «país pequeño» no aplica directamente a la salsa, nos es útil en este contexto porque destaca la convergencia de dos factores, un área geográfica relativamente limitada (y prioritaria) y recursos financieros modestos, y su correlación con la vulnerabilidad o fortaleza relativa de las subculturas musicales regionales (Wallis y Malm, 1984, p. 18). Así, la tarea de reivindicar y fortalecer repertorios musicales localizados pasa por optimizar la producción (lo que implica especialización y profesionalización) y por su mediatización, es decir, por la incorporación constante de esos repertorios a los contenidos de los medios de comunicación de masas (tareas todas que, como hemos visto, la salsa ha llevado a cabo en su proceso de maduración). Ello podría hacer que esos repertorios alcancen el nivel de «fenómenos independientes, en una estructura de sonido capaz de ser ejecutada fuera de sus contextos originales» (Wallis y Malm, 1984, p. 15).

Lo hemos visto antes y los seguiremos viendo en las páginas que restan: una de las fijaciones de Jerry Masucci, presidente del grupo discográfico Fania, fue extraer la salsa de los límites socioculturales del barrio latino para inscribir su estética dentro de las principales corrientes comerciales de la música popular de los años setenta (en particular la disco music). Sin embargo, las iniciativas de asociación de Fania con las *majors* apenas dieron pie a la firma de contratos de producción o de distribución puntuales, contratos que para las *majors* fueron la ocasión de monitorear el pequeño pero prometedor mercado de la salsa y de reinterpretarlo como un segmento posible y como cantera de obtención de talento fresco. Uno de los principales obstáculos de la salsa para dar el salto hacia el pop internacional ha sido su explícita otredad lingüística, étnica y estética, lo que si bien influyó en otras músicas –piénsese en todos los grupos de pop anglo que, desde la década de los setenta, por ejemplo, añadieron percusión afrolatina y afrobrasileña a sus ensambles instrumentales–, no mitigó los prejuicios de promotores, agentes y productores fonográficos de los grandes sellos. Como bien lo señala Negus (1993), la creencia generalizada que existía entre los ejecutivos de las *majors* era que los artistas no anglos «tenían poco que ofrecer» por cuanto sus criterios de elaboración estaban muy atrasados con respecto a los niveles de producción «superiores» y «vanguardistas» de los sonidos provenientes del Reino Unido o de Estados Unidos (Negus, 1993, p. 303). Negus ilustra este a priori –que denota una discriminación corporativamente convenida– a través de este testimonio del exvicepresidente de PolyGram International y director de la British Phonographic Industry, Maurice Oberstein:

> Esta idea de que hay un amplio reparto de talento europeo, sudamericano o chino que va a cubrir el mundo es un mito absoluto. Hay artistas individuales que son maravillosos, pero la manera inglesa [anglosajona] de trabajar ha sido el camino trazado del que provendrá la mayor parte de la música internacional... No ignoraremos otros países... Pero la música anglosajona ha sido la historia del negocio (cp. Negus, 1993, p. 303; traducción nuestra).

Oberstein emitió su opinión cuando la industria fonográfica en su conjunto comenzaba a acusar cambios fundamentales de cara a la mutación digital y a la intensificación de las gestiones de las *majors* para infiltrarse en mercados locales por medio del fomento de compañías fonográficas locales, lo que Michelet llama «filiales-relais» (a lo que nos volveremos a referir en el apartado 5.2.; cp. Flichy, 1991, p. 203).

En todo caso, la discusión anterior nos permite comprender la progresión comercial de la salsa no en términos de su crecimiento real debido a un cambio de la mentalidad corporativa con respecto a sus posibilidades comerciales, sino, de nuevo, como la apertura y consolidación de otro segmento «exótico» al pop internacional del que se espera un rendimiento quizás modesto pero consistente. También, congruente con el análisis de Oberstein, la salsa puede ser la oportunidad para que los ejecutivos de las *majors* detecten a sus talentos más versátiles lingüística y culturalmente con el objetivo de, como en el caso del salsero *nuyorican* Marc Anthony, reciclarlos al pop de acuerdo con los criterios de producción emanados del pop anglosajón.

A partir del momento en que la salsa fue asumida por las multinacionales, las *majors* comenzaron a llevar la voz cantante en este segmento. Ellas se apoderaron de un concepto comercial arraigado en una tradición musical así como de un mercado ya formado.

Entre 1993 y 1997, los sellos independientes que dirigían su producción musical al mercado latino pudieron jactarse de su dominio en este sector. Sin embargo, la situación cambió a finales de 1998, y este cambio fue anunciado desde el mismo sector de la salsa: entre 1991 y 1996, Sony Music figuró siempre como el sello más fuerte de la categoría «tropical/salsa», y en diciembre de 1998, por medio de sus tres insignias latinas, Sony Discos, Sony Latin y Sony Tropical, se hizo de 21 de las 34 categorías musicales contabilizadas en el mercado latino. La suma de las ventas parciales de estas tres insignias equivalía a 653 mil unidades de producto[108].

Tras el último paroxismo de la salsa erótica, el mercado de la salsa comenzó a ser controlado por Sony: en 1997, 11 discos considerados por *Billboard* en su lista de los más exitosos pertenecían al catálogo de esta multinacional. Detrás de ella se encontraba RMM, sello del que formaban parte ocho discos incluidos en la lista. Sony y RMM estaban seguidos por WEA Latina, Sonolux y J&N[109]. A finales de 1998, las posiciones eran casi idénticas, Sony detentando nueve discos en la lista y RMM cinco. Sonolux ocupaba la tercera posición mientras que Epic y Nonesuch[110] la cuarta y la quinta posición respectivamente.

La figuración de Nonesuch en la lista de los sellos especializados en «tropical/salsa» más populares amerita algunos comentarios: el proyecto del guitarrista de jazz estadounidense Ry Cooder de grabar en el estudio Egrem de La Habana a un grupo de músicos afrocubanos –Compay Segundo, Ibrahim Ferrer, Rubén González, Orlando «Cachaito» López y Eliades Ochoa– encarnó en el disco *Buena Vista So-*

---

108. Lannert, John (1998): «Sony Sweeps U.S. Latino Market in '98». *Billboard*, 110 (52), 26 de diciembre, p. 52.

109. «The Year in Music» (1997): Dossier «The Year 1997 in Music». *Billboard*, 109 (52), 27 de diciembre, p. YE-62.

110. «The Year in Latin Music» (1998): Dossier «The Year 1998 in Music». *Billboard*, 110 (52), 26 de diciembre, p. YE-28.

cial Club, producido y distribuido por World Circuit/Nonesuch/AG. El éxito de este disco, cuya producción musical fue cuidadosa y que resalta el mito de Cuba como país replegado en sus tradiciones prerrevolucionarias, desafió el éxito comercial del disco afrocubano de Gloria Estefan, *Mi tierra*, a pesar de que los artistas del *Buena Vista Social Club* fueran unos veteranos prácticamente desconocidos debido al embargo económico contra Cuba, efectivo desde 1962. En junio de 1998, *Buena Vista Social Club* había vendido 500 mil copias[111] y no fue sino en octubre de 1999, dos años después de haber sido lanzado, que el disco desapareció de los cincuenta discos latinos más populares[112]. Este éxito comercial fue complementado con el documental realizado por Wim Wenders, lanzado en 1999.

Por más que los sellos independientes todavía pudieran marcar tendencias a finales de los años noventa, eran las grandes empresas globales, y sobre todo Sony Music, las que elevaron el potencial comercial de esta música que antes constituía un punto de honor para puertorriqueños de Nueva York y para latinos de las grandes ciudades del Caribe urbano y de algunos países de América Latina. Para reparar en esto puede observarse el progreso del mercado discográfico latino durante los últimos tres años de la década de los noventa.

En 1997 fueron consumidas 13.200.000[113] copias de material grabado latino frente a las 15 millones de unidades que fueron vendidas en 1996. Esta disminución no es, sin embargo, el dato más importante del año. Lo es que, aunque los sellos independientes dominaran el mercado latino –a finales de 1997 su participación fue de 24,2%–, Sony había visto crecer su participación de un 15,90% en 1996 a un 22,1% en 1997. Sony Music se ubicaba delante de EMI Music Distribution (EMD), 19,10%; WEA, 14,8%; BMG, 9,2%; PGD, 6,4%; y Universal, 4,2%[114]. Fonovisa, perteneciente al grupo de empresas de

111. *Billboard*, 110 (24), 13 de junio de 1998.
112. Lannert, John (1999): «Take a Bow, Buena Vista Social Club». *Billboard*, 111 (40), 2 de octubre, p. 51.
113. Lannert, John (1998) : «U.S. Latin Mkt Sales Slip 12% '97 Stats Show». *Billboard*, 110 (3), 17 de enero, p. 5.
114. *Ibid.*

comunicación mexicano Televisa S.A., fue el único sello independiente que aumentó sus operaciones (del 12 al 16%)[115].

La intensificación de las operaciones de las grandes multinacionales, que la salsa había anunciado desde 1990, se convirtió en dominación definitiva en 1998, cuando Sony Music ocupó la posición de líder del mercado latino, controlando el 27,9%, seguido de los sellos independientes, 19%; EMD, 14,2%; Universal, 11,9%; y de BMG, 8,7%[116].

Con ímpetu global, la salsa conoció un importante repunte comercial y la información sobre ella se volvió concentrada y explícita. En el curso del primer trimestre de 1999, los discos de salsa entre los 50 discos latinos más importantes reportaban ventas del orden de 135 mil copias –con un promedio semanal de 34 mil copias– frente a las 97 mil unidades adquiridas por el público durante el primer trimestre de 1998[117].

En 1998, la salsa había desarrollado una estética más cercana al pop y, de hecho, era promocionada como un producto de pop. En el intervalo de diciembre de 1997 a junio de 1998, la categoría «tropical/salsa» contaba 837 mil de las 2.167.000 unidades de producto vendidas en todo el mercado latino, lo que, respecto de las ventas del mismo intervalo durante el año precedente (366 mil), evidenciaba un avance de 130%. Este total de 837 mil copias de música «tropical» y salsa se ubicaba justo detrás del total de ventas del pop latino, 1.185.000 copias[118].

Las buenas noticias continuaron en 1999. Las ventas del producto «tropical» y de salsa seguía en aumento en julio, julio y agosto de 1999: en julio, 254 mil discos de esta categoría habían sido vendidos (una media de 63.500 semanales); en agosto, 305 mil discos habían sido comprados (con un promedio de 61.500 semanales). En julio de

---

115. *Ibid.*

116. Lannert, John (1999): «U.S. Latin Sales Set Record». *Billboard*, 111 (2), 16 de enero, p. 85.

117. Lannert, John (1999): «Enrique Iglesias/Interscope Deal Likely». *Billboard*, 111 (22), 29 de mayo, p. 40.

118. Lannert, John (1998): «Latin Acts Ring Up Big First-Half Sales». *Billboard*, 110 (29), 18 de julio, p. 51.

1998, el género generaba ventas de apenas 136 mil unidades con un promedio semanal de 34 mil unidades[119].

En agosto de 1999, el pop latino se situaba en primera posición con 361.500 copias vendidas (72.500 por semana), la salsa en segunda con 305.500 copias (61.500 por semana) y la música regional mexicana en tercera con 191.500 copias vendidas durante todo el mes de agosto (38.500 por semana semanales)[120]. La suma de estos tres resultados parciales se eleva a 856 mil copias: 42% de pop, 36% de salsa y 22% de música regional mexicana.

Figura 5. Porcentaje de distribución en el mercado latino de las tres categorías musicales principales (agosto de 1999)

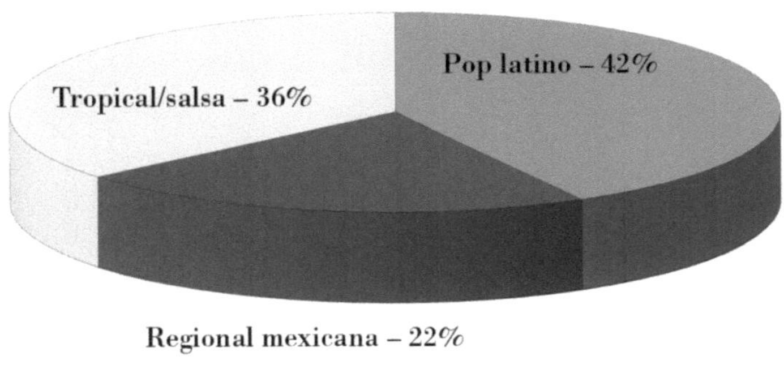

Fuente: *Billboard*, 16/01/1999.

Si se observan atentamente las cifras de venta de julio y agosto de 1999, puede afirmarse que, en una semana, la categoría «tropical/salsa» puede llegar a vender 65 mil copias de un disco, es decir, la cifra

119. Lannert, John (1999): «Latin Notas. Latin 50 Sets Weekly Record in July». *Billboard*, 111 (33), 14 de agosto, p. 72.
120. Lannert, John (1999): «Latin 50 Shows 2nd. Month Sales Slide». *Billboard*, 111 (42), 16 de octubre, p. 46.

de ventas totales de un disco relativamente exitoso de salsa durante los años setenta (sin contar el caso del disco *Siembra*, de Rubén Blades y Willie Colón).

Desde la fundación de un mercado de la salsa por el grupo Fania y hasta su transformación en categoría musical refrendada por las grandes multinacionales del negocio fonográfico, el alcance de esta música popular ha sido definido dentro de las fronteras del mercado latino. Disfrazándola de pop, la industria global la ha legitimado y, así, la salsa ha visto crecer sus cifras de ventas. Sin embargo, las *majors* no se habrían animado a comercializarla sin la existencia de contactos estratégicos entre ellas y la red de sellos independientes especializados. Dedicaremos el próximo capítulo a comprender el contacto de las grandes insignias globales del disco con los sellos independientes especializados en salsa desde comienzos de los años setenta.

Capítulo 5
El problema de la distribución. Relación de los sellos independientes especializados en salsa y las firmas globales de fonogramas

El asunto de la distribución del producto musical de un pequeño sello independiente puede hacer que éste entre en contacto con una gran firma. Las multinacionales, que controlan tanto la producción como la distribución, se encuentran en capacidad de convertirse en los proveedores de los sellos independientes, sobre todo en lo que concierne a la distribución y a la administración de inventario. Dentro de este tipo de relación, el producto pertenece siempre a su productor y la *major* ejerce la función de compañía contratista (Flichy, 1991, p. 152), lo que la exime de asumir más riesgos de los que son estrictamente necesarios. Sin embargo, este vínculo es para la *major* la ocasión para detectar mercados prometedores así como artistas impactantes en esos mercados; para el sello independiente esta relación es una garantía para imponer su producto («para llegar, hace falta tener un brazo largo»[1]) y, eventualmente, para negociar su catálogo con la *major*.

1. Ralph Mercado, presidente de la firma RMM, comunicación personal, París, 15/01/98, estudio Espace Ornano.

A pesar de que durante los años setenta Fania fue el «sello de la salsa», no puede limitarse categóricamente el negocio de la salsa a este solo grupo fonográfico. Como vimos, la moda impuesta por Fania «rehabilitó» una serie de sellos neoyorquinos de pequeña escala y estimuló a otros, éstos ya no tan pequeños –Coco, Mericana, TR y Salsoul Salsa Series–, que se convirtieron en los principales competidores de Fania y en promotores alternativos de la salsa. No obstante, durante la década de los setenta, Fania marcó la primera etapa de producción independiente de la salsa; las otras han sido definidas, durante los años ochenta y noventa, por los grupos discográficos TH/Rodven y RMM.

5.1. Grupo Fania, el sendero la salsa

En 1973, el mercado de la salsa era surtido por sellos independientes especializados y la cuestión de la distribución seguía siendo una de sus preocupaciones principales. A comienzos de los años setenta la salsa no suscitaba mayor interés en ninguna empresa global, lo que supuso que los sellos independientes contactaran por sí solos otros sellos, empresas de distribución relativamente pequeñas que mantenían relaciones con tiendas de discos establecidas en puntos donde la salsa pudiera «pegar». Según Roberts, esta técnica de «contacto directo» acaparó buena parte de la energía comercial del grupo Fania desde 1972: «Incluso el sello Fania –la más importante firma latina– no contaba con una distribución importante fuera de los mercados latinos» (1985, p. 211).

Fania multiplicaba sus esfuerzos para distribuir su producto en puntos geográficos específicos armándose de motivación y atomizando su concepto comercial. En Estados Unidos contaba con la colaboración de Doran Discount y Música Latina (Los Ángeles); Best & Golden (Búfalo); Víctor Parra (Chicago); Latin Record Shop, Seabord y East Hartford (Connecticut); All Tapes (Dallas); Sonido y Discos y Town Distributors (Miami); All South (Nueva Orleans); Skyline y R&J (Nueva York); y Música Latina y Records Merchandisers (San Francisco). En Puerto Rico la distribución era asegurada por Allied

Wholesalers. En lo que respecta al Caribe, Centro y Sudamérica, el grupo mantenía contactos con empresas que movían catálogos o títulos específicos de sus sellos: Colombia: Melser (Vaya e Internacional), Codiscos (Inca) y Fuentes (Cotique)[2]. Desde 1975, Fania confió la distribución en Colombia de todos sus productos a Philips (que anteriormente sólo distribuía el catálogo del sello Fania); Costa Rica: Onda Nueva (Fania y Vaya); México: Sonido y Discos y Sonido Ritmo S.A. (esta última firma se encargó de 30 títulos del catálogo del sello Fania en 1975); Panamá: Melser (relación que dio paso a la instalación de una operación propia llamada «Fania de Panamá», 1973[3]); República Dominicana –Santo Domingo–: Industrias Mozart; y Venezuela: El Palacio de la Música[4].

La tendencia a contactar directamente empresas de distribución fue seguida por otros sellos especializados, competidores de Fania. El grupo Roulette, propietario de los sellos Tico y Alegre, mantenía relaciones con las compañías Música Latina, London y Royalco International para distribuir sus productos en la costa oeste de Estados Unidos[5]; el sello Mango, más tarde bautizado Coco, propiedad del músico Harvey Averne, tenía relación con Sonido y Discos (Miami) y Allied Wholesalers (Puerto Rico)[6]; el grupo Caytronics, propietario de los sellos Mericana y Salsoul Salsa Series, era una excepción. Caytronics era una empresa de distribución propiamente dicha. Comenzó sus actividades en 1968 como compañía de distribución de productos latinos (sobre todo de balada romántica) de RCA y Columbia en los mercados con fuerte concentración de latinos en Estados Unidos[7]. Garantizaba también la distribución de Columbia/Epic y RCA en las

---

2. Silva, Lope (1975): «Latin Scene». *Billboard*, 87 (20), 17 de mayo, p. 31.
3. «Fania Operation Set in Panama» (1973): *Billboard*, 85 (41), 13 de octubre, p. 18.
4. Melanson, Jim (1973): «Fania to Romance Black Radio». *Billboard*, 85 (1), 6 de enero, p. 11.
5. «Tico/Alegre in Royalco Pact» (1972): *Billboard*, 48 (51), 16 de diciembre, p. 10.
6. «Mango Allied Distrib. Tie» (1973): *Billboard*, 85 (22), 2 de junio, p. 22.
7. «Cayre Urges Latin NARM» (1972) : *Billboard*, 84 (51), 16 de diciembre, pp. 1 y 107.

islas Vírgenes y Puerto Rico[8]. Las incursiones de Caytronics, con su insignia Mericana y, más tarde, con Salsoul Salsa Series (Salsoul siendo un sello especializado en música disco y en el llamado Latin Hustle, combinación de disco music con ritmos latinos) fueron posteriores a los primeros éxitos de Fania.

El éxito de la salsa comenzaba apenas a traducirse en cifras de venta en 1972, buenas ventas para este mercado, pero que rondaban, en todo caso, las 30 mil copias vendidas de un título. El control de Fania sobre los mercados de su público principal podía notarse en el volumen de negocios que manejaba el grupo. Por ejemplo, en California, Fania conoció un aumento del 150% entre 1974 y 1975[9]. En este estado, Fania había optimizado su red de comercialización y había agregado otras compañías distintas a las mencionadas antes: Doran's Music, E&G Productions, Música Latina of California, Música Latina of San Francisco. Algunas empresas angloamericanas se añadieron también al negocio: All West, Rare Records, Eric Mainalnd, Licorizze Pizza y Towers Records. En 1976, el mercado de Los Ángeles implicaba la presencia de 1 millón 499 mil latinos.

Fania, sin duda, se movía, pero, por más que se moviera, su alcance seguía siendo limitado. Desde el punto de vista de un gran sello, la salsa estaba demasiado supeditada a criterios de naturaleza étnica, aunque la reticencia de las *majors* con relación a ella no tuviera necesariamente que ver con que éstas ignoraran la dimensión real del mercado discográfico latino. En 1973 los grandes sellos se felicitaban por el crecimiento de casi el 2.000% que este mercado había experimentado en el intervalo 1968-1973, y no faltaban ejecutivos que afirmaban que este potencial había sido aprovechado muy tímidamente. El presidente de CBS International en 1973, Sol Rabinowitz, calificó entonces el mercado latinoamericano de «gigante durmiente», refiriéndose sobre todo a las posibilidades del mercado de la balada romántica. Roberto Carlos, estrella brasileña de este género, había vendido, en 1973, 800

8. «Caytronics P.R. & Col/Epic Tie» (1973): *Billboard*, 85 (6), 10 de febrero, p. 10.
9. Feeney, Geraldo (1976): «Los Angeles Swings to Salsa Beat». Dossier «Salsa Explosion». *Billboard*, 88 (12), 12 de junio, p. S-6.

mil copias de su más reciente disco para la época, una diferencia del 2.666% por encima de la cifra más feliz del mundo de la salsa[10].

5.1.1. *La salsa más allá de los mercados latinos de Estados Unidos y el Caribe*

La salsa, a través de su principal iniciativa comercial, el grupo Fania, debió salir a venderse en mercados no tradicionales para crear una corriente de interés multinacional. Jerry Masucci, convencido de la idea de que la salsa era un género musical para el gran público, la promovió en los puntos de encuentro más importantes de la industria musical. Su convencimiento implicaba que la música de su grupo discográfico no podía conformarse con un manojo de distribuidores instalados en las ciudades con fuerte concentración de latinos de Estados Unidos así como en otras ciudades del Caribe hispano. A la salsa había que exportarla más allá.

En Cannes, en el mercado internacional de la industria fonográfica de 1974 (Midem), Jerry Masucci llegó a un acuerdo con la compañía Dureco con el objeto de lanzar el catálogo del grupo Fania en Bélgica, España, Holanda y Luxemburgo (para España, Masucci firmó también un acuerdo de distribución con la compañía Discophon S.A.). El acuerdo entrañaba la distribución de la película *Our Latin Thing* en Holanda y el seguimiento de los nuevos títulos de todo el catálogo de Fania para su eventual lanzamiento en Europa[11]. La presencia de Fania en Europa se fortificó por medio de la firma, cuatro meses más tarde, de un acuerdo de distribución en Francia entre Jerry Masucci y la Société Française du Son de París. El acuerdo implicaba, sobre todo, la distribución en territorio francés del catálogo del sello Vaya[12]. En mayo de 1975, el presidente de Fania firmó un contrato de tres años con RCA Tokio para la distribución de su producto en Japón, Corea,

10. «CBS Latin Pub in 2000% Growth» (1973): *Billboard*, 85 (22), 2 de junio, p. 58.
11. «Fania Deals at Midem» (1974): *Billboard*, 86 (7), 16 de febrero, p. 23.
12. «Latin Music» (1974): *Billboard*, 86 (23), 8 de junio, p. 34.

Hong Kong y las islas Fiji, lugares donde la música afrolatina era prácticamente desconocida[13]. Incluso para Brasil, un mercado discográfico hermético para las producciones extranjeras, caracterizado por un alto consumo de música local y que opone, naturalmente, resistencia a los productos cantados en español, Fania firmó un contrato de distribución con RCA en septiembre de 1976[14].

Por supuesto, en vista de que la salsa de los años setenta generaba tanto fidelidades incondicionales como rechazos categóricos, los acuerdos negociados tenían sus propios «límites de zona». Por ello, Masucci se vio obligado a negociar otros contratos de distribución con sellos ubicados en puntos específicos. En Inglaterra, un mercado reticente al sonido de la salsa durante los años setenta, el sello Island, de Chris Blackwell, distribuyó, en 1976, dos compilaciones de éxitos de Fania tras el éxito obtenido por un concierto de Tito Puente en Londres. Los comerciantes de discos de este mercado, con el objetivo de satisfacer una demanda restringida, importaban discos directamente de Nueva York o de la compañía parisina Société Nouvelle de Distribution de Disques, Sonodisc[15]. Ésta mantuvo los derechos de distribución de Fania en Francia hasta 1998, cuando fueron cedidos a la firma Déclic, más tarde absorbida por Sony Music France[16].

Es cierto que estas relaciones entre el grupo Fania y otros sellos localizados en puntos estratégicos a los que la salsa quería llegar podían ser episódicas; incluso podían pretender objetivos modestos, como distribuir y promover una sola canción (prensada en soporte de 45 revoluciones, por ejemplo). El 24 de mayo de 1975, *Billboard* anunciaba que Fania había firmado un acuerdo con WEA Canadá para distribuir la versión de «Lady Marmalade» del percusionista Mongo Santamaría. WEA podía decidir si distribuía o no el próximo disco

---

13. «Fania Records Signs Agreement» (1975): *Billboard*, 87 (21), 24 de mayo, p. 52.
14. Gurza, Agustín (1976): «Latin Scene». *Billboard*, 88 (39), 25 de septiembre, p. 72.
15. Jones, Peter (1981): «Salsa Breakthrough Seen in U.K. After Puente Gig». *Billboard*, 93 (49), 12 de diciembre, p. 41.
16. Paty, Jean-Marc (1998): «Coup de jeune pour la Fania». *L'Express*, 2477, 24 de diciembre, p. 81.

del artista[17]. No obstante, detrás de estos pactos de distribución *al detal* podían existir vínculos estratégicos. Por más circunstancial que haya parecido en su momento la relación entre Island (sello que controla el catálogo de estrellas del pop como Bob Marley, Cat Stevens y U2) y Fania, lo cierto es que entre ambos sellos existió un importante eslabón: Alex Masucci, hermano de Jerry y exejecutivo del grupo Fania, fue nombrado, en 1978, primer asistente de Chris Blackwell en Island[18].

La circulación de productos del grupo Fania, por medio de una red de distribución confiable y relativamente expansiva, consolidó las relaciones de la salsa con la industria global de fonogramas, determinó la manera en que el mercado de la salsa funcionó hasta finales de los años setenta y definió las posiciones de liderazgo de los sellos de salsa: primero, Fania, que dominaba el 70% del mercado total de la salsa (ocho millones de dólares en 1976); luego, las casas Caytronics y Coco, que compartían el 30% restante[19]. Estas dos últimas casas disqueras imitaban las estrategias de Fania en materia de distribución, dirigiéndose a las mismas regiones e, incluso, a los mismos socios. El sello Coco, por ejemplo, firmó acuerdos de distribución internacional con la empresa Fleet (Bélgica, Holanda y Luxemburgo) y con Sonodisc (Francia)[20]. Fania era la corriente de la salsa, y la competencia seguía su estela.

5.1.2. *El* joint venture *CBS-Fania*

La salsa, convertida en categoría comercial en los mercados latinos de Estados Unidos y del Caribe y rozando mercados no tradicionales, suscitó finalmente el interés de una multinacional, CBS Colum-

---

17. «Fania Wea Into Deal» (1975, mayo 24). *Billboard*, 87 (21), p. 53.
18. Guzmán, Pablo (1978): «Latin Scene». *Billboard*, 90 (33), 19 de agosto, p. 65.
19. García, Rudy (1976): «Salsa is Exploding!». Dossier «Salsa Explosion». *Billboard*, 88 (24), 12 de junio, p. S-6.
20. «Coco Branches Out» (1978): *Billboard*, 90 (8), 25 de febrero, p. 79.

bia. En 1976, el presidente de CBS, Bruce Landvall, propuso a Jerry Masucci la distribución y la promoción de la salsa como «música nacional» (es decir, como una música susceptible de ser vendida al gran público estadounidense). Eso sí, CBS Columbia tomaba distancia de los aspectos vinculados con la producción artística. Fania trabajaría con CBS como sello independiente, lo cual fue calificado como un «sueño realizado» por el jefe del grupo[21]. Este pacto obligó a Fania a confrontar sus criterios de producción musical con los de músicas más comerciales para verificar los límites conceptuales y estéticos de la salsa, límites que impedían realizar el proyecto del *crossover*. Este experimento no obtuvo, sin embargo, resultados alentadores y, más bien, le granjeó al grupo discográfico el disgusto de muchos músicos y melómanos.

Con el apoyo de CBS Columbia, Fania produjo varios discos, entre ellos *Delicate and Jumpy* (1976) –en el cual figuraba el excantante del grupo inglés Traffic, Steve Winwood–, *The Rhythm Machine* (1977) –que contó con la participación del arreglista de jazz Jay Chattaway– y *Spanish Fever* (1978) –en el cual participó el trompetista Maynard Ferguson, el guitarrista Eric Gale y el flautista Hubert Laws–. El resultado musical de esta aventura ha sido evocado con desprecio por los iniciados y por los músicos de salsa –el percusionista Roberto Roena, por ejemplo, no dudó en calificar *Delicate and Jumpy* como «música de supermercado» (cp. Rondón, 1980, pp. 103-104)–.

La salsa se convirtió en un producto estéticamente amanerado, y este amaneramiento respondió a los métodos conservadores con que la industria discográfica multinacional se condujo durante los años setenta. Para que Fania pudiera colmar las expectativas de su socio, la salsa debía convertirse en una suerte de *muzak* que, a riesgo de no producir ninguna ganancia, tampoco hiriera sensibilidades. Ese *muzak* fue influenciado por el llamado *smooth jazz*, tendencia desarrollada por el productor Creed Taylor a través de su sello, CTI, con el aval de

---

21. García, Rudy (1976): «CBS-Fania Pact Break for Salsa». *Billboard*, 88 (26), 26 de junio, pp. 3 y 69.

CBS, y cuya intención era restarle al jazz innovaciones melódicas, rítmicas y armónicas con el propósito de reducirlo a canción y de aliarlo al formato rítmico-orquestal del soul o de la disco music. En este sentido, la salsa debía privilegiar la neutralidad estética para ser «envolvente» demográficamente (Frith, 1981, p. 153). Una de las estrategias de Fania fue acercar el sonido de la salsa a la estética de la disco. Fania elaboró canciones con coros breves, muchas veces de un bilingüismo escolar (por ejemplo, la canción disco-reggae «¿Qué pasa?/¿What happen, men?», del disco *Spanish Fever* de las Fania All Stars) y explotó la estética *kitsch* del smooth jazz en boga.

A pesar de sacrificar la estética musical de la salsa, Fania obtuvo algunos resultados. La alianza de Fania con CBS permitió al grupo de Jerry Masucci probar nuevas vías de promoción. En 1978, Columbia Pictures Publications produjo un libro dedicado a los artistas del grupo que contenía las letras de cincuenta éxitos de salsa así como fotos y biografías de los principales artistas del género (Ray Barreto, Justo Betancourt, Rubén Blades, Santos Colón, Willie Colón, Bobby Cruz, Celia Cruz, Cheo Feliciano, Larry Harlow, Papo Lucca, Héctor Lavoe, Ismael Miranda, Johnny Pacheco, Tito Puente, Ismael Quintana, Ricardo Ray, Bobby Rodríguez, Pete «Conde» Rodríguez, Roberto Roena, Mongo Santamaría y Bobby Valentín). El libro fue vendido en Estados Unidos por CBS Columbia[22].

¿Cuál fue el principal obstáculo de la salsa durante su alianza con CBS? La pregunta puede también formularse en sentido inverso: ¿cuál fue el obstáculo de CBS frente a un producto musical llamado salsa? CBS pretendía hacer de la salsa la sucesora de lo que la música brasileña había sido durante los años sesenta[23]: una forma musical relativamente flexible, susceptible de ser consumida primero por su componente exótico, pero, si éste faltaba, como música de ambiente (recordemos que cierta categoría de música brasileña connota todavía

22. «1st. Salsa Folio to Spot Fania Talent» (1978): *Billboard*, 90 (4), 28 de enero, p. 90.
23. Se recordará que Creed Taylor formó parte importante en este movimiento; él fue el productor del álbum *Stone Flower* de Antonio Carlos Jobim para CBS Columbia.

las atmósferas deliberadamente relajadas de las recepciones de hotel o de los ascensores de edificios elegantes, atmósferas parodiadas en las películas de Jerry Lewis con Dean Martin e incluso en cintas de Alfred Hithcock, como en su legendaria *Charade*). El experimento no fue exitoso. Los efectos comerciales fueron ínfimos en el mercado angloamericano y no trajeron tampoco ninguna mejoría de ventas en el mercado principal de la salsa (entonces se hablaba de un tope de ventas de 100 mil copias[24]).

Sin embargo, el interés circunstancial de CBS Columbia por la salsa del grupo Fania motivó reacciones semejantes por parte de otros grandes sellos estadounidenses. Éstos llegaron incluso a firmar artistas consagrados provenientes de sellos especializados en salsa. Por ejemplo, en 1977, el percusionista Ray Barreto lanzó dos discos en el sello Atlantic que no superaron los 60 mil ejemplares de ventas[25]. El comportamiento particular de estos discos de Barreto convenció a las autoridades de Atlantic de que la salsa no bastaba para ir más allá de un mercado unificado por el modo de vida del barrio latino[26]. En la misma época, el pianista Eddie Palmieri firmó con Epic, insignia de CBS, y Palmieri se convirtió en beneficiario de un contrato de 1.400.000 dólares, cifra exorbitante entonces en el medio de la salsa y que comprometía al músico por un período de dos años. El pianista grabó *Lucumí, macumba, vudú*, disco que corrió con la misma suerte que los grabados por Barreto en Atlantic y que recibió críticas severas como ésta:

> *Lucumí, macumba, vudú* [fue] un producto decepcionante, triste, y las tan esperadas ventas millonarias se redujeron a una cifra convencional incapaz de justificar todo el monto de la inversión. ¿Por qué Eddie Palmieri, sin duda el

---

24. Gurza, Agustín (1977): «*Salsa. The Hot Latin Dance Music*». Dossier «Salsa». ***Billboard***, 89 (45), 12 de noviembre, p. 82.
25. «Barreto Departs Fania All Stars» (1976): ***Billboard***, 88 (29), 17 de julio, pp. 29 y 52; Gurza, Agustín (1977): «Salsa. The Hot Latin Music». Dossier «Salsa». ***Billboard***, 89 (45), 12 de noviembre, p. 82.
26. Gurza, Agustín (1977): «Salsa. The Hot Latin Music». Dossier «Salsa». ***Billboard***, 89 (45), 12 de noviembre, p. 82.

> músico de salsa en mejores condiciones de penetrar la vanguardia internacional, había fracasado si en apariencia tenía todos los elementos a su favor? ¿Por qué ese salto a la otra música había quedado en el vacío, si se había utilizado en la empresa al mejor de todos los atletas, al único capaz de brincar tan alto? (Rondón, 1980, p. 297).

En realidad, el disco de Palmieri infringía sistemáticamente las «leyes» del disco comercial. Según Roberts (1999), el músico interpretó su contrato con CBS/Epic como su oportunidad personal para llevar más lejos sus experimentos musicales. Con esta idea, Palmieri alteró, por ejemplo, la intención de la canción «Spirit of Love». Lo que al principio debía ser una especie de canción de smooth jazz, con un coro femenino sin letra, elaborado para explotar el filón *kitsch* de los años de la música disco, recibió del músico un abstracto solo de piano sobre efectos de lluvia y relámpagos. La tormenta no atrajo a las estaciones de radio, intimidadas también por las libertades que Palmieri se tomó en las otras canciones: largos surcos en los cuales se mezclan vientos metales de estilo be-bop con guitarras rhythm 'n' blues y percusión afrocubana. Roberts diferencia así la actitud de Eddie Palmieri y de Ray Barreto en la época en que ambos artistas trabajaban bajo contrato con grandes sellos angloamericanos: «A diferencia de Barreto, que siempre se ha conducido según criterios de mercadeo elementales, Palmieri vio en este disco una oportunidad para jactarse a larga escala de sus experimentos musicales más ambiciosos» (Roberts, 1999, p. 185).

Ahora bien, las experiencias mencionadas ilustran también los problemas de identidad que estos artistas enfrentaban en la industria durante los años setenta y, aun, ahora. Creemos que este asunto es expresión en el mundo del espectáculo del problema de la alteridad puertorriqueña, del que intentamos dar algunas nociones en el primer capítulo. Cuando un artista de salsa entraba a formar parte del talento artístico de un sello global, se encontraba automáticamente segregado. Tanto su trayectoria artística como la sensibilidad estética en la que estaba inscrito lo arrinconaban en un ámbito culturalmente limitado: el barrio latino. A través de una pregunta sencilla, el vicepresidente de mercadeo de CBS Columbia en 1977, Don Dempsey, esclareció la situación: «¿un artista que grabe para un sello latino no sufre las consecuencias de una crisis de identidad cuando pasa a una firma multinacional?»[27].

Sin duda. Pero por medio de la contratación de grandes estrellas de la salsa, las *majors* garantizaban al menos ingresos regulares procedentes de su mercado tradicional. No es casualidad que esos discos contuvieran siempre alguna canción susceptible de popularizarse en la audiencia de la salsa. Por ejemplo, en 1977, cuando la alianza Fania/CBS lanzó el disco *The Rhythm Machine*, el arreglo de la canción «Juan Pachanga», de Rubén Blades, elaborado en un primer momento por el músico de jazz Jay Chattaway, debió ser corregida por el arreglista Louie Ramírez porque no entraba en el patrón rítmico de la clave afrocubana. La propuesta de Chattaway, interesante armónicamente, quebrantaba la estructura de la canción de salsa (tema inicial / mambo / montuno / moña / tema final). La reformulación por Ramírez de «Juan Pachanga» hizo que la canción de Rubén Blades volviera a los criterios estándares que era necesario respetar para garantizar el éxito en el mercado de siempre. Por cierto, es gracias a «Juan Pachanga» que *The Rhythm Machine* figura en los anales de la salsa (Rondón, 1980, pp. 103-104).

Aventurándose en la salsa, los grandes sellos exhibían sus propias confusiones con respecto a esta música «tropical» prometedora y susceptible de ser llevada hacia el ámbito del pop y que solía desembocar en el *muzak*. Los productores de las empresas multinacionales no comprendieron en aquel momento ni los códigos socioculturales de la audiencia típica de la salsa ni se atrevieron a fundar un segmento específico de melómanos dentro del mercado latino del disco.

5.1.3. *De cómo la distribución anunció la decadencia del grupo Fania*

Fania no sólo trató de internacionalizar la salsa aliándose a una *major*. Distribuyó también otros géneros afrolatinos emergentes que, más tarde, la sucedieron en el gusto de su audiencia tradicional.

27. *Ibid.*

La salsa no logró colmar su sueño de estrellato global –de *crossover*– mediante su alianza con CBS y siguió haciendo su trabajo, más uno adicional: ampliarse hacia otros géneros afrolatinos y comenzar a distribuir el producto de sellos más pequeños como Mardi Gras, Bronco y Karen[28].

El caso de Karen es digno de ser observado con atención. En 1977, Fania se atribuyó la distribución en Estados Unidos de Karen, firma instalada en República Dominicana y de la que formaba parte el más importante artista de merengue de comienzos de los años ochenta, Wilfrido Vargas[29], y más tarde, Juan Luis Guerra y 4:40. Según Víctor Gallo, en 1977 el merengue era un mercado de discos de 45 revoluciones y, tomando en cuenta su modestia, Fania adquirió también el derecho de grabar cintas *master* para promocionarlas entre las estaciones de radio latinas de Nueva York. La decisión de Fania de ampliar su repertorio, distribuyendo el género musical que sucedió a la salsa en los años ochenta, fue señal de que la salsa venía a menos y de que el sello de Jerry Masucci y Johnny Pacheco consideraba adherirse a la moda que estaba por remplazar a la salsa.

Los efectos de la distribución del producto musical de Karen por el grupo Fania se hicieron notar en Nueva York –hogar de una importante colonia dominicana– a comienzos de 1978. Entonces, Karen ocupaba la tercera posición entre todos los sellos especializados en música afrolatina, controlando el 9,3% del mercado neoyorquino y un 3,7% del mercado latino estadounidense. Es indudable que el comportamiento de los productos de Karen se debía a la actividad de Fania en 1977. Entonces el grupo Fania dominaba el 68,6% del mercado de la música afrolatina de Estados Unidos y la proporción en Nueva York era del 66,8%. El solo sello Fania era responsable del 34,1% de los productos puestos en circulación en este mercado[30].

---

28. Salazar, Max (1998): «Gerry Masucci. 1934-1997». *Latin Beat*, 8 (1), febrero, p. 33.
29. Flores, Aurora (1977): «Dominican Label Hands N.Y. Airplay». *Billboard*, 89 (23), 11 de junio, p. 87.
30. Gurza, Agustín (1978): «Cayre and Fania End '77 Strong: O Then Latins Up». *Billboard*, 90 (2), 14 de enero, p. 94.

A lo largo de los años setenta la salsa debió conformarse con circular en su circuito mayoritario hasta que lo saturó y preparó el terreno para la balada romántica y el merengue. El final de la salsa hizo que Jerry Masucci partiera a Argentina, donde se dedicó a otros negocios, y no reapareció en la escena de la salsa sino en 1996. Entonces, anunció la creación de otro sello, JMM, dedicado a la producción de nuevo talento cubano. No obstante, JMM no tuvo mayor impacto: a pesar de haber firmado un acuerdo de distribución con Sony Music, en 1997, en diciembre de ese mismo año el hombre fuerte de Fania murió de un derrame cerebral en la ciudad de Buenos Aires.

5.2. TH/Rodven: el segundo aliento de la salsa

En 1987, la salsa tomó un segundo aliento a través de su tendencia erótica, una salsa influenciada por la balada romántica hispana y comercializada fundamentalmente por el sello discográfico TH/Rodven.

El sello venezolano TH, de Wilhelm Ricken, interpretó el agotamiento de la estética musical de la salsa brava como una oportunidad para imponerse en el mismo mercado. TH parecía haber esperado la declinación de Fania para comenzar una nueva fase comercial que, con un producto moldeado por la canción romántica, sedujera a la audiencia femenina. Mientras le daba forma a su producto estrella, el grupo Ricken se dio a la tarea de reforzar sus relaciones con la red multinacional del negocio discográfico. Por ejemplo, en 1983, Wilhelm Ricken, presidente de TH Records & Tapes Inc. (USA), firmaba en Londres un acuerdo de manufactura y de distribución del producto de EMI-Odeon en Estados Unidos y en Puerto Rico[31], abría una sede en Nueva York[32] y se dejaba ver en los principales mercados de la salsa con su artista exclusivo, el cantante venezolano Óscar D'León.

---

31. Fernández, Enrique (1983): «TH to Distribute Emi-Odeon». *Billboard*, 95 (12), 21 de mayo, p. 48.
32. «TH Expanding in US Market» (1983): *Billboard*, 95 (37), 20 de septiembre, p. 43.

El refuerzo de la presencia de TH en los grandes mercados latinos de Estados Unidos se llevaba a cabo en el momento en que, en Venezuela, el grupo discográfico SonoRodven crecía. SonoRodven pertenecía entonces a Rodolfo Rodríguez Miranda y a la Organización Diego Cisneros (ODC) y dominaba, en 1984, un 28% del mercado discográfico venezolano[33]. Bajo el nombre abreviado de Rodven, el grupo abrió también, en 1985, una sede en Miami, ciudad estadounidense escogida por las firmas globales para instalar sus divisiones de música latina[34]. A su vez, Rodven abrió filiales en Los Ángeles y en Houston, y consideraba la posibilidad de abrir oficinas en Nueva York.

La instalación de Rodven en Miami continuaba una tendencia corporativa que era seguida por otras insignias venezolanas con pretensiones de internacionalizarse. El principal competidor de SonoRodven en Venezuela, Sonográfica, perteneciente al grupo de empresas 1BC, se instaló en Miami bajo el nombre Sonotone Music Corp. Esta empresa tuvo éxito en el mercado latino de Estados Unidos lanzando discos de balada romántica interpretada por los protagonistas de las telenovelas venezolanas producidas por Coraven y distribuidas en Estados Unidos por Coral Pictures. Aunque Sonotone Music Corp. se mantuviera a distancia de la salsa, estrellas «tropicales» de la talla del cantante de merengue dominicano Wilfrido Vargas y la orquesta femenina Las Chicas del Can formaban parte de su catálogo. Sonotone compró el sello Alhambra cuando se instaló en Miami, movimiento que le concedió los derechos de distribución del producto latino de la antigua PolyGram[35]. La firma venezolana tenía también los derechos de producción y distribución en Estados Unidos de los sellos Codisco, Fuentes (Colombia), Velvet, Discomoda y Dicesa[36].

Una de las consecuencias que acarreó la instalación masiva de sellos afrolatinos en Miami, evidenciada en la diversificación o amplia-

33. Fernández, Enrique (1984): «New World Pact for Emmanuel». *Billboard*, 96 (22), 2 de junio, p. 53.
34. Fernández, Enrique (1985): «Latin Notas». *Billboard*, 97 (24), 15 de junio, p. 63.
35. Fernández, Enrique (1985): «Latin Notas». *Billboard*, 97 (17), 27 de abril, p. 46.
36. Fernández, Enrique (1986): «Latin Notas». *Billboard*, 98 (37), 13 de septiembre, p. 39.

ción de sus contratos de distribución, fue la reaparición de ejecutivos discográficos veteranos, participantes de empresas fundadoras del primer circuito discográfico latino neoyorquino. Por ejemplo, el representante de Sonotone en Nueva York era Joe Cain, exdirector de los sellos neoyorquinos Tico y Alegre, de los sellos Mericana y Salsoul Salsa Series del grupo Caytronics (Joe Cayre) y antiguo productor de las casas Seeco y UA Latino[37].

La fusión de TH USA con Rodven se hizo definitiva en 1986, cuando Rodven compró 50% de las acciones de TH USA[38]. La participación de Rodven en TH USA permitió al sello aliado de la ODC robustecer la distribución de sus productos musicales en los más importantes mercados latinos de Estados Unidos, así como contar con el catálogo de TH, sello independiente especializado en salsa y que poseía en su catálogo productos de estrellas consagradas como Óscar D'León, Andy Montañés, Tommy Olivencia, Willie Rosario y Marvin Santiago. La unión TH/Rodven constituyó la base indispensable para el lanzamiento de la salsa erótica.

TH/Rodven comenzó sus actividades como una sola insignia en 1987, mientras que en Venezuela TH y SonoRodven seguían trabajando independientemente. Si bien la fusión de TH USA con Rodven dio lugar a un sello mixto, TH/Rodven no abrió su oficina en Miami hasta el 28 de octubre de 1988 y la insignia no se dio a conocer sino hasta entonces (aunque la tendencia erótica ya era un fenómeno mediático). Rodolfo Rodríguez Miranda era el presidente de TH/Rodven USA (y seguía siendo el presidente de Rodven), Gumersindo Miranda era el director del sello y Wilhelm Ricken el director de la oficina venezolana en Caracas[39].

El director de promoción de TH/Rodven, Pedro Osante, indicaba entonces que el *joint venture* permitía que los costos de producción

37. Sabournin, Tony (1987): «Latin Notas». *Billboard*, 99 (18), 2 de mayo, p. 66.
38. Sabournin, Tony (1986): «Latin Notas». *Billboard*, 98 (48), 29 de noviembre, p. 54.
39. Agudelo, Carlos (1988): «Latin Notas». *Billboard*, 100 (47), 19 de noviembre, p. 44.

tanto de TH como de Rodven se redujeran a la mitad[40]. Pero la fusión no había respondido solamente a un criterio de ahorro. En 1987, justo un año después de que TH/Rodven hubiera establecido su red de distribución, la salsa erótica comenzó a ser promocionada como tendencia comercial y generó los primeros comentarios periodísticos. En efecto, a finales de 1987, TH/Rodven ya figuraba en la primera posición entre las firmas discográficas comprendidas en la categoría «tropical/salsa» de la revista *Billboard*[41], y, en 1988, había conseguido colocar 16 discos entre los álbumes del año, lo que daba cuenta de un ritmo de producción en aumento.

La distribución del producto erótico en los mercados de la salsa se tradujo en corto tiempo en la reconquista del circuito comercial unificado por el grupo Fania a comienzos de los años setenta. A comienzos de 1988, esta reconquista alimentaba incluso el rumor de la compra del sello Fania por parte de TH/Rodven dentro de una operación que abarcaba al legendario sello mexicano Peerles (que poseía en su catálogo canciones célebres de ranchera mexicana así como boleros), lo que habría ocasionado la formación del sello triple TH/Rodven-Peerles-Fania[42].

TH/Rodven debió, sin embargo, conformarse con ver su éxito limitado al mercado tradicional de la salsa. Sus acuerdos de distribución internacional no llegaron a ser numerosos. En 1990, firmó un acuerdo de distribución con Globo, Brasil, por medio del cual Globo se comprometía a distribuir entre 18 y 24 títulos del catálogo de salsa de TH/Rodven[43]. Puesto que TH/Rodven se apoyó en una línea de productos que no podía ser comprendida sino en la escala de valores de la audiencia latino-caribeña, el sello conquistó el mercado principal de la salsa pero no logró ir más allá. El éxito de la salsa erótica le brindó la posibilidad de adquirir, el 1 de octubre de 1992,

40. Sabournin, Tony (1987): «Latin Notas». *Billboard*, 99 (25), 20 de junio, p. 56.
41. «The Year in Music» (1987): Dossier «The Year in Music and Video». *Billboard*, 99 (22), 16 de diciembre, p. Y-44.
42. Agudelo, Carlos (1988): «Latin Notas». *Billboard*, 100 (3), 16 de enero, p. 100.
43. Agudelo, Carlos (1990): «Latin Notas». *Billboard*, 102 (25), 23 de junio, p. 25.

la firma RTP, a través de la cual el tándem proyectaba fortalecer su presencia en Puerto Rico[44]. Que la salsa no tentara mayormente a las multinacionales –el mismo problema que enfrentó en su momento el grupo Fania– no significaba que las relaciones entre Rodven y las multinacionales no fueran provechosas en otras categorías de producto. El 1 de febrero de 1994, Universal se asoció con Rodven con el objeto de distribuir en Estados Unidos el producto en inglés lanzado por la rama estadounidense de Rodven mientras que Rodven se comprometía a hacer lo propio en Venezuela con los productos de Universal, lanzados a través de las insignias MCA, Geffen y GRP. El mismo año, BMG instaló una filial, BMG Venezuela, en asociación con Rodven[45].

Poco tiempo más tarde, algunos movimientos de capital se efectuaron dentro de la fusión TH/Rodven: Rodven compró el 50% restante de TH USA, lo que provocó la desaparición de la insignia TH/Rodven, simplemente rebautizada Rodven. La transacción precedió la instalación y la apertura de sedes de Rodven en México, Argentina y Chile. En Venezuela, donde Rodven controlaba en 1993 el 70% del mercado discográfico, la distribución del producto elaborado por la fusión TH/Rodven seguía siendo garantizada tanto por TH como por Rodven, cada sociedad trabajando de manera independiente. La salsa erótica permitió al *joint venture* de Miami, y más tarde a Rodven, mantener una sede en Colombia (abierta en 1990) y controlar el 10% del mercado local. Incluso se comentaba la instalación de una oficina en España[46].

En fin, a pesar de los límites estéticos y conceptuales de la salsa erótica, ella permitió a Rodven establecerse en los mercados latinos de Estados Unidos y del resto del Caribe hispano y reforzó su dominación en el circuito venezolano. Los resultados positivos del sello difí-

44. Lannert, John (1992): «Latin Notas. TH/Rodven Gains Llord in RTP Buyout; GN'R in S. America; Balboa in Houston». *Billboard*, 104 (42), 17 de octubre, p. 48.
45. Lannert, John (1994): «Latin Notas». *Billboard*, 106 (6), 5 de febrero, p. 3.
46. Lannert, John (1993): «Latin Notas». *Billboard*, 105 (6), 6 de febrero, p. 36.

cilmente podían ser pasados por alto por las multinacionales del disco, sobre todo en tiempos de absorción por las *majors* de insignias con éxito local. En efecto, Rodven fue absorbida, el 1 de octubre de 1995, por la antigua PolyGram por medio de una transacción de 57 millones de dólares pagados a sus socios, Rodolfo Rodríguez Miranda y la ODC. La adquisición de Rodven por PolyGram daba a PolyGram (y, más tarde, a Universal, que absorbió PolyGram en 1998 por medio de una transacción de 10,4 millardos de dólares) un «rostro venezolano». Esta adquisición convirtió a Rodven en una «filial-relais» primero de PolyGram y luego de Universal. Por «filial-relé», Michelet entiende una firma «nacional» que permite a una internacional «evitar ciertas reglas aduaneras limitativas y adaptar la producción a las especificidades nacionales» (cp. Flichy, 1991, p. 203). Ellas posibilitan a una gran multinacional producir y comercializar obras fonográficas de artistas arraigados en los gustos de un país para así dominar mercados locales (cp. Flichy, 1991, p. 219).

Luego de la experiencia de TH/Rodven, la salsa se transformó en un producto susceptible de ser empleado por la industria global para aprovechar la sensibilidad afrolatina. La salsa erótica hizo también reaccionar a otros hombres de empresa inquietos sobre la tradición de la salsa. Esta reacción dio pie a la tercera etapa importante de producción independiente y de distribución de la salsa.

5.3. La recuperación del «verdadero» sonido de la salsa por el sello RMM

Mientras que la salsa erótica desbordaba el mercado discográfico latino, la empresa de promoción de espectáculos afrolatinos de Nueva York, RMM, de Ralph Mercado, ingresaba en el campo de la producción discográfica. RMM trabajaba su catálogo sacando provecho de los hallazgos estéticos de la salsa brava de los años setenta, pero privilegiando un propósito de mundialización. Las relaciones de RMM con las multinacionales del disco aclaran esta intención de arranque.

En 1987, Ralph Mercado, promotor importante de espectáculos afrolatinos en Nueva York, decidió comenzar a grabar y producir artistas de merengue y de salsa, la mayoría proveniente de las comunidades latinas de Nueva York, y recuperar así el «verdadero» sonido de la salsa. Su empresa de promoción dio origen a RMM Records and FilmWorks, compañía que, durante el mes de agosto de 1988, ya había lanzado siete títulos de merengue y dos de salsa[47].

Cuando la muerte sorprendió al legendario Jerry Masucci, su socio de larga data y productor del famoso concierto de la sala neoyorquina Cheetah, Ralph Mercado, se había transformado en la autoridad más fuerte de la industria de la salsa a través del rápido prestigio que adquirió su sello disquero. La popularidad de Mercado se explica en parte por el hecho de que la antecesora salsa erótica no se acompañó de la figura de un productor ejecutivo que se confundiera con el talento artístico de su sello. El talento artístico de la salsa, desde los años Fania, había sido tutelado por un «jefe» que fungía de autoridad entre sus artistas. Por lo contrario, la salsa erótica fue un producto vacío, desposeído del compromiso «en persona» de sus propios productores.

En la escena neoyorquina y entre los periodistas iniciados, Mercado era reconocido como el sucesor natural de Jerry Masucci. A mediados de 1996, el periodista John Lannert escribía en *Billboard*: «En 1995 muchos se preguntaban qué sello independiente podía seguir la tradición del sello Motown, de Berry Gordy. Pero nadie parece atreverse a mencionar a Ralph Mercado, presidente de RMM, el sello que más se ha acercado al "sonido de la joven América latina" (parafraseando el eslogan de Motown)»[48]. Y en efecto, tras la muerte de Masucci, Mercado, entrevistado por *Billboard*, declaró: «Masucci fue para la salsa lo que Berry Gordy fue para Motown»[49].

Mercado se tomó su tiempo para dejar que la tendencia erótica se agotara, pero, en su espera, intentó ganarse el respeto y el interés de las grandes compañías multinacionales. Así, el presidente de RMM estableció los primeros contactos en 1988, cuando negoció la distribución

47. Agudelo, Carlos (1988) : «Latin Notas». *Billboard*, 100 (32), 6 de agosto, p. 32.

48. Lannert, John (1996): «Latin Notas. Gilberto Gil to Headline Rocks Brazilian Bash». *Billboard*, 108 (1), 13 de junio, p. 28.

49. Lannert, John (1998): «Salsa Pioneer Jerry Masucci, 63, Dies». *Billboard*, 110 (2), 10 de enero, p. 6.

de su catálogo por CBS Columbia. Para ese momento, RMM poseía ocho discos de merengue y cuatro de salsa[50]. Un par de años más tarde, Mercado renovó su contrato de distribución con CBS en Estados Unidos y en Puerto Rico por un período de dos años[51]. Por medio de esta relación, el jefe de RMM tenía como objeto aumentar en un 60% sus cifras de ventas. Para entonces, RMM firmaba talento nuevo y había incluido a su catálogo a la cantante Celia Cruz, quien permaneció en el sello hasta 1999[52].

En relativo corto tiempo, RMM logró abrir una agencia de producción de espectáculos en Madrid, MCM Management S.A.[53], que merece algunos comentarios.

El año 1992 fue muy importante para la industria de la salsa. La celebración de los quinientos años del «encuentro de dos mundos» no sólo vio en la salsa la música de los latinos sino una manifestación cultural representativa de la hibridación de fuentes europeas, africanas y mestizas caribeñas. Fue en este clima que nació MCM Management S.A., empresa española de producción de espectáculos a la cual RMM estaba asociada. MCM Management S.A. era un *joint venture* entre RMM, Crab producciones S.A. (agencia española de producción de espectáculos latinos, dueña del sello Bat Discos, que para la época distribuía el catálogo de RMM en España) y Colectivo Promoción Jazz S.A. (compañía especializada en la producción de espectáculos de jazz y blues en España, en contacto con una red europea de productores de espectáculos latinos y de jazz). MCM eran las siglas de los socios de la empresa (Mercado, Crab producciones y Julio Martí, director de Colectivo Jazz Productions) y logró, sobre todo en 1992, organizar giras y conciertos de salsa en Ámsterdam, Barcelona, Londres, Milán, París y Turín. La empresa filial de RMM en España fue importante para la populariza-

---

50. Agudelo, Carlos (1988): «Latin Notas». *Billboard*, 100 (46), 12 de noviembre, p. 44.
51. Agudelo, Carlos (1990): «CBS to Distribute RMM Records». *Billboard*, 102 (15), 14 de abril, p. 6.
52. Lannert, John (1999): «Latin Confab. Most Ambitious Yet». *Billboard*, 111 (19), 8 de mayo, p. 40.
53. Lannert, John (1991): «Latin Notas». *Billboard*, 103 (40), 5 de otubre, p. 88.

ción de la música afrolatina en España y en Europa en general puesto que estableció un vector de sensibilidad orientado hacia lo afrolatino.

Aparte de afincarse en Europa por medio de la empresa antes mencionada, Mercado tomó otras iniciativas para consolidar y hacer crecer su sello, entre ellas la firma del cantante Óscar D'León, salido de TH/Rodven, y la creación de las insignias Sonero, TropiJazz (especializado en latin jazz[54]), SoHo Sounds (especializado en artistas abiertos a la experimentación e hibridación de ritmos afrolatinos con el pop para tratar de acceder a audiencias «no tradicionales»[55]) y RMM Rocks (especializado en rock latino)[56], todas pertenecientes al grupo RMM. SoHo Sounds acabó por dividirse, lo que dio pie a la apertura de un sello nuevo, SoHo Latino, en el que la cantante La India grabó su primer disco (*Llegó la India... vía Eddie Palmieri*) y que constituyó el arranque de la carrera de Marc Anthony[57].

Las relaciones de Ralph Mercado con las *majors* no se limitaron a compromisos que garantizaran la distribución de los productos elaborados por su grupo discográfico: en 1994, EMI Publishing firmó un contrato de representación de las firmas de edición musical Caribbean Waves Music Inc. (ASCAP) y Crossing Borders Inc. (BMI), que cubría todo el mundo excepto Estados Unidos[58]. Ambas empresas pertenecían a Ralph Mercado.

El mencionado contrato de distribución de RMM con CBS –desde 1988 Sony Music– llegó a su final el 31 de diciembre de 1995, y, entonces, Mercado negoció otro contrato, esta vez con MCA/Universal. Este nuevo compromiso, que comenzó el 1 de enero de 1996, ocurrió en el momento en el que la gran empresa estadounidense consideraba penetrar en el mercado latino de Estados Unidos[59]. En no-

---

54. Lannert, John (1992): «Latin Notas». *Billboard*, 104 (6), 8 de febrero, p. 36.
55. Lannert, John (1992): «Latin Notas». *Billboard*, 104 (13), 28 de marzo, p. 31.
56. Lannert, John (1997): «Rock Imprint Jazzes Up RMM». *Billboard*, 109 (29), 19 de julio, p. 39.
57. Lannert, J. (1992): «Latin Notas. Taking Another Look at Tejano Awards». *Billboard*, 104 (38), 19 de septiembre, p. 33.
58. Lannert, John (1994): «Latin Notas». *Billboard*, 106 (10), 5 de marzo, p. 39.
59. Lannert, John (1995): «Latin Notas. New President at MTV Latino». *Billboard*,

viembre de 1996, el presidente de MCA Music Entertainment Group, Zach Horowitz, calificó a RMM como «el más grande sello de "tropical/salsa" del país»[60].

En 1997, RMM cumplió diez años de operaciones. Desde el comienzo de su contrato de distribución con MCA/Universal, Mercado afirmaba haber aumentado sus negocios en una proporción de 40% y de haber llegado al mejor momento para poner su empresa a la venta, su precio de referencia siendo los 57 millones de dólares pagados por la antigua PolyGram a Rodolfo Rodríguez Miranda y a la ODC en 1995 para adquirir Rodven[61]. Sin embargo, su optimismo y el desenlace de sus mejores ambiciones fueron el resultado de una historia mercantil escabrosa que terminó en una liquidación más bien modesta.

Heredero de las prácticas mercantiles de la era Masucci, caracterizada por la evasión de pagos de derechos a sus artistas, y a raíz de una auditoría a mediados de los años noventa por parte del Internal Revenue Service (IRS) de Estados Unidos –la dependencia que se ocupa de recaudar los impuestos federales–, que permitió que muchos de sus artistas cayeran en cuenta de los derechos que RMM les debía, Mercado perdió a su productor (Sergio George) y a sus artistas principales (Marc Anthony y La India). En medio de litigios en los que los agraviados amenazaban a RMM con revelar sus prácticas fraudulentas –el caso de Marc Anthony en su transición de RMM a Sony Music; el de La India, que demandó a RMM por 500 mil dólares por fallos en el pago de sus derechos; o la estocada del compositor puertorriqueño Glenn Monroig, que demandó a Mercado por haber usado varias de sus canciones en grabaciones y documentales sin antes tramitar el permiso correspondiente–, Mercado fue obligado a declarar bancarrota en noviembre de 2000 y, como parte del trato, se le prohibió participar en otros negocios fonográficos por varios años. En 2001, Universal compró RMM Records por 16 millones de dólares (Washburne, 2008, p. 30).

---

107 (48), 18 de noviembre, p. 53.

60. Lannert, John (1996): «MCA's Int'l Initiative Continues with Opening of Latin America Offices». *Billboard*, 108 (8), 24 de febrero, p. 6.

61. Lannert, John (1998): «Latin Notas». *Billboard*, 110 (14), 4 de abril, p. 31.

Sin embargo, ya antes de este fallo judicial la vanidad y satisfacción de Ralph Mercado gracias a su trato de distribución con MCA/Universal había herido sensibilidades corporativas. Sony Music se dio por aludida y matizó la eficiencia de MCA/Universal en términos de mercadeo. Oscar Llord, vicepresidente de Sony Discos, antigua compañía de distribución del producto de RMM, subrayó que el aumento de los negocios de RMM en 1997 era un efecto directamente proporcional al lanzamiento de los más recientes discos de sus estrellas más importantes, La India y Marc Anthony, y no tanto a la eficiencia de la empresa encargada de la distribución de su producto. En 1996, según un estudio de SoundScan, las ventas de los discos de RMM –incluidos entre los discos latinos más populares– llegaron a 64 mil copias gracias al título *Todo a su tiempo* de Marc Anthony. En 1997, el éxito se añadió al de *Contra la corriente*, el nuevo álbum del artista, y al del disco *Sobre el fuego*, de La India. A finales de 1997, RMM registraba ventas superiores a 110 mil copias[62]. Aunque en 1999 RMM seguía siendo distribuido por Universal Music Group[63], es preciso añadir que este sello podía negociar directamente contratos de distribución con sellos disqueros competitivos en puntos específicos del circuito tradicional de la salsa.

Entre la salsa primigenia de Fania y la fotogénica de RMM, la actividad de las *majors* se ha intensificado. Veremos más específicamente en el próximo capítulo cómo las *majors*, mediante el apoyo que han dado los sellos independientes, se han valido de la salsa para afianzar su presencia y afinar sus negocios en el mercado latino de la música popular.

62. Lannert, John (1998): «Llord Counters Mercado's Figures». *Billboard*, 110 (16), 18 de abril, p. 35.

63. *Ibid.*, p. 31.

Capítulo 6
Las firmas globales del disco en la comercialización de la salsa

Después de que el presidente de CBS, Sol Rabinowitz, calificara en 1973 el mercado discográfico latino como un «gigante durmiente», transcurrieron más de diez años para que la industria multinacional comenzara a participar activamente en él. Los propósitos de Rabinowitz develaban el conocimiento deficiente de los ejecutivos de la industria del disco sobre la envergadura de este mercado. Las operaciones de CBS habían aumentado un 2.000% desde 1968, sobre todo gracias a la balada romántica[1]. En 1973 CBS realizó el 60% de sus ventas totales con cantantes no estadounidenses (Flichy, 1991, p. 219). El éxito de CBS en América Latina con la canción romántica debía ser un estímulo para el resto de los grandes sellos, pero el interés de éstos fue más lento de lo que cabe suponer.

En la industria de la música popular, los setenta no fueron los años de la música cantada en español. La salsa, ya se ha visto, gozaba de éxito sólo dentro del círculo de su público prioritario. La música disco, así como las músicas afroamericanas más comerciales, se encargaron de reivindicar indirectamente los contenidos musicales de la salsa. El relativo éxito comercial de la salsa nutría de una manera tangencial las

1. «CBS Latin Pub in 2000% Growth» (1973): *Billboard*, 85 (22), 2 de junio, p. 58.

músicas más comerciales, exportando sonidos e intenciones compatibles con el espíritu de su tiempo.

Fue durante los años ochenta que la palabra «latino» comenzó a obsesionar a la industria multinacional del disco. Durante esta década el universo latino renovó sus connotaciones con respecto a las expectativas de la audiencia angloamericana, lo que dio pie a que una estrella como Madonna, incluyera, en 1986, en su disco *True Blue*, la canción «La isla bonita». En esta canción, la estrella estadounidense celebraba el lujo, la calma y la voluptuosidad de una tierra caliente en la que se hablaba español. Madonna escuchaba esta isla bonita, además de canciones de cuna en castellano, una samba que vibraba en sus oídos y hacía que el sol se pusiera sobre su cabeza. La samba no se canta en español, pero su halagadora intención es lo que cuenta.

Por extensión, y por derecho, la salsa debía formar parte de los tintes latinos de los años ochenta. Y de este decenio data la instalación masiva de las divisiones latinas de las *majors* en Miami, lo que repercutió en la comercialización de la salsa.

En este capítulo se entiende la actividad de los grandes sellos globales en el predio de la música latina, y específicamente en el de la salsa, a través de una lógica que contempla su acercamiento a su público principal –razón que explicaría la instalación de las divisiones «latinas» de los grandes sellos multinacionales en Miami– y la adopción de un enfoque que entiende al cantante de salsa como una figura que eventualmente puede despojarse de las claves connotadas del barrio latino para abrirse al pop internacional.

6.1. «Miami nuestro»

Si Nueva York fue el laboratorio sociocultural de la estética de la salsa, Miami es la ciudad del modo de vida latino –en el amplio sentido de la palabra– inserto en la sociedad de consumo estadounidense. Miami, la ciudad de los inmigrantes cubanos anticastristas, es también el puerto del dinero expatriado por latinoamericanos provenientes de países que, como Venezuela, han visto su moneda perder valor tras sucesivas devaluaciones.

Miami es fiesta, y la atmósfera festiva de esta ciudad ha sido quizás el estímulo más importante para que las filiales latinas de los grandes sellos multinacionales se instalaran allí. Sin embargo, este entusiasmo festivo no ha sido la única razón. Como apunta Negus,

> Miami puede ser una base operaciones adecuada desde diversos puntos de vista. Económicamente, los precios de las oficinas y de los bienes raíces en general son más bajos que en Nueva York o que en Los Ángeles. Además, Miami se encuentra en la intersección de las rutas del resto de Estados Unidos, del Caribe y de América Latina, elemento importante porque el mercado latino de Estados Unidos está ligado a los músicos y a los consumidores de América Latina. Como las compañías discográficas interactúan íntimamente con otros medios de comunicación social, Miami es un lugar importante porque los medios hispanohablantes de Estados Unidos se encuentran allí (producción de radio televisión y publicaciones). Miami se ufana también de poseer una buena cantidad de estudios de grabación de calidad (Negus, 1999, p. 143, traducción nuestra).

La apertura progresiva de las sedes latinas de las multinacionales en Miami se ha evidenciado desde la segunda mitad de los años ochenta. Sin embargo, este fenómeno había sido anunciado desde los años de la salsa brava.

En 1973, cuando la salsa estaba en su apogeo, algunos golpes de percusión del barrio latino de Nueva York se escuchaban en las calles de Miami. En esta época, el dueño de la cadena de discotiendas Ultra Records, José M. Palmero, declaraba ventas de 10 mil copias mensuales, de las cuales un 60% correspondía al género salsa[2]. Por su lado, Many Matos, presidente de la empresa M&M, afirmaba la existencia en Miami de un mercado discográfico local de un millón de dólares anuales[3]. El mercado discográfico de Miami se había casi duplicado durante los últimos cuatro años. Además, la presencia de una comunidad latina de

2. Kapper, Art (1973): «Increased "Salsa" Airplay in Miami Surges Sales Palmero». *Billboard*, 85 (4), 27 de enero, p. 20.
3. Kapper, Art (1973): «Latin Mart Tops 1 Mil. In "Capital"». *Billboard*, 85 (24), 16 de junio, p. 22.

primera generación y de un turismo latino –a menudo venezolano– frecuente y manirroto presagiaba la llegada masiva de las *majors*. Estas divisiones latinas tenían como objetivo sobre todo el mercado del Caribe hispano. Esperando su momento, la mayor parte del producto de salsa seguía siendo producido y distribuido desde Nueva York, se diseminaba en su circuito principal –del que Miami formaba parte, aunque el sonido de los puertorriqueños de Nueva York molestara los oídos cubanos de Miami– y flirteaba con las *majors*.

La tradición musical latinoamericana –a la que se asimila la salsa– animó a CBS Columbia a reeditar su catálogo de nostalgia, en el que se mezclaban grabaciones históricas de artistas como Canario y su grupo, Pedro Flores y su orquesta, Boby Capó, El Boy, Gaytán y Cantú, Eliseo Grenet, Ernesto Lecuona y Antonio Machín. Estos productos «clásicos» eran distribuidos por la firma Caytronics, que entonces contaba con los derechos de distribución de los productos de CBS Columbia y RCA[4].

El atractivo de la salsa podía también fomentar iniciativas independientes en puntos lejanos de su circuito comercial principal: por ejemplo, en 1975, el sello independiente inglés Latin International negociaba la distribución de sus productos bailables latinos (que no se limitaban a la salsa) con las filiales de EMI en España y en Argentina[5].

Mientras que las fuentes musicales «tropicales» rozaban tantos las insignias globales como algunos sellos independientes que operaban fuera del circuito tradicional de la salsa, el grupo Fania ya había consolidado su red internacional de distribución y se había asociado con CBS Columbia. Si bien es cierto que el debilitamiento de la asociación de Fania/CBS respondió a los límites culturales de la salsa, es innegable que esta alianza marcó un precedente que no pasó desapercibido ni para Capitol ni para RCA[6].

---

4. Gelormine, Phil (1973): «Columbia Vintage Series Set». *Billboard*, 85 (26), 30 de junio, p. 25.
5. Terrace, Ray (1975): «Latin Scene». *Billboard*, 87 (51), 20 de diciembre, p. 52.
6. Gurza, Agustín (1977): «United States. Endless Horizon for Latin Music». Dossier «Latin America». *Billboard*, 89 (31), 6 de agosto, p. LA-54.

Mientras que buena parte de las *majors* seguía siendo prudente frente a las posibilidades comerciales de la salsa, algunas se acercaban a ella por medio de la negociación de alianzas estratégicas con sellos independientes latinos. Así fue como PolyGram incursionó en este mercado en 1977, el mismo año en que CBS procedió a la instalación de una oficina en Miami. PolyGram se alió al sello venezolano Velvet, de José Page, insignia en expansión que operaba en las principales ciudades con fuerte concentración de latinos de Estados Unidos[7]. La alianza manejaba negocios en Los Ángeles y en Miami. Sin embargo, cuando a comienzos de los años ochenta la moda de la salsa dio paso a la del merengue dominicano, la salsa se limitó a las actividades de los sellos independientes de Nueva York así como a los de los puntos más importantes de su circuito tradicional.

El fin de la primera etapa comercial de la salsa dejó, no obstante, algunas pistas a las multinacionales para planificar su participación en este mercado. Esta primera etapa les permitió reparar en un sentido del gusto musical. Los sellos independientes habían cumplido su función de «fijadores de tendencias». El reposo de la salsa permitió a CBS Columbia dar sus primeros pasos en solitario hacia la salsa en 1981, cuatro años después de la apertura de su sede en Miami[8] (en 1981, CBS también era la única gran compañía que tenía una filial en Puerto Rico[9]). Entonces, CBS Columbia ofreció un contrato al cantante Lalo Rodríguez, antiguo vocalista de la orquesta de Eddie Palmieri y futura estrella de la tendencia erótica, quien salía del sello puertorriqueño Tierrazo.

> Rodríguez marca el movimiento de la compañía hacia un terreno del que firmas independientes como TH de Venezuela se han apropiado. Las cifras de ventas esperadas por CBS entre Estados Unidos y Puerto Rico fluctúan entre 80 mil y 100 mil copias. Ellos esperan duplicar tales cifras luego del lan-

7. Gurza, Agustín (1977): «PolyGram Views New U.S. Latin Business». *Billboard*, 89 (42), 22 de octubre, pp. 1 y 86.
8. Gurza, Agustín (1977): «New CBS Latin Staff Active». *Billboard*, 89 (47), 26 de noviembre, pp. 84 y 86.
9. Mellado Romero, José Antonio (1981): «International Pop Enhances Cross Culture Surge». Dossier «Latin America». *Billboard*, 93 (42), 24 de octubre, p. LA-10.

> zamiento del disco de Rodríguez en Venezuela, Colombia y América Central, donde la salsa es muy popular[10].

La instalación de la división latina de CBS Columbia en Miami y las primeras iniciativas del sello para propiciar otro «despegue» de la salsa parecían ser acciones que perseguían delimitar el vasto espacio que era el mercado latino.

El ingreso de CBS en el mercado latino de Estados Unidos anunció la llegada de otras dos compañías: RCA y Ariola. De hecho, la implantación en Miami de una división de CBS dedicada en exclusividad al producto latino selló el final del contrato de distribución que la multinacional mantenía con el grupo independiente Caytronics, encargado de distribuir a CBS/Epic y RCA en Estados Unidos, Puerto Rico y las Islas Vírgenes. Ariola y RCA, también distribuidas por Caytronics, rescindieron igualmente sus contratos respectivos y crearon un *joint venture*. Este movimiento provocó que Caytronics se concentrara en puntos específicos de Estados Unidos[11] e, incluso, que redefiniera su línea de negocios: desde 1982, Caytronics había encontrado en la industria del video su nueva veta. Especializado en producto latino, el grupo de Joe Cayre firmó en 1982 un contrato de distribución con Marketing Film Inc. para la distribución de 25 títulos de películas en español; y a finales de 1982, debía ocuparse de la distribución de 100 títulos tanto en el mercado interno de Estados Unidos como en ciertos mercados fuera de las fronteras estadounidenses[12].

Cerca de tres meses después del fin del contrato de distribución de CBS por Caytronics, la filial regional de RCA se mudaba de Buenos Aires a Miami. Según Adolfo Pino, entonces vicepresidente para América Latina y España de RCA, Caytronics seguiría distribuyendo el *stock* remanente de RCA en Estados Unidos y RCA los productos

---

10. López, M. (1981): «Salsa Artists Sign to CBS». *Billboard*, 93 (38), 26 de septiembre, p. 64.
11. Fernández, Enrique (1983): «Majors Eye U.S. Market». *Billboard*, 95 (29), 16 de julio, p. 44.
12. Fernández, Enrique (1982): «Caytronics Sets Blank Cassettes». *Billboard*, 94 (29), 24 de julio, p. 52.

de Caytronics[13] en Estados Unidos. Aun cuando RCA detentara los derechos de los productos de Ariola en Estados Unidos, el sello garantizaba durante un período breve la distribución de Ariola por Caytronics[14]. Para entonces, Willie Colón, estrella consagrada del sello Fania, había sido contratado por RCA[15].

Si los movimientos de la industria global redefinían progresivamente la morfología del mercado fonográfico latino y acentuaban la contracción de cada género de música popular en función de tipos específicos de audiencia, los sellos apostaron poco en el destino de la salsa entre 1983 y 1986. En ese intervalo, de la antigua explosión de la salsa de 1975 no quedaban sino los lamentos de una red agotada –invadida por pequeños sellos que se limitaban a pocas producciones– apoyada en los mercados de las minorías latinas de Estados Unidos. Quedaban también algunos elogios periodísticos dirigidos a las firmas sobrevivientes. Por su lado, las multinacionales preconizaban la existencia de un mercado latino «americanizado» y evitaban formas tradicionales o géneros musicales «excluyentes»: en este contexto, el fenómeno Miami Sound Machine –grupo exclusivo y emblemático de CBS Miami– llegó al estrellato en 1984[16].

El primer éxito del grupo de Gloria y Emilio Estefan, «Dr. Beat», del disco *Eyes of Innocence*, hizo pensar que la fórmula del pop latino, bilingüe inglés/español, por fin había cobrado forma, definitiva e incluyente, gracias a los auspicios de CBS. Poco tiempo más tarde, las firmas A&M, Ariola, CBS, EMI y RCA poseían también oficinas para trabajar en la producción y gerencia de música dirigida al público latino[17].

---

13. Fernández, Enrique (1983): «Pino Outlines RCA Int'l Plans». *Billboard*, 95 (35), 8 de octubre, p. 66.
14. Fernández, Enrique (1983): «RCA International, Ariola Pact». *Billboard*, 95 (43), 22 de octubre, p. 64.
15. Fernández, Enrique (1983): «Pino Outlines RCA Int'l Plans». *Billboard*, 95 (35), 8 de octubre, p. 66.
16. Fernández, Enrique (1984): «CBS Gears Up Miami Sound Machine». *Billboard*, 96 (33), 18 de agosto, p. 35.
17. Fernández, Enrique (1984): «What's Happening in the Industry». *Billboard*, 96 (48), 1 de diciembre, p. 51.

A medida que la industria fonográfica latina se volvía más sólida, la información publicada por la prensa especializada se despojaba de apologías de identidad. Las frases de la prensa –incluso las de la prensa especializada– habían siempre reflejado las músicas latinas como objetos de resistencia cultural. Este discurso periodístico se diluyó a medida que el negocio discográfico latino fue fijando en Miami su centro de operaciones. Los ochenta fueron una década de transición de un periodismo que intentaba informar sobre el comportamiento del mercado discográfico latino –pero que volvía siempre sobre la importancia de la música latina como prueba de resistencia cultural (etapa firmada sobre todo por los periodistas latinos Enrique Fernández y Carlos Agudelo)– a otro periodismo más «fáctico», que trataba con menos pudor los efectos económicos generados por la música latina (esta última etapa fue obra del periodista angloamericano John Lannert).

Desde que la industria global cobró conciencia del alcance real del mercado latino, fueron puestas en práctica estrategias más afinadas de discriminación de públicos. El «milagro» Miami Sound Machine con Gloria Estefan, tras sus éxitos «Bad Boy» y «Conga», del disco *Primitive Love* (1985)[18], no sólo realzó el término «latino» –gracias al origen cubano del grupo y de Estefan–, que volvió sensible a la industria de la existencia de una «audiencia melómana innata», sino que despertó el interés de anunciantes usualmente reticentes a lo latino. En 1987, la gira mundial de Miami Sound Machine fue patrocinada por Pepsi Cola. El grupo era igualmente la imagen de la marca en anuncios publicitarios para radio y televisión[19].

El impacto de las multinacionales del negocio discográfico latino en 1985 –con CBS, luego Sony Music, a la cabeza– intimidaban a los hombres de negocios de sellos independientes extranjeros instalados en Miami: «No competimos ni con CBS ni con RCA», declaraba entonces Oswaldo LaFranconi, vicepresidente de la firma Sonoto-

18. Fernández, Enrique (1986): «Latin Notas». *Billboard*, 99 (18), 10 de mayo, p. 44.
19. Fernández, Enrique (1986): «Latin Notas». *Billboard*, 98 (45), 6 de noviembre, p. 59.

ne, hermana del sello venezolano Sonográfica, perteneciente al grupo 1BC[20]. «No competimos», que significa en realidad: «no podemos contra la maquinaria de las *majors*».

A pesar de su poder, las inversiones de las *majors* en el negocio de la música popular en el mercado latino se realizaban todavía, entre 1983 y 1986, con la esperanza de encontrar resultados pero sin la certeza de obtenerlos. En 1986, CBS Columbia dirigía sus negocios latinoamericanos desde Nueva York y la sede de Miami dependía de las decisiones de Nueva York.[21]. El mercado discográfico latino no podía limitarse al entusiasmo que despertaba Miami Sound Machine porque este grupo correspondía más con el pop angloamericano y mucho menos con un modo de vida latino propiamente dicho. No obstante, los Estefan pusieron en evidencia la necesidad de diversificar el campo latino. La salsa sería el producto para un sector de ese campo, y ese producto requería un poco de despreocupación consumista. Las multinacionales pusieron manos a la obra.

6.2. De la llama de la salsa erótica a las burbujas de la salsa pop

La resurrección de la salsa, gracias a la tendencia erótica, ofreció a las compañías globales la posibilidad de incorporar este género a su proyecto de segmentación del mercado latino. Ahora bien, ¿de qué manera las *majors* se interesaron en la salsa para delimitar su mercado dentro de la vastedad del mercado latino? ¿Cómo lograron atenuar la engorrosa sinceridad de la salsa erótica?

Desde la experiencia del pop, las empresas globales del disco se dieron a la tarea de elaborar una salsa *light*, que limara las asperezas de los excesos libidinales de la salsa de otros tiempos. Para ello, apelaron a

---

20. Fernández, Enrique (1986): «Latin Notas». *Billboard*, 98 (37), 13 de septiembre, p. 39.
21. Agudelo, Carlos (1986): «Latin Notas». *Billboard*, 98 (50), 27 de diciembre, p. 68.

la imagen de un joven galante que connotara menos el modo de vida originario del barrio latino. Fue en ese espíritu que Sony Music lanzó, en 1988, el disco *Amor y alegría*, del cantante nicaragüense, radicado en Miami, Luis Enrique[22]. La buena presencia de Luis Enrique hizo incluso que fuera escogido más tarde para ser la imagen de Diet Pepsi en tiempos en que PepsiCo pretendía acentuar su presencia en los mercados hispanos de Estados Unidos[23].

Luis Enrique constituye el primer eslabón pop de la salsa. Pero no todos los sellos multinacionales reaccionaron como Sony Music. Otros, para cubrirse las espaldas, se conformaron con apertrecharse de artistas de salsa para, llegado el momento, lanzar productos en ese campo. Fue en este contexto que una *major* como EMI, «tradicionalmente una compañía de pop»[24], comenzó a reclutar talento, entre ellos al veterano cantante puertorriqueño Max Torres[25].

Ningún movimiento fue casual. Mientras la salsa se camuflaba según las modas del pop, algunas grandes compañías (Anheuser-Busch, Kellog, American Airlines, Procter & Gamble, Pepsi Cola, Coca Cola, Coors y Miller) tenían menos reparos frente a un modo de vida latino de ambiente urbano y aumentaban sus inversiones en las ciudades estadounidenses con fuerte concentración de latinos (Chicago, Houston, Miami, Nueva York y San Antonio, Texas[26]).

En 1990, la tendencia erótica de la salsa comenzó a bajar en popularidad, lo que marcó también la disminución de actividades de TH/Rodven. Por lo tanto, los sellos competidores empezaron a hacerle ofertas económicas súbitas al talento célebre del menguante tándem. El interés de éstos –a menudo multinacionales deseosas de penetrar en el mercado de la salsa– originó conflictos legales. En 1990, EMI-Capitol tuvo la intención de contratar –antes de la finalización de sus compromisos con TH/Rodven– al cantante Lalo

22. Agudelo, Carlos (1988): «Latin Notas». *Billboard*, 100 (29), 16 de julio, p. 56-A.
23. Agudelo, Carlos (1990): «Latin Notas». *Billboard*, 102 (23), junio, p. 33.
24. Agudelo, Carlos (1988): «Latin Notas». *Billboard*, 100 (29), 16 de julio, p. 56-A.
25. *Ibid.*
26. Agudelo, Carlos (1989): «Latin Music Gets Corporate Boost Via Sponsorship». *Billboard*, 101 (51), 23 de diciembre, p. 85.

Rodríguez[27], quien, después de su ya comentado paso por CBS a comienzos de los años ochenta, se convirtió en uno de los más importantes artistas de la tendencia erótica. Durante todo el año 1990, la situación de Rodríguez con respecto a sus compromisos con algún sello en particular fue difusa. Dos meses después de que *Billboard* informara sobre las pretensiones de EMI-Capitol de contratar al cantante, se anunciaba la renovación de su contrato con TH/Rodven[28]. Esta información fue desmentida seis meses más tarde por José Behar, vicepresidente de la división latina de EMI-Capitol[29], y Gumersindo Miranda, gerente general de TH/Rodven, complicó aún más el litigio diciendo que Rodríguez debía finalizar todavía un contrato con su compañía.

En situaciones semejantes estuvo inmiscuido Eddie Santiago, el cantante emblemático de esta misma tendencia, quien también tenía desacuerdos legales con TH/Rodven y EMI-Capitol a comienzos de los años noventa[30]. Santiago finalizó su contrato con EMI-Latin –nuevo nombre de la división latina de EMI– y volvió a firmar, en 1995, con TH/Rodven[31].

Si bien los cantantes eróticos mencionados se convirtieron en referencias obligadas en el medio de la salsa, ¿cómo hubieran podido las multinacionales mencionadas convertirlos al pop si, justamente, lo que había hecho de ellos estrellas había sido su incontinencia libidinal caribeña? La pregunta comporta en su seno su propia respuesta: aunque Lalo Rodríguez y Eddie Santiago grabaron más tarde para las *majors*, estos productos no tuvieron mayor trascendencia comercial.

Mientras el climaterio de la salsa erótica ponía a los ejecutivos de la salsa a reflexionar, la todavía llamada CBS –a pesar de haber sido comprada por la firma japonesa Sony en 1988– salía al ruedo en 1990 con pegajoso espíritu de seducción. El ya mencionado cantante Luis Enri-

---

27. Agudelo, Carlos (1990): «Latin Notas». *Billboard*, 102 (7), 17 de febrero, p. 76.
28. Agudelo, Carlos (1990): «Latin Notas». *Billboard*, 102 (19), 12 de mayo, p. 54.
29. Agudelo, Carlos (1990): «Latin Notas». *Billboard*, 102 (44), 3 de noviembre, p. 56.
30. Agudelo, Carlos (1991): «Latin Notas». *Billboard*, 103 (7), 16 de febrero, p. 62.
31. Lannert, John (1995): «Latin Notas». *Billboard*, 107 (29), 22 de julio, p. 34.

que es hijo de este espíritu, que instauró también una corriente de opinión favorable hacia la *major*. En la revista *Billboard* comenzó a elogiarse el logro de CBS de colocar varios títulos entre los cincuenta discos latinos más populares de 1990 y el periodista Carlos Agudelo no ocultó entonces su admiración: «[CBS International] ha unido el mejor talento, ha mejorado su producción y está vendiendo sin parar»[32].

El giro global del mercado latino, con fuertes repercusiones en el medio de la salsa, desató, aparte de cierta obscenidad en la expresión periodística, el establecimiento de alianzas estratégicas entre los sellos presentes en este sector. Por ejemplo, en julio de 1991, Globo Records –filial de Rede Globo, el más poderoso grupo de empresas de comunicación de Brasil– y Sony Music suscribieron un pacto por medio del cual Globo se comprometía a promover en los canales de televisión de Estados Unidos y Puerto Rico las compilaciones musicales dirigidas a la audiencia latina elaboradas por Sony[33]. Estas alianzas parecían aguijonear a otras grandes empresas en el mercado discográfico latino. Mientras que Sony y EMI eran las dos *majors* más activas del mercado discográfico latino, Warner Music International llevaba una fuerte campaña apuntando a la dominación de, al menos, el 20% del producto musical en países como México, Brasil y Argentina[34].

Sony Music, afinando la fórmula «romántica-pop» de la salsa y anunciado el fin de los valores abrazados por el antiguo cantante de salsa erótica, aseguraba su presencia en mercados locales, entre ellos Colombia. El progreso del mercado discográfico colombiano impulsó a la multinacional a firmar contratos con los más importantes artistas de salsa en ese país: Joe Arroyo y el grupo Niche[35]. Tanto Arroyo como el grupo Niche se manejaban en una estética agresiva –influencia de la salsa brava de los años setenta pero también de la propia tradición salsera de la ciudad de Cali, bien descrita por Waxer (2002)– que gozaba

32. Agudelo, Carlos (1990): «1990 in Review». *Billboard*, 102 (51), 22 de diciembre, p. 94.
33. Lannert, John (1991): «Latin Notas». *Billboard*, 103 (27), 6 de julio, p. 57.
34. White, A. (1991): «Warner Int'l Big Latin Gains». *Billboard*, 103 (28), 13 de julio, p. 5.
35. Lannert, John (1991): «Latin Notas». *Billboard*, 103 (2), 19 de octubre, p. 68.

de éxito en el circuito tradicional. Para la época en que fueron firmados, ambos artistas debían su celebridad a la decadencia mostrada por la salsa erótica y a las iniciativas de la industria neoyorquina de recuperar el verdadero sonido de la salsa toda vez que las fórmulas romántica y pop tomaban cuerpo. Las expectativas de Sony Music hacia los artistas colombianos eran ambiciosas, especialmente con el grupo Niche. El presidente de Sony Discos, Frank Welzer, se expresaba así sobre la orquesta colombiana:

> El grupo Niche ha alcanzado reconocimiento mundial gracias a su fusión única de salsa y de cumbia [...]. Sus relaciones con Sony lo llevarán a un nivel sin precedentes. Las ventas actuales del grupo hacen pensar que son capaces de vender un millón de copias, aun cuando todavía no han penetrado en el mercado español[36].

La intensificación de los negocios de las *majors* en el mercado latino y los discursos, cada vez más grandilocuentes, de sus ejecutivos –emulado por los periodistas de la industria musical– provocaron que algunos sellos independientes importantes consideraran la posibilidad de crear divisiones de música latina. En febrero de 1992, Chris Blackwell, hombre fuerte del sello Island, anunciaba el comienzo de las actividades de una división latina de su sello en un local de South Beach, Miami[37] (recuérdese que Alex Masucci, hermano de Jerry Masucci y exdirector de mercadeo del sello Fania, trabajaba con Blackwell desde 1978). Island decidió ingresar en el mercado de la música latina sacando provecho de la hibridación de géneros. En esta corriente encontramos al cantante de rap Mangu: oriundo del Bronx neoyorquino, por lo tanto formado en las tradiciones de la salsa y de las músicas afrolatinas, decidió, en 1989, partir a Miami, donde conoció a Joe Galdo, arreglista de Miami Sound Machine. Cinco años transcurrieron entre su primera canción exitosa, «La playa» (1993) –pieza interpretada por Miami Sound Machine– y su disco *Mangu* (1998), en el

36. Lannert, John (1991): «Latin Notas». *Billboard*, 103 (46), 16 de noviembre, p. 68, traducción nuestra.
37. Lannert, John (1992): «Latin Notas». *Billboard*, 104 (9), 29 de febrero, p. 34.

cual figura una versión hip-hop de «Calle Luna, Calle Sol», éxito de salsa de Willie Colón y Héctor Lavoe lanzado por Fania en 1973.

Tras haber respondido favorablemente a la sectorización genérica del mercado latino, la salsa halló en Sony Music su motor comercial más importante. Si el sector independiente neoyorquino, representado sobre todo por el sello RMM, seguía siendo a finales de los años noventa la instauradora de tendencias, la salsa elaborada y distribuida por Sony Music aumentaba las expectativas de ventas de toda la industria especializada. La generación de artistas de los años noventa (sobre todo Luis Enrique y Jerry Rivera) hizo que la salsa se desprendiera del espíritu del barrio valiéndose de un discurso sentimental ligero y mundano. Este distanciamiento del «verdadero espíritu» de la salsa fue refrendado con el lanzamiento, en 1993, del disco *Mi tierra*, de Gloria Estefan, efusión de estudiada nostalgia de una «artista estadounidense de pop» –pero de origen latino– que le daba su justo valor a la tradición musical en la que la salsa se inscribe. *Mi tierra*, producido por Emilio Estefan, obtuvo el premio Grammy[38]. Enseguida Emilio Estefan se convirtió en el brazo derecho de Sony Music en lo que respecta a la producción de talento latino, tanto de pop como de música afrolatina.

6.3 Los buenos oficios de Emilio Estefan

A finales de los años noventa, los productos de salsa eran concebidos dejando la posibilidad al artista de convertirse en un cantante de pop, y estas producciones eran a menudo «solicitadas» por las empresas globales.

La relación del productor Emilio Estefan, dueño de la compañía Crescent Moon, con Sony Music, es significativa sobre las relaciones que productores independientes de música afrolatina pueden mante-

38. Lannert, John (1994): «Emilio Estefan Earns "El Premio Billboard"». Dossier «The Billboard Latin Music Conference Billboard». *Billboard*, 106 (21), 21 de mayo, p. LM-6.

ner con las multinacionales del disco. Estefan, responsable de la producción de varios artistas comerciales en el campo del pop latino así como en el campo del pop internacional –comenzando por Miami Sound Machine y siguiendo con su esposa, la ya retirada Gloria Estefan– se hizo, en 1994, socio de Sony Music para la producción de los artistas latinos lanzados por el sello. Su cargo: presidente de Desarrollo de Artistas y de Talentos de Sony Music Miami[39]. La relación entre Estefan y Sony Music representaba para la *major* la posibilidad de procurarse un producto comercial nuevo para ser lanzado en el mercado fonográfico latino. Esta alianza se concretó como un *joint venture*[40], parecido al que CBS mantuvo con el grupo Fania a mediados de los setenta. En efecto, Estefan había fundado poco antes su empresa Crescent Moon, que, en 1997, tenía contratado un personal de 30 compositores y 20 músicos que percibían 50% de sus derechos de autor mientras que la firma poseía los derechos a perpetuidad de la música elaborada por el equipo[41].

Si Ralph Mercado, responsable de la llegada de una nueva generación de artistas afrolatinos neoyorquinos, era comparado con el patrón del legendario sello Motown, Berry Gordy, Emilio Estefan también pensaba por su lado en el legendario sello Motown y consideraba, en 1994, construir algo semejante en Miami. Naturalmente, tomando en cuenta el trabajo que había realizado con su esposa, el productor no quería permanecer prisionero de un modo de vida en particular o de un tipo de audiencia: «Nos gustaría promocionar todo tipo de artistas: latinos, de rhythm 'n' blues, de pop, tal vez un híbrido latino/rhythm 'n' blues»[42]. El periodismo de la industria musical halagaba la ambición de Estefan en estos términos: «El mercadeo, la producción y la

39. Lannert, John (1994): «Emilio Estefan Earns "El Premio Billboard"». Dossier «The Billboard Latin Music Conference Billboard», 106 (21), 1 de mayo, p. LM-6.
40. Lannert, John (1994): «Emilio Estefan, Sony Said Planning a New Showcasing Sounds of Miami». *Billboard*, 106 (3), 15 de enero, p. 28.
41. LaFranco, Robert (1997): «*Salsa, Inc.*». *Forbes*, 160 (6), 22 de septiembre, p. 158.
42. Lannert, John (1994): «Emilio Estefan, Sony Said Planning a New Showcasing Sounds of Miami». *Billboard*, 106 (3), 15 de enero, p. 28.

producción prósperas de los artistas de Estefan han servido para lograr un objetivo aún más grande: llevar los sonidos latinos de la calle ocho [de Miami] a la calle principal de Estados Unidos»[43].

En Sony Music, Crescent Music tenía su primer cliente fijo, un poderoso cliente al que más tarde se le unió EMII Music. Crescent Moon percibía sus honorarios de la deducción de 20% de los ingresos totales que un disco podía generar al sello que lo producía. En 1997 este negocio reportaba a la compañía alrededor de 5 millones de dólares por año[44], los negocios totales del grupo Fania durante todo el exitoso año 1975.

La relación de Emilio Estefan con Sony Music permitió a la categoría «tropical/salsa» desarrollarse comercialmente. Ella permitía también a los artistas de salsa probar suerte en otros géneros más comerciales. Esta asociación selló de alguna manera el pensamiento doble con que los productores de salsa habían elaborado su música desde los años setenta: hacer de la salsa un género versátil capaz de asimilarse al pop.

Desde luego, la relación entre Estefan y Sony music ha levantado sospechas entre los artistas del medio de la salsa, sobre todo tomando en cuenta que los artistas comercializados por Sony (o por otra *major*) y producidos por Crescent Moon han sido recompensados a menudo (tal vez demasiado a menudo) con el Grammy Latino. El músico de salsa Willie Colón no ha dudado en reprochar a Estefan sus pretensiones de apropiarse y capitalizar toda la música latina desde su empresa y de reducir la salsa a un género conveniente a los proyectos explotación del mercado latino por las *majors*, sobre todo por Sony Music[45].

En semejante contexto, la salsa parece haber asumido los límites que le corresponden ciñéndose a la categoría «tropical/salsa». Mediante un trabajo de producción musical que le otorga nuevos vue-

---

43. Lannert, John (1994): «Emilio Estefan Earns "El Premio Billboard"». Dossier «The Billboard Latin Music Conference Billboard». *Billboard*, 106 (21), 21 de mayo, p. LM-6.

44. LaFranco, Robert (1997): «Salsa, Inc.». *Forbes*, 160 (6), 22 de septiembre, p. 158.

45. Información suministrada, vía correo electrónico, por el periodista Izzy Sanabria, 22/09/2000.

los comerciales (un sonido cuidado, temáticas diversas, una imagen más abierta a otros modos de vida y a otros tipos de sexualidad que no limite la salsa a un registro sexista masculino), ella se renueva en el sentido del gusto de su audiencia principal. Considerando las limitaciones que implica la categoría «tropical/salsa», Estefan ha producido algunos artistas cubanos que operan sobre todo en Miami (entre ellos Willy Chirino y Albita) y ha mostrado su aquiescencia a los criterios de discriminación cultural aplicados por las *majors*.

6.4. Criterios de mercadeo para ganar vendiendo salsa

La demarcación categórica en Estados Unidos de una audiencia angloamericana y de otra latina ha erigido una paradoja: la proliferación de productores musicales que trabajan para cultivar el gusto latino según criterios emanados del pop internacional. Como Estefan, estos productores laboran como proveedores de servicios para las grandes multinacionales. Sin embargo, el éxito de estas producciones solicitadas depende de estrategias de mercadeo cuyo punto de partida es, justamente, la diferencia cultural. El ejemplo siguiente bien podría ayudar a ilustrar la idea: en 1995, el empresario John «Jellybean» Benítez (*disc-jockey* de origen latino, productor de los éxitos «Holiday» y «Crazy for You», de Madonna, y de otros éxitos bien conocidos dentro de las tendencias del *dance* y del *house*) fundó el sello Home of Latin Artists (HoLA), una insignia de música en inglés y en español que debía trabajar en simultaneidad con la antigua PolyGram y con Island. PolyGram Latino debía distribuir el producto hispano de HoLA en los mercados latinos prioritarios de Estados Unidos (HoLA pensaba sacar tres discos de salsa en 1996), mientras que Island debía hacer lo propio con el producto en inglés de los artistas de origen latino del sello[46]. El control de un catálogo de músicas latinas, o interpretadas por artistas latinos, se ha convertido al fin y al cabo en uno

46. Verna, Paul (1995): «Benítez Says "HOLA" to Latin Artists with Bilingual Label». *Billboard*, 107 (43), 28 de octubre, p. 16.

de los fines de las firmas globales en su proyecto de afirmar y de darse una imagen latina[47].

La tendencia a la discriminación cultural se ha vuelto evidente en las estrategias de las *majors* para colocar sus productos en los puntos de ventas de Estados Unidos. Las multinacionales desarrollan experimentos para acelerar la compra de sus productos según categorías asociadas con modos de vida específicos. Por ejemplo, el lanzamiento de la banda sonora original de la película *I Like it Like That* (Martin Darnell, 1994, título de una célebre pieza de boogaloo interpretada por la orquesta de Pete Rodríguez) fue resuelto dividiendo culturalmente dos auditorios diferentes por definición. Se lanzó el producto con envoltorio y colores diferentes, según el origen del público comprador: la frase «volumen 1» o «volumen 2» no era mencionada en los envoltorios de los discos. Los discos de esta banda sonora eran ubicados en las partes superiores de los exhibidores, tanto en las secciones de música para películas como en las de rap y de música latina. El «volumen 1» era un consensual disco de rhythm 'n' blues y hip-hop (tinta azul) mientras que el «volumen 2» contenía salsa (tinta roja)[48].

Este último ejemplo de «tabicado cromático» pone en evidencia, aparte de reflejos bien educados en la escuela de los estereotipos, que las *majors* han intensificado sus actividades dentro del mercado latino dando por sentado, eso sí, la particularidad y la vastedad de esa condición, donde incluso la salsa es una categoría parcial. En este caso concreto, la salsa fue devuelta a sus orígenes socioeconómicos de base. *I Like it Like That* cuenta una representativa historia de pobreza latina: la de Lisette, una joven mujer desempleada y madre de tres niños que vive en un apartamento del Bronx. Lisette está casada con Chino, jugador con todas sus esperanzas puestas en un número de la lotería, amante insaciable y mujeriego redomado. Puesto que Chino se encuentra en prisión, Lisette se ve en la obligación de encontrar un

---

47. Lannert, John (1995): «Latin Notas. Behind PolyGram's Rodven Deal». *Billboard*, 107 (43), 28 de octubre, p. 40.
48. Lannert John (1994): «Sony Aims S'Track at Anglo, Latin Ears». *Billboard*, 106 (35), 27 de octubre, p. 126.

trabajo para mantener a sus hijos. Lectora asidua de la revista *Salsa*, se convierte por necesidad y por obstinación en la asistente del señor Price, un productor de artistas latinos cuyo primer descubrimiento es el cantante de salsa Pablo, encarnado por Jerry Rivera. Lisette le da al señor Price las pistas culturales para hacer de Pablo una estrella en las comunidades latinas de Nueva York abandonándose a fantasías sexuales inspiradas por su esposo ausente.

El hecho de que la película aluda directamente al modo de vida del barrio latino neoyorquino da cuenta de que la salsa está lejos de ser la música que generaliza un modo de vida latino: ella puede si acaso permitirse ser una música afrolatina que refleja los valores de las comunidades latino-caribeñas de Estados Unidos, extensible a los mercados de las grandes ciudades del Caribe hispano y, eventualmente, a otros latinos.

Hoy, el pop latino es el género más seguro para la industria discográfica dedicada al mercado latino. El pop unifica el mercado, por eso la salsa hace lo que mejor puede para moverse en su cauce y por eso incluso los sellos independientes no han permanecido indiferentes a las estrategias de discriminación cultural aplicadas por las *majors*. Éstas han azuzado la ambición de toda la industria especializada: en esta corriente surgió Marc Anthony en RMM –absorbido más tarde por Sony Music–; a ella han cedido sus mejores encantos superestrellas de la talla comercial de Jennifer López; por ella se han dejado esculpir cantantes como Luis Enrique, quien, esperando convertirse al pop, lanzó en Sony Music, en 1997, el disco *Génesis*; y desde ella sellos como WEA («una nueva fuerza en la arena de la música tropical» [49]; nueva fuerza que en realidad tenía una historia de once años en el mercado de la música latina: el 6 de diciembre de 1986, el periodista Tony Sabournin anunciaba en *Billboard* que Máximo Aguirre había sido nombrado director del sello Its, filial de WEA Latina[50]) ha lanzado cantantes de salsa –con buenas posibilidades

49. Lannert, John (1997): «New Faces: Who's Hit and Who's Coming to Bat». Dossier «Latin Music Quarterly». *Billboard*, 109 (37), 13 de septiembre, p. LMQ-1.
50. Sabournin, Tony (1986): «Latin Notas». *Billboard*, 99 (49), 6 de diciembre, p. 62.

de dejarlo de ser– como el puertorriqueño Frankie Negrón, «llegado al mundo de la salsa vía New Jersey»[51].

En fin, adoptada por las *majors*, la salsa ha sido reformulada con el propósito de transformarse en un producto versátil. Los sellos discográficos consideran hacer de los artistas de este género estrellas flexibles que, eventualmente, pasen de la salsa al pop tomando en cuenta las lecciones aprendidas de la balada romántica hispana, pasando por alto sus orígenes humildes en el barrio latino, neutralizando sus antiguos alegatos de identidad y atenuando su patetismo masculino. En suma, si bien el ritmo de la salsa aún afirma una sensibilidad asociada con la cultura latina, el concurso de las grandes corporaciones en este campo ha hecho que esta música se redefina y «se abra» para seducir a todo el mundo.

51. Lannert, John (1997): «New Faces: Who's Hit and Who's Coming to Bat». Dossier «Latin Music Quarterly Billboard». *Billboard*, 109 (37), 13 de septiembre, p. LMQ-1.

Conclusión

En su explicación sobre cómo Elvis Presley se convirtió en icono del rock 'n' roll, Harker (1980) construye un relato que une tres factores y que justifica su carrera hacia el estrellato: primero, la existencia de una masa crítica de jóvenes sureños blancos y pobres, formados en la sensibilidad de la música campesina (hillbilly), que emigraban hacia el norte de Estados Unidos y que carecían de repertorios y de símbolos que representaran su condición marginal; seguidamente, la adopción de la base musical afroamericana del rhythm 'n' blues y su resignificación –en tiempos en que, en el sur de la era Jim Crow, la segregación racial era norma y la lucha por los derechos civiles recrudecía– como símbolo de rebeldía y de liberación; y, por último, la unión de esos elementos en una nueva estética personal y musical. La unión de esos tres factores dio pie a la cultura rockabilly, la del campesino blanco desplazado y desclasado que encuentra en la voz y la imagen escénica de Elvis Presley –un camionero blanco familiarizado con el rhythm 'n' blues y grabado por el modesto sello Sun Records, de Sam Phillips– una actitud y un sonido providenciales.

Aunque lo que hacía Elvis no tenía una localización ni geográfica ni étnica ni emocional muy clara, fue una novedad que, a mediados de los años cincuenta, se convirtió en alegoría de su tiempo. En cuanto el sello RCA identificó este «acto», lo absorbió de Sun Records pagándole a Sam Phillips 35 mil dólares y al propio Elvis una fortuna para sus expectativas: cinco mil dólares. Acto seguido, Elvis se comprometió con RCA para forjar su nueva persona artística según el formato de lo que la *major* pensaba que debía ser el rock 'n' roll: una música que transmitiera entusiasmo, pero que no representara un reto de valores para los adolescentes blancos (y aún menos para sus padres), efectista (con la ayuda de solos de guitarra eléctrica y saxofón), redundante, breve, ajustada a las capacidades vocales, histriónicas y de bailarín de un artista, Elvis Presley, cuya rebeldía fue neutralizada cuando entró en el mundo corporativo del disco y, más tarde, cuando fue reclutado para hacer el servicio militar (Harker, 1980, pp. 51-58).

Harker traza la «pertinencia» de la música popular resaltando la existencia de subculturas forjadas en medio de circunstancias sociopolíticas puntuales. Éstas fraguan en movimientos cohesivos cuyas personalidades, tendencias y formas son absorbidas y organizadas por la industria de fonogramas. Esa misma necesidad de marcar coordenadas para comprender la lógica capitalista que se oculta detrás de los movimientos sociales, las modas y las tendencias de la salsa es la que nos ha motivado a emprender la investigación que aquí llega a término.

A lo largo de este trabajo nos hemos referido a la salsa como a una música popular que posee su base de realidad en el barrio puertorriqueño de la ciudad de Nueva York. Sin embargo, en su proceso de evolución comercial, ella ha tendido a desprenderse de sus connotaciones originarias. La salsa ya no es necesariamente una forma de representación del modo de vida del barrio latino. Por lo contrario, ella lo da por sentado y lo hace tácito para resaltar, sobre todo, sus atributos estéticos dentro de una lógica económica impulsada por la industria global de fonogramas.

En este sentido, nuestro estudio ha mostrado la salsa como un fenómeno comercial arraigado tanto en una realidad socioeconómica como en una sensibilidad musical específica.

– Hemos dedicado el primer capítulo a comprender qué elementos posibilitaron la aparición del espacio social del barrio latino, hogar del modo de vida de la salsa. Hemos podido ver que el barrio es el lugar tangible y simbólico de la alteridad de la identidad puertorriqueña. Con todo, el origen del barrio neoyorquino y el de los barrios de otras partes del Caribe hispano y de América Latina poseen una característica común: una intensa migración rural –o procedente de localidades caracterizadas por una modernidad «limitada»– hacia grandes aglomeraciones urbanas. Este paralelismo ha permitido a la salsa disponer de una audiencia amplia.

– Para comprender la formulación del concepto comercial «salsa», hemos desarrollado un segundo capítulo en el se ha intentado explicar por qué, durante los años cuarenta y cincuenta, la fuente musical afrocubana se acopló al ritmo de vida urbano de la minoría latino-caribeña de la ciudad de Nueva York. La pertinencia de esta explicación reside en el hecho de que la salsa tomó como fuente musical principal la tradición afrocubana en lugar de la puertorriqueña. Hemos podido ver cuáles fueron las empresas comerciales dedicadas a popularizar este acervo musical durante las décadas mencionadas y de qué manera ellas sacaron provecho de la sensibilidad y de la experiencia de los latinos de Nueva York. A finales de los años cincuenta y principios de los sesenta, la música afrolatina retornó al barrio y se replegó en sus límites sociales y culturales. Hemos observado cómo una iniciativa comercial, el grupo fonográfico Fania, se benefició de esta realidad para crear el concepto comercial «salsa». Por medio de este recurso simbólico, la empresa popularizó el repertorio musical afrolatino elaborado por músicos provenientes en su mayoría de los barrios latinos de Nueva York.
– Hemos consagrado los cuatro capítulos restantes a evaluar el alcance mediático y comercial de la salsa desde 1972 hasta 1999. Valiéndonos sobre todo de datos provenientes de la revista de la industria musical *Billboard*, hemos tratado de mostrar: 1) la mayor o menor apertura de los medios de comunicación social con respecto al concepto comercial «salsa» y a los productos musicales de allí derivados; 2) la evolución de la industria de la salsa en los límites de su mercado mayoritario; 3) la alianza de los sellos independientes especializados con las multinacionales del negocio fonográfico para garantizar la distribución de sus productos; y 4) la asimilación gradual de la salsa a los negocios de la industria fonográfica global.

En esta etapa, la envergadura comercial de la salsa se ha redefinido. Ella ya no es una forma de representación del modo de vida del barrio latino sino una categoría de música comercial que ha sufrido el influjo de dos elementos: el modo de vida urbano de las últimas generaciones de latinos de raíz caribeña de Estados Unidos y las técnicas de comercialización de la música pop.

La salsa más reciente oculta los recuerdos de una condición socioeconómica y política marginal, y se afinca en la existencia de una sensibilidad estética compartida. Ya no es un símbolo de la pobreza y de la resistencia cultural de los latino-caribeños de Estados Unidos frente a la cultura angloamericana; por lo contrario, es una forma de representación del modo de vida urbano americanizado de esa minoría.

Seguramente en nuestro método subyace un dejo arbitrario que lleva a hacerse la siguiente pregunta: ¿podemos asociar el modo de vida urbano de la juventud latino-caribeña de Estados Unidos al modo de vida de la juventud de las grandes ciudades del Caribe hispano, limitándonos al denominador común del barrio latino? ¿No sería mejor tomar la precaución de no dar por descontado la semejanza entre un barrio y el otro? A pesar de las suspicacias a que pueda dar lugar, este método de «generalización» nos ha servido de punto de partida para *imaginar* el trabajo de la industria fonográfica. Formulándonos una pregunta sencilla (¿por qué la salsa funciona comercialmente, al menos dentro de un sector del mercado de fonogramas?), hemos intentado aislar el modo de vida al cual la salsa se remite para tratar de identificarlo en otras partes y para comprender por qué está música ofrece empatía a un público masivo.

La salsa nos permite entender cómo las industrias culturales sacan provecho de historias y sensibilidades específicas del público para transformarlas en intención de compra. Este caso corresponde con la explicación sobre la lógica del capitalismo que Deleuze y Guattari han elaborado y que han expuesto así:

> El capitalismo instaura o restaura toda clase de territorialidades residuales y facciosas, imaginarias y simbólicas, sobre las cuales intenta, bien o mal, recodificar, sellar a las personas derivadas de las cantidades abstractas. Todo pasa y todo vuelve, los Estados, las patrias, las familias (Deleuze y Guattari, 1972, p. 42, traducción nuestra).

La transformación de las sensibilidades y de las historias sociales en mercancía cultural orienta las expectativas de quienes comparten una matriz cultural común y codifica los mitos de consumo para los forasteros curiosos. El hedonismo festivo latino encuentra en la salsa uno de sus principales espejismos: una canción alegre que convence a distancia, inspira escenas de sol, sensualidad y baile y crea una etiqueta que orienta las idealizaciones de fanáticos y aficionados hacia un catálogo disponible de música grabada.

Bibliografía[1]

ACLU (2012): *Island of Impunity. Puerto Rico's Outlaw Police Force.* New York: American Civil Liberties Union.

ACOSTA, Leonardo (2004): *Otra visión de la música cubana.* La Habana: Instituto Cubano del Libro/Letras Cubanas.

AGUIRRE, Jesús María (1981): «Notas sobre la industria de la música en Venezuela». *Comunicación*, 32, pp. 5-24.

ANDERSON, Bruce *et al.* (1980): «Hit Records Trends, 1940-1977». *Journal of Communication*, 30 (2), pp. 31-43.

APARICIO, Frances R. (1998): *Listening to Salsa. Gender, Latin Popular Music, and Puerto Rican Cultures.* Hanover: Wesleyan University Press of New England.

ARON, Raymond (1967): *Les étapes de la pensée sociologique.* Paris: Gallimard.

ATTALI, Jacques (1977): *Bruits.* Paris: Presses Universitaires de France.

BAER, Werner (1962): *The Puerto Rican Economy and United States Economic Fluctuations.* Río Piedras: University of Puerto Rico Press.

BÁEZ, Juan Carlos (1985): *El vínculo es la salsa.* Caracas: Dirección de Cultura de la Universidad Central de Venezuela/Fondo Editorial Tropykos/Grupo Editor de Relieve.

1. Con el propósito de abreviar la lista de referencias, se incluye aquí sólo la literatura publicada bajo forma de libros o artículos académicos. Debido a su abundancia, las referencias hemerográficas son consignadas en nota a pie de página a lo largo del texto. De igual forma se procede con los testimonios, con los documentos audiovisuales y con los comentarios provenientes de carátulas de discos.

BAIROCH, Paul (1985): *De Jéricho à Mexico. Villes et économie dans l'histoire*. Paris: Gallimard (Arcades).

BARTHES, Roland (1994): *Mythologies*. Paris: Seuil (Point Essais).

BATESON, Gregory y RUESCH, Jurgen (1988): *Communication et société*. Paris: Seuil.

BAUDRILLARD, Jean (1976): *L'échange symbolique et la mort*. Paris: Gallimard (NRF).

BHANA, Surendra (1975): *The United States and the Development of the Puerto Rican Status Question*. Lawrence: The University Press of Kansas.

BOGGS, Vernon (1992): *Salsiology: Afro-Cuban Music and the Evolution of Salsa in New York City*. New York: Greenwood Press.

— (1992a): «The Palladium and Other Venues: Showcases for Latin Music in Nueva York City». En: Boggs, Vernon: *Salsiology: Afro-Cuban Music and the Evolution of Salsa in New York City*. New York: Greenwood Press, pp. 127-131.

— (1992b): «Dick "Ricardo" Sugar: Salsero de salseros». En: Boggs, Vernon: *Salsiology: Afro-Cuban Music and the Evolution of Salsa in New York City*. New York: Greenwood Press, pp. 135-141.

— (1992c): «Al Santiago: Alegre Superstar». En: Boggs, Vernon: *Salsiology: Afro-Cuban Music and the Evolution of Salsa Music in New York City*. New York: Greenwood Press, pp. 201-227.

— (1992d): «Symphony Sid, D.J.: According to Jack Hooke». En: Boggs, Vernon: *Salsiology: Afro-Cuban Music and the Evolution of Salsa Music in New York City*. New York: Greenwood Press, pp. 157-164.

— (1992e): «Salsa Meets Jazz at the Village Gate». En: Boggs, Vernon: *Salsiology: Afro-Cuban Music and the Evolution of Salsa Music in New York City*. New York: Greenwood Press, pp. 167-183.

BOURDIEU, Pierre (1979): *La distinction. Critique sociale du jugement*. Paris: Éditions de Minuit (Le Sens Commun).

— (dir.) (1993): *La misère du monde*. Paris: Seuil.

BOURGOIS, Philippe (1993): «Homeless in El Barrio». En: Bourdieu, Pierre (dir.): *La misère du monde*. Paris: Seuil, pp. 317-336.

— (1995): «The Political Economy of Resistance and Self-Destruction in the Crack Economy. An Ethnographic Perspective». En: Freidenberg, Judith: *The Anthropology of Lower Income Urban*

Enclaves. The Case of East Harlem. New York: Academy of Sciences, pp. 97-118.

Caicedo, Andrés (2008 [1977]): *¡Que viva la música!* Buenos Aires: Grupo Editorial Norma.

Calvo Ospina, Hernando (1995): *¡Salsa! Havana Heat, Bronx Beat*. London: Latin American Bureau.

Campo Uribe, Andrés (2005): *Johnny Pacheco, una invocación musical*. Recuperado el 14 de enero de 2009 de <http://www.herencialatina.com/Johnny_Pacheco/Johnny%20Pacheco.htm>.

Carles, Philippe, Clergeat; André y Comolli, Jean-Louis (1991): *Dictionnaire de jazz*. Paris: Robert Laffont.

Carpentier, Alejo (1987): *Obras completas. Vol. XII: La música en Cuba*. México: Siglo Veintiuno Editores.

Centro de Estudios Puertorriqueños (1979): *Labor Migration Under Capitalism: The Puerto Rican Experience*. New York/London: Monthly Review Press/Research Foundation of the City University of New York.

— (2003): «Housing emergency and Overcrowding: Latinos in New York City». *Centro Policy Brief* 1(1), 1-8. Recuperado el 6 de noviembre de 2008 de <http://www.centropr.org/documents/working_papers/centropolicybrief.pdf>.

Chapple, Steve y Garofalo, Reebee (1977): *Rock 'n' Roll is Here to Pay. The History and Politics of the Music Industry*. Chicago: Nelson Hall.

Colbert, François (con la colaboración de Jacques Nantel y Suzanne Bilodeau) (1993): *Le marketing des arts et de la culture*. Boucherville, Québec: Gaëtan Morin Éditeur.

Conzo, Jow y Pérez, David A. (2010): *Mambo Diablo: My Journey with Tito Puente*. Bloomington: AuthorHouse. Recuperado el 8 de diciembre de 2013 de <https://play.google.com/store/books/details?id=rQj45AQ1BxIC>.

Correa, Carlos (1994): «Consumo musical. Compra de productos musicales y audición musical en las radios». *Comunicación*, 85, pp. 3-9.

Dalton, D. (1991) : «Obie's Hobby Horse». *Music Business International*, octubre, pp. 10-13.

DEBRAY, Régis (1991): *Cours de médiologie générale*. Paris: Gallimard (Bibliothèque des Idées).

DELEUZE, Gilles y GUATTARI, Félix (1972): *L'Anti-Œdipe. Capitalisme et schizophrénie*. Paris: Éditions de Minuit.

DÍAZ, Ana (1981): «La industria cultural arremete con la salsa». *Comunicación*, 32, 25-32.

DÍAZ AYALA, Cristóbal (1988): *Si te quieres por el pico divertir: historia del pregón musical latinoamericano*. San Juan de Puerto Rico: Cubanacán.

DUANY, Jorge (1992): «Cultural Music in Puerto Rico: Toward an Anthropology of Salsa». En: Boggs, Vernon: *Salsiology: Afro-Cuban Music and the Evolution of Salsa in New York City*. New York: Greenwood Press, pp. 71-85.

DUCHESNE WINTER, Juan (2009): *Equilibrio encimita del infierno: Andrés Caicedo y la utopía del trance*. Cali: Archivos del Índice.

EDWARDS, David y CALLAHAN, Mike (1997): *The George Goldner Story*. Recuperado el 21 de noviembre de 2008 de <http://www.bsnpubs.com/roulette/goldner.html>.

ESCALONA, Saúl (1996): *Négritude et chanson dans les Caraïbes. Contribution à l'étude de la salsa comme phénomène socioculturel dans le Venezuela contemporain*. Tesis de doctorado bajo la dirección de Fell, C. Paris: Université de Sorbonne Nouvelle, Paris III, UFR d'Études Ibérique et Latino-Américaines.

— (1998): *La salsa, «pa' bailar mi gente». Un phénomène socioculturel*. Paris: L'Harmattan.

EWEN, Stuart (1977): *Captains of Consciousness*. New York: McGraw-Hill.

FELD, Steven (1994): «Aesthetics as Iconicity of Style (Uptown Title); or, (Downtown Title) Lift-up-over Sounding. Getting into the Kaluli Groove». En: Keil, Charles y Feld, Steven: *Music Grooves*. Chicago: The University of Chicago Press, pp. 109-150.

FLICHY, Patrice (1991): *Les industries de l'imaginaire*. Grenoble: Presses Universitaires de Grenoble.

FREIDENBERG, Judith (ed.) (1995): *The Anthropology of Lower Income Urban Enclaves. The Case of East Harlem*. New York: Academy of Sciences.

— (1995a): «Policy Ethnography in East Harlem Methodological Issues». En: Freidenberg, Judith (ed.): *The Anthropology of Lower Income Urban Enclaves. The Case of East Harlem.* New York: Academy of Sciences, pp. 119-136.

FRITH, Simon (1981): *Sound Effects. Youth, Leisure, and the Politics of Rock'n'Roll.* New York: Pantheon Books.

GARCÍA, David (2006): *Arsenio Rodríguez and the Transnational Flows of Latin Popular Music.* Philadelphia: Temple University Press.

GAUTHIER, Yves (1989): *La crise mondiale: de 1973 à nos jours.* Bruxelles: Complexe (Questions au XXe Siècle).

GERARD, Charley y SHELLER, Marty (1989): *Salsa! The Rhythm of Latin Music.* Crown Point: White Cliffs Media Company.

GLASSER, Ruth (1995): *My Music is my Flag. Puerto Rican Musicians and their New York Communities, 1917-1940.* Berkeley/Los Angeles: University of California Press.

GRAFMEYER, Yves y JOSEPH, Isaac (trad. y ed.) (1990): *L'école de Chicago. Naissance de l'écologie urbaine.* Paris: Aubier (Res, Champ Urbain).

GREENFELD, Lawrence y SMITH, Steven (1999). *American Indians and Crime.* U.S. Department of Justice. Recuperado el 7 de noviembre de 2008 de <http://www.bjs.gov/content/pub/pdf/aic.pdf>.

GUZMÁN, Betsy (2001): *La población hispana. Información del censo 2000.* U.S. Census Bureau. Recuperado el 7 de noviembre de 2008 de <http://www.census.gov/prod/2001pubs/c2kbr3sp.pdf>.

HARKER, David (1980): *One for the Money. Politics and Popular Song.* London: Hutchinson & Co.

HENNION, Antoine (1981): *Les professionnels du disque.* Paris: Métailié.

KANT, Immanuel (1985): *Œuvres philosophiques. Critique de la faculté de juger.* Paris: Gallimard (Bibliothèque de La Pleïade).

KEIL, Charles y FELD, Steven (1994): *Music Grooves.* Chicago: The University of Chicago Press.

KLEIN, Naomi (2001): *No logo. El poder de las marcas.* Barcelona: Paidós (Contextos).

LASSWELL, Harold D. (1950): *Power and Society: A Framework for Political Inquiry.* New Haven: Yale University Press.

LEWIS, Oscar (1969): *La vida. Une famille portoricaine dans une culture de pauvreté: San Juan et New York.* Paris: Gallimard (Témoins).

LEYMARIE, Isabelle (1993): *La salsa et le latin jazz*. Paris: Presses Universitaires de France (Que sais-je?).

LÓPEZ, Adalberto y PETRAS, James (eds.) (1974): *Puerto Rico and Puerto Ricans: Studies in History and Society*. Cambridge, Mass.: Schenkman Publishing Company.

MALLEY-MORRISON, Kathleen y HINES, Denise (2004): *Family Violence in a Cultural Perspective. Defining, Understanding, and Combating Abuse*. Thousand Oaks: Sage Publications.

MANUEL, Peter (1991): «Latin Music in the United States: Salsa and the Mass Media». *Journal of Communication*, 41 (1), pp. 104-116.

— (1994): «Puerto Rican Music and Cultural Identity: Creative Appropriation of Cuban Sources from Danza to Salsa». *Ethnomusicology*, 38 (2), pp. 249-280.

MARTÍN-BARBERO, Jesús (1987): *Procesos de comunicación y matrices de cultura. Itinerario para salir de la razón dualista*. México: Gustavo Gili.

MOHR, Eugene (1982): *The Nuyorican Experience. Literature of the Puerto Rican Minority*. New York: Greenwood Press (Contribution in American Studies, 62).

MORIN, Edgar y APPEL, Karel (1984): *New York, la ville des villes*. Paris: Galilée.

MURIEL, Tommy (2009): *Nicky Marrero: talento y coincidencia*. Recuperado el 15 de enero de 2009 de <http://www.herencialatina.com/Nick/nicky.htm>.

NEGUS, Keith (1993): «Global Harmonies and Local Discords. Transnational Policies and Practices in the European Recording Industry». *European Journal of Communication*, 8 (295). Recuperado el 29 de agosto de 1993 de <http://ejc.sagepub.com/content/8/3/295.refs.html>.

— (1999): *Music Genres and Corporate Culture*. London/New York: Routledge.

NOGUERA, Pedro Antonio (1996): *Violence Prevention and the Latino Population: An Analysis of Patterns and Trends for Effective Intervention*. Recuperado el 7 de noviembre de 2008 de <http://www.inmotionmagazine.com/pedro21.html#Anchor-Understanding-3800>.

Ortiz Marín, Mimi (2007): «La clave del rey. En casa de Johnny Pacheco, patriarca de la música latina». Recuperado el 3 de enero de 2009 de <http://www.herencialatina.com/Pacheco_Salsa/Pacheco_Salsa.htm>

Padilla, Félix M. (1990): «Salsa: Puerto Rican and Latino Music». *Journal of Popular Culture*, 24 (1), pp. 87-104.

Park, Robert Ezra (1990): «La ville: Propositions de recherche sur le comportement humain en milieu urbain». En: Grafmeyer, Yves y Joseph, Isaac (trad. y ed.): *L'école de Chicago. Naissance de l'écologie urbaine*. Paris: Aubier (Res, Champ Urbain), pp. 83-130.

Peterson, Ruth; Krivo, Lauren y Harris, Mark (2000): «Disadvantage and Neighborhood Violent Crime: do Local Institutions Matter?». *Journal of Research in Crime and Delinquency*, 37, pp. 31-63.

Phillips, P. (1988): «The Crisis of Hegemony in the Caribbean: U.S. Caribbean Relations in Historical Perspective». *Études caraïbéennes*. Toulouse: Centre d'Études et de Recherches Caraïbéennes/Presses de l'Institut d'Études Politiques de Toulouse.

Pietri, Pedro (1977): *Obituario puertorriqueño*. San Juan de Puerto Rico: Instituto de Cultura Puertorriqueña.

Quintero Rivera, Ángel G. (1998): *Salsa, sabor y control. Sociología de la música popular*. México: Siglo Veintiuno Editores.

— (2008): «La higienización académica del testimonio: Rondón's *Book of Salsa*». *Revista de Ciencias Sociales*, 19, pp. 199-214.

— (2008a): «Salsa, migración y globalización. Las luchas por la hegemonía desde la cultura», mimeo, artículo no publicado.

— (2009): *Cuerpo y cultura. Las músicas «mulatas» y la subversión del baile*. Madrid/Frankfurt: Iberoamericana/Vervuert.

Reed, Lou (1996): *Parole de la nuit sauvage*. Paris: Éditions 10/18 (Domaine Étranger).

Rennison, Callie Marie (2002): *Víctimas hispanas de crímenes violentos, 1993-2000*. Washington: Departamento de Justicia de EE.UU., Secretaría de Programas de Justicia, NCJ 191208. Recuperado el 10 de noviembre de 2008 de <http://www.ojp.usdoj.gov/bjs/pub/pdf/vhcv00.pdf>.

Roberts, John Storm (1985): *The Latin Tinge*. New York: Original Music.

— (1999): *The Latin Tinge. The Impact of Latin American Music on the United States*. New York/Oxford: Oxford University Press.

RODRÍGUEZ JULIÁ, Edgardo (1983): *El entierro de Cortijo*. Río Piedras: Ediciones Huracán.

RODRÍGUEZ, Clara (1989): *Puerto Ricans: Born in the USA*. Boston: Unwin Hyman.

ROMERO, Enrique (2000): *Salsa: el orgullo del barrio*. Madrid: Celeste.

RONDÓN, César Miguel (1980): *El libro de la salsa. Crónica de la música del Caribe urbano*. Caracas: Arte.

RUIZ, Richard (1982): «The Hungry American». En: Mohr, Eugene: *The Nuyorican Experience*. Westport: Greenwood Press Collection Contribution in American Studies.

SAFA, Helen (1995): «The social Cost of Dependency. The transformation of the Puerto Rican Working Class from 1960 to 1990». En Freidenberg, Judith (ed.): *The Anthropology of Lower Income Urban Enclaves. The Case of East Harlem*. New York: Academy of Sciences, pp. 75-96.

SALAZAR, Max (1992): «Afro-american Latinized Rhythms». En: Boggs, Vernon: *Salsiology: Afro-Cuban Music and the Evolution of Salsa Music in New York City*. New York: Greenwood Press, pp. 239-248.

— (2002): *Mambo Kingdom. Latin Music in New York*. New York: Schirmer Trade Books.

SANDOVAL, Alberto (1994): «West Side Story. A Puerto Rican Reading of "America"». *Jump Cut: A Review of Contemporary Media*, 39, pp. 59-66. Recuperado el 18 de marzo de 2009 de: <http://www.ejumpcut.org/archive/onlinessays/JC39folder/westSideStory.html>.

SANTOS FEBRES, Mayra (1997): «Salsa as Translocation». En: Fraser, Celeste y Muñoz, José (eds.): *Everynight Life (Culture and Dance in Latin/o America)*. Durham: Duke University Press, pp. 175-188.

SENIOR, Clarence (1952): *Strangers and Neighbors. The Story of Our Puerto Rican Citizens*. New york: Freedom Pamphlets. Anti-Deformating League of B'nai Birth.

SIMMEL, Georg (1990): «Métropoles et mentalité ». En: Grafmeyer, Yves y Joseph, Isaac (trad. y ed.): *L'école de Chicago. Naissance de l'écologie urbaine*. Paris: Aubier (Res, Champ Urbain), pp. 61-77.

SINGER, Roberta (1983). «Tradition and Innovation in Contemporary Latin Popular Music in New York City.» *Latin American Music Review*, 4(2), pp. 183-202.

SUBLETTE, Ned (2004): *Cuba and Its Music. From the First Drums to the Mambo*. Chicago: Chicago Review Press.

The New Grove Dictionary of Music and Musicians (1990): London: Macmillan.

THOMAS, Piri (1997): *Down These Mean Streets*. New York: Vintage Books.

ULLOA, Alejandro (2008): *La salsa en discusión. Música popular e historia cultural*. Cali: Universidad del Valle.

WAGENHEIM, Kal (1983): *Puerto Ricans in the US*. New York: Minority Rights Group.

WALLIS, Roger y MALM, Krister (1984): *Big Sounds from Small Peoples. The Music Industry in Small Countries*. New York: Pendragon Press.

WASHBURNE, Christopher (2008): *Sounding Salsa. Performing Latin Music in New York City*. Philadelphia: Temple University Press.

WAXER, Lise A. (2002): *The City of Musical Memory. Salsa, Record Grooves, and Popular Culture in Cali, Colombia*. Middletown: Weleyan University Press.

WIRTH, Louis (1982): *The Ghetto*. Chicago: University of Chicago Press.

WORTH, Dooley y RODRÍGUEZ, Ruth (1987): «Latina women and AIDS». *Siecus Report*, XV (3), pp. 5-7.

YÚDICE, George (1999): «La industria de la música en la integración América Latina-Estados Unidos». En: García Canclini, Néstor y Moneta, Juan Carlos (eds.): *Las industrias culturales en la integración latinoamericana*. México: Grijalbo, pp. 181-243.

Canciones citadas

Índice onomástico

B

G

J

K

L

N

O

Q

R

W

X

Y

Z